婚姻家事中的民事信托

唐潮 著

Civil Trusts in Marriage and Family Relationship

上海人民出版社

目　录

下编　婚姻家事中的民事信托

自序：为什么会有这本书

像很多新执业的律师一样，我在刚执业的时候最先接触到的就是婚姻家事案件。即使是现在，我身边依然有很多朋友认为这类案件非常烦琐。事实也确实如此，婚姻家事案件中有很多家长里短，有委托人几年甚至十几年的经历和生活，有对现在的焦虑和抑郁，也有对未来的恐惧，而这也是我对婚姻家事案件最初的印象，所以和很多刚成为律师的法学生一样，我最早希望成为一名刑事律师来实践心中的公平和正义。但现实总是很难去规划的，辩护人的工作确实与自己想象的相去甚远，相对地，工作中却意外地接触到了更多的婚姻家事案件。渐渐地发现，在这些各有各的不幸的家庭纠纷里，反而有很多能在律师的职业技能之外，以个人的价值观可以去践行的事情。虽然在这个过程中，唯一能够清晰地探寻到并且坚守的东西，只有自己的良知。

就像最近流行的电影台词，“办的不是案子，而是别人的人生”。虽然经常劝慰委托人，婚姻不是人生的全部，离婚也不是人生的终点，但案件给我带来的是称量他人人生的沉重感，让我在办理婚姻家事案件的过程中，总是有一种如履薄冰的感觉。只是可惜这个道理明白得太晚，“为了当事人的利益行事”，在我看来与其说是一种职业操守，不如说是一句对自己行为的宽慰，因为你对当事人说的每一句话，建议她作出的每一个决定，只有时间才会告诉你对错。而当你对专业能力沾沾自喜时，可能已经埋下了后悔的种子。

在上述背景下，于一个偶然的机会，我了解到信托的存在，并最终决定离开律师行业，进入信托机构工作。运气不错的是，虽然信托行业整体在走下坡路，但这三年却是家族信托和保险金信托这类业务起步的三年，也是蓬勃发展的三年。三年的时间，让我深刻地接触、学习和掌握了家族信托或者说民事信托最一线的知识和经验。目前的这个业务虽然令人欣喜和期待的地方很多，但在工作中，总感觉还是在与自己心中的理念渐行渐远。信托是一个很好的法律工具，在合理的设计下，可以实现各种各样的需求。这让我看到了从另一个角度解决婚姻家事纠纷的希望。但这个好工具，却被许许多多的因素束缚住了。所以又一次下定决心，离开相对固定的体制，回到自由的律师工作中，希望能够努力去实现和改变一些东西。虽然人力有穷，但不尝试一下，总还是让人不甘心的。

这就是会有这本书的原因，不积跬步无以至千里，而我走出的第一步，就是希望让更多的法律工作者、金融机构的相关从业者，以及那些在困局中的普通人，能够有机会通过这本书，接触到民事信托的概念，真正了解到我国民事信托的全貌和细节。如果这本书能成为一个引子，在机缘巧合之下，间接地帮助一些人解决一些实实在在问题，那就更是一件让人欢喜的事情了。

上编
我国民事信托现状概述

对于民事信托目前在我国婚姻家事关系中应用的问题，思虑再三，笔者还是决定从我国民事信托业务的现状开始谈起。自以家族信托及保险金信托等为代表的民事信托受到重视和运用以来，对于其在婚姻家事领域的应用虽然常常被提及，但实际上却少有实践。在金融机构主导信托业务的大环境下，民事信托业务本身也逐渐显现出营销价值大于实践价值的特征。我们经常听到民事信托可以实现传承、隔离及财富保值增值等作用的说法，但由于我国信托业务长期以来的存在形式和应用方向，使得普通老百姓甚至是很大一部分法律从业者对民事信托这些作用能不能实现，又应该如何实现处于一种一知半解的状态。大部分人在面对信托财产的独立性，甚至信托是什么的根本问题时，都是茫然无措的。信托的存在是基于信任的，在如此情况下，很难说广大老百姓对于受托人，或是对于信托制度本身能够产生最基本的信任，这样也就更谈不上发挥信托的功能和作用了。

从这个角度来说，虽然民事信托在财富管理领域掀起了一场单方面的狂欢，但很难评价这是不是虚假的繁荣，因为这场狂欢的主角看似是民事信托，实则这场狂欢可能是一场金融产品的营销盛会。而参与其中的一部分法律从业者，与其说是提供法律服务的专业人士，不如说更类似于营销带货的主播。在这样一场狂欢之中，金融机构眼中的目标客户以及高净值客户们又有多少是真正理解和信任信托制度的呢？富裕阶层的民事信托服务尚且如此，更遑论让普通百姓能享受到信托制度的优势和便利了。基于此，本书可能还是需要从我国民事信托的现状开始谈起，在清楚了解了我国目前民事信托业务所处的阶段和存在的问题之后，在知道了目前民事信托能做到什么、做不到什么、相应的困难和阻碍又在哪里之后，再讨论如何在婚姻家事领域去使用这一工具。当然这样的探讨方式难免有喧宾夺主的嫌疑，但在周围婚姻家事的律师同仁也大多对民事信托制度并不了解的背景下，这或许也是无奈之举。期望大家能在这本书中有所收获。

第一章　民事信托制度

在世界范围内信托制度具有悠久的历史，我国信托制度的历史也已逾百年。然而与发源地英国的信托制度不同的是，我国信托制度最初是以商事信托为雏形出现的，民事信托制度和相关业务一直到近十年里才出现了具有规模的发展和增长。这也就导致了我国的民事信托制度在目前暂时还处于缺少理论研究和司法实践的状态，同时在民事信托业务中也可以看到一定商事信托业务的惯性。但这并不代表我国的民事信托制度与国际上的信托制度存在根本性的差异，更不能得出我们的民事信托在功能上不如境外信托的结论。

一、信托制度的出现

《中华人民共和国信托法》(以下简称《信托法》) 第二条已经对信托制度进行了比较完备的描述，“本法所称信托，是指委托人基于对受托人的信任，将其财产权委托给受托人，由受托人按委托人的意愿以自己的名义，为受益人的利益或者特定目的，进行管理或者处分的行为”。信托制度是一种特殊的独特的财产制度。

（一）民事信托的出现

一般认为现代信托制度最早出现于 14 世纪的英国，在中世纪的英国最早称其为“用益”。而信托制度在英国最早出现的原因也众说纷纭，如有人认为是为了绕开禁止将土地捐赠给教会的法律限制。而在诸多观点之中，笔者最倾向的一种观点是，认为信托制度是为了避开长子继承制及其包含的封建领主为封臣（Lehnsrecht）设立的包括领地继承费、监护费等负担而被人们创设出来的。人们想出的用以解决这一问题的办法，是将自己的土地转移到他人名下，再约定将土地的收益交付给指定的受益人，这就是最初的信托形式。这种说法带有的追求自由的意味，让人感觉更为符合信托法自由之法的定位。在这一模式里，如果将受益人指定为教会，实际上就避开了法律的限制，完成了对教会的捐赠。如果将受益人指定为自己的子女，就使得子女们能够通过非继承的方式享受原本需要通过继承获得的财产以及相应的利益，从而避开了长子继承制的限制。这就是信托制度的发端。

信托制度从出现开始就一直在通过审判活动不断完善，这一过程可能持续了成百上千年。但其间信托的设立均是以委托人的意思表示为基础和根本的，这就是我们所谓的民事信托、私益信托，而其中专门设立用于家族内财产传承的信托，则被称为家族信托。

（二）商事信托的出现

直到 19 世纪，随着工商业、金融业的发展和成熟，个人、机构等的金融需求也越发旺盛，这个时候人们发现，信托资产的独立性使得信托结构能够成为一个很好的投融资主体。首先，在信息传播没有现在这样方便的年代，信托结构中受托人的信誉有效地代表了信托资产的信誉，优质的受托人在投资和融资两个方面都更容易受到青睐。其次，信托财产的独立性也使得融资人不用顾虑委托人本身的信誉，使信托天然具有较高的信用等级。最后，信托结构本身的灵活性，如可以同时设置多委托人、多受益人，可以将权利和收益进行分割，可以完全由受托人对信托财产进行管理等，也使得信托结构在投融资领域获得了独特的优势。这一系列优势结合金融需求，就催生出了股权信托、表决权信托等商事信托的形态。商事信托与民事信托最大的区别在于，“商事信托首重者，乃其管理机制之组织化”①，委托人的意思表示不再是信托设计的出发点，信托设计时信托财产通常并不是既定的状态，委托人通过将投资资金交由受托人管理，来分享商业性设计的利益。

（三）离岸信托的出现

英国将信托制度送到了全世界。美国随着经济的繁荣，长足地发展了商事信托业务。以开曼、英属维尔京、泽西岛为代表的英国的海外属地也逐步发展出了具有特色的信托制度，信托业务作为这些地区的主要收入来源之一，促使其不断根据“客户”的需求，修订、完善其信托的税收及登记等相关制度。而在这类地区设立的信托，相对于委托人在本国设立的信托，就是我们所说的境外信托或

① 王志诚：《信托法》，台湾五南图书出版社 2018 年版，第 61 页。

是离岸信托。

富人们逐渐发现，在这些地区设立信托是一个很好的选择。一方面，是保密性和司法管辖的问题，在境外地区设立信托的地域优势增加了信托的保密性，同时这些地区为了保护信托，往往不承认其他地区的司法判决。另一方面，委托人更像是这些地区的“客户”，为了满足客户，这些地区往往对信托结构以及相关税收的要求更加宽松，委托人设立的信托在享受税收优惠的同时，还能享有更灵活、更大的控制权。

可以看出，对于英美来说，信托制度的发展经历了从民事信托到商事信托，从本土信托到离岸信托的过程。在这一过程中，不断形成和完善的不仅是信托制度和相关法律，还有社会对于信托的认知和看法。

二、我国的民事信托发展

我国的信托制度始于商事信托，最早的信托设立于民国时期，其后近百年间，我国的信托业务一直都以商事信托为主，服务于金融需求，一般认为直至 2013 年才出现了首单家族信托。也就是说，我国的民事信托业务发展至今才有 10 余年的时间。我国作为成文法国家，法律制度受到日本、德国以及苏联的影响较多，从 19 世纪末到 20 世纪初开始逐渐向现代法律制度演化。虽然信托业务的出现也在 20 世纪初，但整体制度的完善和规范则要到 2001 年《信托法》出台才初步完成。这个发展过程符合我国社会发展的客观情况，但也确实从根本上造成了人们将信托等同于商事信托，将信托视为理财产品的情况。

所以即使在2013年，首单家族信托设立之后，我国的民事信托业务依然处于沉寂的状态。直至2018年8月，中国银保监会下发《关于加强规范资产管理业务过渡期内信托监管工作的通知》（以下简称“37号文”），首次对家族信托进行定义①，家族信托业务才开始进入蓬勃发展的阶段。在控制风险、压降传统业务规模的大背景下，虽然早已提出将信托回归本源，但由于长期以来我国缺乏对民事信托领域的研究和实践，导致从业者实际上无所适从，产生颇多乱象。37号文虽有诸多不尽如人意之处，却依然可以说对家族信托业务起到了关键的规范和引导的作用。在强监管的背景下，37号文的出台无疑也为金融机构提供了开展家族信托业务的依据和胆量。近几年家族信托业务也确实正在经历暴发式的增长，金融机构纷纷进入家族信托跑马圈地的时代。但也可能正因为如此，使得我国的家族信托出现了“产品化”“商事化”的趋势，实践中家族信托更多是以一种产品的形式向客户进行营销。

如果将民事信托等同于家族信托，当然可以说我国的民事信托业务欣欣向荣，但如果将金融机构主导的家族信托业务去除之后再来看，民事信托本身的发展可能就不温不火了。早期民事信托少量存在于法院的判例之中，法院对当事人之间的信托关系进行了认定，很多时候委托人本身都不一定意识到自己在设立信托。其后随

① 《关于加强规范资产管理业务过渡期内信托监管工作的通知》规定：“家族信托是指信托公司接受单一个人或者家庭的委托，以家庭财富的保护、传承和管理为主要信托目的，提供财产规划、风险隔离、资产配置、子女教育、家族治理、公益（慈善）事业等定制化事务管理和金融服务的信托业务。家族信托财产金额或价值不低于1000万元，受益人应包括委托人在内的家庭成员，但委托人不得为惟一受益人。单纯以追求信托财产保值增值为主要信托目的，具有专户理财性质和资产管理属性的信托业务不属于家族信托。”

同家族信托的发展，部分非金融机构或个人开始推出所谓的民事信托业务，主打“三五万”设立“风险隔离”的民事信托，其目的可能更多是一种自我营销和宣传，而并非在发展民事信托本身。近年来，逐渐看到一些存在个人需求的客户基于支付扶养费、赡养老人、抚养失能子女及继承等目的将目光投向了民事信托。这些需求可能都存在一个共同点，就是现有法律工具无法真正满足这部分自然人的特殊需求，所以人们开始寻求民事信托以突破传统法律规则的限制，这一点倒是与最开始的英国信托有些相似，这使得近两年反而更像是境内民事信托的发展“元年”。

三、境内外民事信托的区别

之前存在境外信托优于境内信托的说法，而在国内某知名人士张某境外信托被“击穿”后[①]，又出现了一种境内信托优于境外信托的论调，但在笔者看来，境外信托与境内信托的内核是完全一致的。

当然不可否认的是，由于缺少发展和积累，在某些问题上，境内民事信托较之境外确实存在缺失，但这种缺失并不一定就能从好或者坏这种层面去作简单评价。例如反永续规则，虽然我国信托法并未规定反永续规则，也就是我国的民事信托可以无限期存续，但事实上境外一些国家和地区都已经放松甚至完全解除了反永续规

---

① 张某于 2014 年在与 CVC Capital Partners（以下简称“CVC 基金”）对赌失败后，在英属维尔京群岛（BVI）设立 The Success Elegant Trust，信托受益人为其子及其孙子女。2022 年 11 月，新加坡高等法院法官认定，张某是 The Success Elegant Trust 所在银行账户资产的实际权利人，同意 CVC 基金提出的任命接管人的申请。至此张某设立的离岸家族信托被击穿，信托资产被认定为张某的个人财产，CVC 基金接管信托公司在瑞士信贷银行和德意志银行的账户。

则的限制。而类似于受托人忠实义务之类的原则虽然缺乏具体的规定或是判例，但也不是不能通过信托文件的约定进行一定的弥补。那么如果我国信托与境外信托没有本质区别的话，我们所看到的相关机构或个人经常在比较和总结的又是什么呢？

其实是离岸信托与本土信托的区别，也就是上文提到的离岸信托较之本土信托在司法管辖、保密性、司法制度及税收制度等方面的优势。但优势不一定始终都是优势，比如离岸带来的司法成本和维权成本，再比如部分受托机构缺少本土的服务等。其实讨论离岸信托较之我们境内的民事信托，与讨论离岸信托较之英国本土信托的性质并无差异。而在我国所谓的境内外信托的优劣很多时候也并不存在讨论的必要，对于信托而言，最终只有哪一个更合适，甚至是哪一个客观上能够设立的问题。就像“上帝的归上帝，凯撒的归凯撒”，在资金出入境都处于强监管的状态下，很多时候并没有那么多选择提供给我们。根据实际的资产情况、需求、路径、后续用途等客观情况，在大部分情况下，我们可能只有唯一的选择。

四、民事信托与家族信托

如果说家族信托最初是对一类为特殊需求和目的而存在的信托模式进行描述的话，37 号文的出现彻底使家族信托从一个营销的概念，变成了一种“行政概念”。可以粗糙地理解为，我们将家族信托这一瓢水单独从民事信托的海洋里捞了出来，并经过这几年的发展，人为地形成了一种商事信托、家族信托及民事信托并列的奇怪局面。这也是为什么说虽然 37 号文极大地促进了家族信托业务的发展，但也确实带来了很多新的问题。

目前境内家族信托主要是采用以金融机构为主导的业务模式，金融机构始终是一个以盈利为目的的主体，而家族信托业务本身作为盈利的手段就必然会追求产品化和规模化。这个业务理念是与商事信托相类似的，或者也可以说是来自商事信托的业务惯性的。金融机构的思维依然还是停留在创设一个信托产品向不特定的多数自然人兜售的层面，这实际上还是一个融资的逻辑。当然，这也并不是说金融机构一定能够找到除此之外更为合适的业务模式，这种业务模式的形成，其实是与金融机构自身的特性分不开的。为了更低的运营成本以及更高的可复制性，家族信托业务必然需要牺牲一部分委托人设计上的自由度，让它变得更像一个“产品”。这就使得家族信托业务带上了浓厚的金融产品的意味，功能上较之普通的民事信托反而打了折扣。

同时，家族信托一千万元的设立门槛，也确实降低了普通人享受信托功能和便利的可能。在 37 号文之后，对于一千万以下的客户，大多数金融机构要么不愿意做，要么不敢做，实质上对其他民事信托业务的发展形成了负作用。

当然我们也不能否认，任何制度的完善都有一个过程。2023 年 3 月 24 日，银保监会正式发布《关于规范信托公司信托业务分类的通知》(以下简称《通知》)，其中结合近年来业务的发展情况对家族信托的定义进行了一定的优化和完善①。同时增加了家庭服

①《关于规范信托公司信托业务分类的通知》:“1. 家族信托。信托公司接受单一自然人委托，或者接受单一自然人及其亲属共同委托，以家庭财富的保护、传承和管理为主要信托目的，提供财产规划、风险隔离、资产配置、子女教育、家族治理、公益慈善事业等定制化事务管理和金融服务。家族信托初始设立时实收信托应当不低于 1000 万元。受益人应当为委托人或者其亲属，但委托人不得为唯一受益人。家族信托涉及公益慈善安排的，受益人可以包括公益慈善信托或者慈善组织。单纯以追求信托财产保值增值为主要信托目的、具有专户理财性质的信托业务不属于家族信托。”

务信托[①]、保险金信托[②]、特殊需要信托[③]、遗嘱信托[④]等新型业务类型，实质上也是对金融机构主导的民事信托业务进行了一定程度上的丰富。总体而言，《通知》的出台具有很好的正面作用，给予了正处在转型期和迷茫期的信托机构一个明确的指引，实际上扩展了金融机构的业务视野和能够从事的业务类型。但事物都有两面性，《通知》本身也确实有它的局限性，或者说针对民事信托业务进行分类和定义本身就自带着一种局限性，因为这种分类和定义的行为就是对民事信托灵活性的束缚。

其实民事信托凭借财产的独立性以及设计的灵活性，是能够成为现行法律制度的一种柔和补充的，更有可能成为一种善良人的家庭财产的保障和传承工具，也应该是所有人都能选择的，能用得起的一种法律手段。希望在家族信托被高高举起的今天，民事信托也能在普通人的生活中发挥出应有的光彩。

---

①《关于规范信托公司信托业务分类的通知》："2. 家庭服务信托。由符合相关条件的信托公司作为受托人，接受单一自然人委托，或者接受单一自然人及其家庭成员共同委托，提供风险隔离、财富保护和分配等服务。家庭服务信托初始设立时实收信托应当不低于 100 万元，期限不低于 5 年，投资范围限于以同业存款、标准化债权类资产和上市交易股票为最终投资标的的信托计划、银行理财产品以及其他公募资产管理产品。"

②《关于规范信托公司信托业务分类的通知》："3. 保险金信托。信托公司接受单一自然人委托，或者接受单一自然人及其家庭成员共同委托，以人身保险合同的相关权利和对应利益以及后续支付保费所需资金作为信托财产设立信托。当保险合同约定的给付条件发生时，保险公司按照保险约定将对应资金划付至对应信托专户，由信托公司按照信托文件管理。"

③《关于规范信托公司信托业务分类的通知》："4. 特殊需要信托。信托公司接受单一自然人委托，或者接受单一自然人及其亲属共同委托，以满足和服务特定受益人的生活需求为主要信托目的，管理处分信托财产。"

④《关于规范信托公司信托业务分类的通知》："5. 遗嘱信托。单一委托人（立遗嘱人）为实现对遗产的计划，以预先在遗嘱中设立信托条款的方式，在遗嘱及相关信托文件中明确遗产的管理规划，包括遗产的管理、分配、运用及给付等，并于遗嘱生效后，由信托公司依据遗嘱中信托条款的内容，管理处分信托财产。"

第二章　民事信托的功能

民事信托凭借其本身的灵活性与独立性，在社会生活的方方面面都存在应用的空间和可能。而在我们现在主要阐述的婚姻家事领域，民事信托作为一种特殊的财产制度更是如此，有时甚至能起到远超传统法律工具的实用效果。如果要使用民事信托这一法律工具，就势必要对其功能进行一定了解。

一、隔离功能

信托能够具备隔离功能的原因是信托财产具有独立性。在信托设立后，信托财产独立于委托人、受托人以及受益人，而此三者的债权人也不能再直接对信托财产提出主张。《信托法》第十七条[①]

①《中华人民共和国信托法》第十七条规定："除因下列情形之一外，对信托财产不得强制执行：（一）设立信托前债权人已对该信托财产享有优先受偿的权利，并依法行使该权利的；（二）受托人处理信托事务所产生债务，债权人要求清偿该债务的；（三）信托财产本身应担负的税款；（四）法律规定的其他情形。对于违反前款规定而强制执行信托财产，委托人、受托人或者受益人有权向人民法院提出异议。"

规定了信托财产不得强制执行的原则以及例外情况。《全国法院民商事审判工作会议纪要》第九十五条[①]也对信托财产不得保全的原则进行了明确。足以证明，信托财产本身的独立性可以使其在司法实践中获得相应的隔离功能。当然，这里的隔离所针对的是信托财产，并非信托受益权，目前存在信托受益权也具有隔离功能的误读。对于受益人所享有的受益权，一般情况下是可以成为法院保全和执行的对象的，受益人的债权人也可以对信托受益人的受益权提出相关的主张，当然这其中也要结合信托目的、信托条款来综合进行判断，同时也要考虑在裁量信托等特殊情况下，受益权是否能够成为受益人的责任财产的问题。

总体来说，委托人、受托人以及受益人三者针对信托财产均可以享受信托的隔离功能这一观点是毋庸置疑的，但原因却各不相同。对于委托人来说，由于信托财产已经转移给受托人，所以信托财产在法律上本身就不再与委托人有关，不是委托人的责任财产，委托人自然就可以享受到隔离功能。受益人与委托人的情况类似，

---

①《全国法院民商事审判工作会议纪要》第九十五条规定："信托财产在信托存续期间独立于委托人、受托人、受益人各自的固有财产。委托人将其财产委托给受托人进行管理，在信托依法设立后，该信托财产即独立于委托人未设立信托的其他固有财产。受托人因承诺信托而取得的信托财产，以及通过对信托财产的管理、运用、处分等方式取得的财产，均独立于受托人的固有财产。受益人对信托财产享有的权利表现为信托受益权，信托财产并非受益人的责任财产。因此，当事人因其与委托人、受托人或者受益人之间的纠纷申请对存管银行或者信托公司专门账户中的信托资金采取保全措施的，除符合《信托法》第 17 条规定的情形外，人民法院不应当准许。已经采取保全措施的，存管银行或者信托公司能够提供证据证明该账户为信托账户的，应当立即解除保全措施。对信托公司管理的其他信托财产的保全，也应当根据前述规则办理。当事人申请对受益人的受益权采取保全措施的，人民法院应当根据《信托法》第 47 条的规定进行审查，决定是否采取保全措施。决定采取保全措施的，应当将保全裁定送达受托人和受益人。"

受益人在信托关系中自始至终也没有获得过信托财产的财产权，所以信托财产本身也不是受益人的责任财产。但受托人与其他两者是有区别的，受托人享受到的隔离功能，主要是来自法律的规定。《信托法》第十六条[①]对于受托人的固有财产与信托财产进行了区别，实际上就是明确了信托财产并非受托人的责任财产。关于这一点其实在现有的物权体系及学理上存在多种解释，但如果不进行理论研究确实也无必要深究这一问题。了解到信托对于委托人、受托人以及受益人三者具有隔离功能，我们就足以在家事领域主动利用信托进行一定规划和设置了。

二、财产权、控制权及受益权的分离功能

信托的结构实际分为两个层面，委托人将信托财产托付给受托人管理，实际上是将财产权中的控制权进行了一定程度的分离。而受托人为了受益人的利益，管理运用信托财产，其实是将财产权中的受益权进行了分离。

首先要明确的是，财产与控制权的分离并不是通过信托的设立能够当然达到的一种存在标准的状态，而是完全取决于信托文件的设置。事实上，只要有明确的信托目的，在信托文件中委托人对信托财产的管理和运用可以完全不设置任何的约束和保留，全部交给受托人自由裁量，也可以由委托人自行保留一部分对于信托财产的

①《中华人民共和国信托法》第十六条规定：“信托财产与属于受托人所有的财产（以下简称固有财产）相区别，不得归入受托人的固有财产或者成为固有财产的一部分。受托人死亡或者依法解散、被依法撤销、被宣告破产而终止，信托财产不属于其遗产或者清算财产。”

控制权利。当然，即使信托文件中未作任何规定，受托人对于信托财产的控制权，依然受到法律这一底线的约束。在管理和运用信托财产的过程中，受托人会受到诸如忠实义务、善管注意义务等义务以及相关法律规定的限制，但这并不是因为委托人主动对于信托财产保留了任何权利。而在目前的实务中，委托人完全赋予受托人自由裁量的权利的情况是基本不存在的。在家族信托业务中，委托人可能会对信托受益人的选定、财产的分配、分配的具体方式以及投资等事由保留决定或建议的权利。这可以不那么恰当地看成一种“协议控制”的形式，委托人通过与受托人在信托文件中的特殊约定，使其在信托设立后依然保留了一部分对信托财产控制的权利。而在委托人保留控制权与信托本身的稳定性之间，其实存在着一定的冲突，也就是我们常说的信托被“击穿”的问题，这是我们在设立信托时需要充分权衡的。

至于财产权与受益权的分离，是基于信托结构本身的特殊性得以实现的。信托财产的财产权已经归属于受托人，而信托设立的目的本身就是为了受益人的利益①，这就造就了信托的财产权与受益权实际通过信托这种特殊的结构人为进行了分离。当然目前对于信托受益权的性质与信托财产的归属问题一样，在理论上也存在诸多的探讨和争议，存在例如“物权说”“债权说”等不同学说，但在实务中并不影响信托结构本身发挥作用。

这种分离功能的好处，一方面就是上文提及的，为委托人以及受益人提供了隔离功能，其个人的婚姻、家事以及债务等法律风险

①《中华人民共和国信托法》第二条规定：“本法所称信托，是指委托人基于对受托人的信任，将其财产权委托给受托人，由受托人按委托人的意愿以自己的名义，为受益人的利益或者特定目的，进行管理或者处分的行为。”

均无法影响信托财产。另一方面就是因为控制权和受益权摆脱了财产权的束缚，所以信托获得了极大的设计空间，使得信托结构能够在婚姻家事领域内的相关场景下进行相对灵活的规划和运用。

三、受益权的设计功能

信托财产的独立性使得我们能够在时间维度上对受益权进行相对稳定的设计。事实上，任何财富都不可能永久地为一个主体所享有，但信托结构却提供了一定的解决方案。由于信托财产并非委托人、受托人以及受益人的责任财产，所以大大减少了原来针对一般主体的财产所可能出现的继承、婚姻以及债务等法律风险，提高了信托稳定性，于时间长河之中，为信托受益权进行长期规划和设计提供了可能性。

举一个简单的例子，委托人可以先将信托受益权交给自己的弟弟，等弟弟死亡后再交给自己的妻子，妻子死亡后再交给自己的好友①。当然这种效果在理论上不通过信托结构也可能实现。例如在德国，被继承人可以通过遗嘱执行管理制度补充设立一位或者多位后位继承人。与之相关的制度还有后位遗赠、返还遗赠、用益遗赠以及不可撤销的死因行为等。不过这些制度虽然可以替代部分信托发挥相似的功能，但无法像信托这样轻松和简便。此外，这样在时间维度上的设计，由于财产在继承人之间的传继并不是稳定的，每

① 要注意的是，根据 37 号文的要求，境内家族信托尚无法实现将家庭成员以外的人设置为家族信托的受益人。但在我国《信托法》中对受益人与委托人是否需要具备某种联系，并无任何要求。所以理论上可以设立一个以好友为受益人的信托，虽然这个信托在境内监管的语境下，不能称为家族信托。

一位继承人（受遗赠人）都会存在自己的思想和问题，所以基本不可能在委托人层面简单地通过传统的继承方式对后续第一位、第二位乃至于第三位的继承人（受遗赠人）进行过于细致和具体的安排，这可能会极大地增加纠纷产生的风险。而这样的操作目前在我国的实务中也难以实现，一方面是缺少具体的法律规定，另一方面是在遗产管理人制度没有得到完善之前，也缺少相应的实现手段。但是在信托关系之中，信托受益权的传继就可以用这样一种跳跃且任意的方式进行。信托制度在我国司法实践中，也可以为类似后位继承人的指定行为提供另一条理论上的解释路径。另一个常见的操作就是拉长整个受益的周期，类似于诺贝尔奖，每次的奖金都仅来自投资收益，而本金永远不会减少。信托的委托人可以对整体信托财产的本金和收益是否要分配、怎么分配以及在多久时间内分配完毕等都进行具体的设计。如此情况下，在理论上于时间维度，在我国不存在反永续规则的背景下，对于受益权的设计其实是可以实现"永续"的效果的。

同时，信托结构实际在空间维度上，将各种类型信托财产的价值和收益，都转化成了统一的信托受益权。在一般情况下，对传统的包括股权、不动产、动产所有权以及一些特殊的诸如知识产权的财产性权利等进行分割虽并非不可能实现，但很可能会面对不一样的法律规定和限制。但信托结构通过将物权、债权、股权以及知识产权等各类财产权转化为受益权的方式，使得我们可以简单且灵活地对这些权利通过信托结构进行统一的规划和处理。例如在受益人的角度，可以设计给自己弟弟70%的信托受益权，给妻子30%的受益权，弟弟死亡后，弟弟70%的受益权可以再分别给父母30%、弟弟的儿子70%。在这一过程中，完全不用考虑信托财产最初是什么以及能不能进行分割等问题。在装入信托后，各类信托财产的利益都会以受益权的形式存在。另外，信托财产自身也可能会发生变化，例如通过交易的方式，使得信托财产在现金和股权之间产生了转换，但受益权在信托中是不变的，这就给受益权的设计提供了稳定空间。

如果从财产本身的角度来设计，常见的有将信托受益人区分为本金受益人和收益受益人，例如将股权装入信托，信托股权的收益分配给妻子，直到妻子再婚或死亡，而信托内的股权本身最终将会交付给子女。再比如将不动产权装入信托，委托人死亡后，妻子可以在不动产内居住，妻子去世后，不动产再过户给子女等。而后一个设计还体现了信托受益设计可以不限于物权法定，因为“居住权”①是在本次《中华人民共和国民法典》(以下简称《民法典》)出台后才出现的新的权利，但在《民法典》出台之前，我们就完全可以通过信托实现类似的功能。

四、意思的冻结和实现功能

信托的设立就是委托人意志的贯彻和落实，但这并不代表委托人依然对信托财产享有绝对的权利。就像在分离功能中提到的，我们可以粗糙地理解为信托财产就是受托人的财产，受托人可以在委托人设置的框架下，以及法律的相关规定下依照信托目的的需要任意地管理和运用信托财产。可以说在信托设立之后，委托人的意思就已经被固定了。当然这也并不意味着信托的内容完全不能更改，

①《中华人民共和国民法典》第三百六十六条规定：“居住权人有权按照合同约定，对他人的住宅享有占有、使用的用益物权，以满足生活居住的需要。”

除了信托文件的约定外，《信托法》对委托人也赋予了一定的变更权利[①]。同时，信托并不会因为委托人死亡或丧失行为能力而终止，相反，即使委托人发生了特殊情况，信托受托人依然会按照信托文件的约定，根据信托目的，自主地管理和运用信托财产，从而使得委托人在设立信托时的意思表示随着信托的存续继续稳定地贯彻和落实下去，这也就是我们将信托称为“坟墓中伸出的手”的原因。而上述两点特征综合起来就是所谓的意思冻结功能，这种功能体现了信托具有的稳定性和持续性。

而站在受托人的角度，与很多人理解不同的是，委托人在信托结构中的权利实际才是受限的，但受托人的权利却是广泛的。理由其实很简单，对于信托财产的管理和运用这类复杂的事务来说，委托人是不可能通过信托文件将所有情况都约定到纸面上的，即使信托文件设计得再复杂，也只可能涵盖到信托管理过程中的一部分事务。大部分事务还是需要受托人根据信托的目的在相关义务的约束下自主地进行裁量。不过也确实存在受托人不享有任何裁量权、完全听命于委托人的信托，也就是我们说的消极信托。但这类信托在理论上是否是信托还存在争议，在大部分情况下，如果想要通过信托实现一定信托目的就不可避免地需要赋予受托人一定的自由裁量权，除非这一目的特别的单一，实现的期限也特别短，以至于在信托管理过程中不存在任何需要主观判断的情况。

在目前的民事信托业务中，受托人这样广泛的裁量权，很多时候是隐藏在合同之下的。我们在信托合同中往往只能看到受托人不

---

①《中华人民共和国信托法》第二十一条规定：“因设立信托时未能预见的特别事由，致使信托财产的管理方法不利于实现信托目的或者不符合受益人的利益时，委托人有权要求受托人调整该信托财产的管理方法。”

能做什么，但没有限定受托人只能做什么。这也是在我们的业务背景下很多人对于信托难以信任，缺乏安全感的原因。但如果真的仔细去思考这个问题，就会发现，正是这样自由裁量的权利的存在，才使得受托人能将信托结构永久地运作下去，即使在委托人身故或丧失行为能力之后。信托结构设计得再完美都会具有局限性，只要我们生活的环境和社会情况在发生变化，就需要不断地调整和完善以适应变化。就像三十年前和现在投资房地产的意义完全不同，更不要说几十年间不断涌现出的崭新的投资方式和金融产品，这些变化都是需要我们主动去迎合调整的。可以说，正是因为受托人享有自由裁量的权利，委托人设立信托时的意志才有可能在信托存续期间得到长期有效地落实和贯彻。

五、财产的管理功能

信托能够丰富我们对于财产管理的方式。商事信托具备的一个典型的功能就是“积少成多”，可以集合大量小资金汇聚成大资金。而民事信托往往是单一或是家庭委托人，因此不存在积少成多的情况，但对于委托人来说，却可以实现资产的梳理和整合。举个例子，之前遇到过一个客户有 17 张保单，以及不计其数的理财产品，客户每个月都要在管理这些金融资产上花费大量的时间，如银行的理财产品有不同的到期时间，而保险也有部分处于期缴的状态，保险金的赔付和领取要求又各不相同，这些都需要客户投入时间进行管理。事实上在为客户梳理之前，客户自己都不记得已经购买了多少保险产品。而将这些资产纳入信托之后，通过交由受托人进行集中管理，配合受托人科技手段的辅助，相较于之前委托人自己进行管理的状态，无疑是对委托人的一种解放，同时也大大减少了遗忘和错漏的风险。

同时，虽然目前金融机构主导的民事信托中的信托财产依然以保险与现金为主，但信托业务的不断创新和实践，也为更多资产例如不动产、股权以及知识产权等一并纳入信托进行统一管理提供了可能。当然这种创新本身对于目前的信托机构来说，无疑也是一个艰巨的任务和挑战，因为其中有太多信托机构在传统业务中不会涉及的领域。而如此多类别的复杂资产的管理也会更加考验受托人的专业能力，当然这点在信托结构的整体设计过程中也并非没有办法解决。

事实上，受托人可以将具体的信托管理事务进行拆分，并委托给专业的机构或个人，例如将财产管理中的投资事务委托给专业的投资机构，将其他非投资类的事务处理交给专业的执行机构或是律师。另外也可以通过采用多受托人共同受托的模式，使不同专业领域的受托人在管理信托事务的过程中，在自己的专业领域内发挥价值和作用。当然接踵而来的，就是决策方式不统一、连带责任不清晰等问题。但受益人最终也能享受到信托结构带来的完善的、统一的以及专业的财富管理。

第三章　民事信托的当事人和辅助人

信托当事人的称呼来自《信托法》第四章的标题。实际上这里的当事人指的就是信托的委托人、受托人和受益人。在民事信托中，这三者都是不可或缺的，但同时也存在一定区别。例如虽然在我国信托法中尚值得讨论，但英美相关的信托法律中就有法院不允许因欠缺受托人而使信托无效（The court will not allow a trust to fail for want of a trustee）的表述。当然这种欠缺不是指存在没有受托人的信托，而是指可以选任新的受托人。而公益信托中的受益人，虽然有“受益人”的称呼，但实际上称之为财产领受人更为合适，其权利与私益信托中的受益人有很大区别。当然这些特殊情况可能在实务中并不常见，本章就不再多作论述，后续在谈及遗嘱信托及公益信托时会适当提及。

一、委托人

长期以来境内以商事信托为主的信托业务环境，带来了一种较为片面的普遍认知：委托人是信托关系中掌握话语权的人，是消费者，是站在金融机构对立面的交易对手，是监管和法律都要保护的弱势群体。《信托法》第四十九条[①]规定信托受益人可以行使委托人享有的部分权利，这种表述似乎有一种受益人的权利来自委托人的错觉。事实上，在信托设立之后，委托人才是应该脱离信托的人，在信托文件及法律规定之外，委托人不应该也不能对信托主动行使任何权利，否则就可能存在信托财产的控制权和财产权被认定依然归属于委托人的风险，产生信托被"击穿"的后果。而信托文件约定的由委托人保留多少权利也需要进行权衡，并不应该无限制地允许委托人享有权利，不然也会造成同样的后果。所以委托人本身在信托设立后所处的地位，其实应该更类似于监督者。

（一）境内民事信托中委托人地位的误区

之所以在商事信托中，委托人具有在投融资结构之外对信托财产处分的决定权，是因为商事信托多为自益信托，委托人就是受益人，所以信托财产最终会回到委托人手中，这就导致了委托人以及受托人都认为信托里的财产就是委托人的财产，所谓的信托结构无非就是一种理财产品。先不论理财产品在广义上也是一个信托结构，商事信托的业务模式同样导致了监管机构产生惯性思维，就是委托人是消费者，相对于受托人是弱势群体，需要通过监管政策予以保护，特别是在委托人没有能力保护自己时，监管需要强制性地将委托人切割在风险之外。

---

①《中华人民共和国信托法》第四十九条第一款规定："受益人可以行使本法第二十条至第二十三条规定的委托人享有的权利。受益人行使上述权利，与委托人意见不一致时，可以申请人民法院作出裁定。"

当然这一切在商事信托业务的角度来看并没有问题，对于商事信托而言这一切是需要的也是有益的，但这种观念延伸到民事信托领域，就会产生若干问题。例如委托人对控制权的过度保留以及信托存续期间委托人对信托财产管理的肆意操控。其实这类问题在实务中是可以预见的，因为基于商事信托的逻辑，财产是委托人的，只要不损害受托人的利益，自然按照委托人的意思处理。甚至于在实践中，民事信托中委托人的控制权可能还要远大于商事信托，因为民事信托的信托财产运用以投资金融产品为主，信托结构中并不存在强势的融资方，信托结构也并不像商事信托这么标准化，所以对委托人的限制更小，单一信托的形式也更便于委托人对信托进行变更。加之民事信托以家族信托为代表，设立单笔信托的信托财产虽然较少，但客户体量较大，在不违法违规的基础上，金融机构也更愿意听从客户的指示。但什么都找委托人决定本身，也可以看作是金融机构自身对于受托人责任的一种推脱。

而在监管层面，金融机构主导的民事信托①的委托人又必须受到与商事信托委托人相同的各类监管要求的限制。比如合格投资者，又比如其风险承受能力与产品风险的匹配问题等。这些要求很多是源于商事信托业务中监管机构对于商事信托产品投资人的保护，但在民事信托中，这样的要求对于民事信托的委托人就缺乏适用的依据了。这导致受托人在已经成了信托财产实际上的财产权人

① 需要注意的是，由于监管机构的监管对象仅为金融机构，所以如果民事信托受托人并非金融机构，则无需受到相关监管规定的限制。同时，由于不同金融机构可能由不同监管机构监管，所以即使都在金融机构担任投资顾问，银行和券商的监管机构和监管要求并不完全相同。

的情况下，其投资依然要参照委托人本身的情况，即使这个委托人可能没有在信托结构中保留任何的权利。举一个极端的例子，一个没有任何投资经验的委托人，设立信托的目的就是将财产交由专业的投资机构管理，传承给自己的子女。而现在这个专业的投资机构却要根据这个零投资经验的委托人的风险承受能力进行投资，这真是一个奇怪的情形。而这样的操作带来的另一个问题一直广泛存在于我们的实务之中，但少有人认真地对待，就是委托人死亡以后的投资怎么办？所以即使必须要有这样一个“消费者”的角色存在于我们的民事信托之中，可能受益人相较于委托人也会更为合适一些。

（二）委托人的资格

《信托法》中对委托人资格并无特别规定[①]。广泛来说，民事信托的委托人并不限于自然人，法人和依法成立的其他组织也可以成为民事信托的委托人。当然如果从婚姻家事的需求来看，大部分与之相关的民事信托的委托人应该都是自然人。而以家族信托、保险金信托为代表的，金融机构所主导的各类民事信托业务同样以自然人为委托人。但我们也没有必要默认民事信托的委托人必须是自然人，这样的思考方式可能会限制我们的想象力，以至于限制了信托灵活性的发挥。

虽然法律上并无特殊限制，但在金融机构参与的民事信托业务

① 《中华人民共和国信托法》第十九条规定：“委托人应当是具有完全民事行为能力的自然人、法人或者依法成立的其他组织。”

中往往在行政监管层面对于委托人的资格存在一定限制。最典型的就是要求民事信托的委托人是合格投资者①。实质上对于民事信托业务，特别是家族信托这类大部分以单一信托形式存在的民事信托业务，是无需考虑委托人是否为合格投资者的问题的。但由于处在强监管的环境之下，多数金融机构基于监管风险的考量，在监管机构未明确表示无需做哪些事之前，都会选择继续对民事信托的委托人进行合格投资者审查。而且这一审查不止需要在信托的受托人层面进行，在银行或其他金融机构担任投资顾问的场合也需要再次进行。当然由于家族信托业务本身一千万门槛的存在，合格投资者审查基本也只是一个空设的程序，但在民事信托业务丰富化的未来，特别是在以家庭信托为代表的，低门槛的民事信托业务逐步出现和发展之后。合格投资者的限制可能会变成一个实质的阻碍和瓶颈。另一个典型的问题在于外籍委托人，虽然《信托法》并未对信托委托人的国籍作出限制，但在实务中，金融机构实际会对这一问题产生较大的顾虑，而最终不同机构可能会作出不一样的选择。比较有争议的委托人国籍可能集中在少数几个国家之中，其中最明显的就是美国国籍的问题。如果委托人为美国籍或持有美国绿卡，境内金融机构可能会担心由于《美国海外账户税收合规法》（FATCA）的存在，导致金融机构本身受到美国政府的针对甚至处罚，所以部分金融机构会选择拒绝美国籍委托人的委托。

至于对自然人委托人的唯一限制，就是具备完全民事行为能力的要求。如果外国人在中国设立信托，其依照中国法律判断具有完

①《信托公司集合资金信托计划管理办法》第五条规定："信托公司设立信托计划，应当符合以下要求：（一）委托人为合格投资者……"

全民事行为能力即可，否则需要按照其经常居住地法律判断其具有完全民事行为能力。[①]而对于是否可以在委托人限制或无民事行为能力的情况下，由其法定代理人代为设立民事信托的问题。理论上应该是可行的，但由于设立民事信托，特别是他益信托的场合，相当于是将被监护人财产无偿处分给了被监护人之外的人，所以很可能被认定为是一种对被监护人利益的损害行为。如果真的需要以设立民事信托的方式来保障无民事行为能力人或是限制民事行为能力人利益的，就需要对信托条款进行格外严谨的设计，以避免出现利益冲突的行为。

（三）委托人的权利义务

在民事信托设立之前，委托人的作用最为重要，因为信托就是根据委托人的意志设立的。而在设立之后，如果仅从信托结构的角度来看，委托人就变得不那么重要了。事实上在信托设立后，委托人的权利仅来自两个层面，其一是信托文件的约定，其二是《信托法》的规定。而无论在哪个层面，淡化委托人权利都有其必要性。一方面，因为委托人保留过多的权利可能会使其有机会滥用信托制度，逃脱税收，规避法律甚至进行欺诈活动[②]，从而大大增加信托被“击穿”的风险；另一方面，委托人保留过多的权利也很容易造成与受益人权利的冲突。我们不能将委托人和受益人视为一体，信

①《中华人民共和国涉外民事关系法律适用法》第十二条规定：“自然人的民事行为能力，适用经常居所地法律。自然人从事民事活动，依照经常居所地法律为无民事行为能力，依照行为地法律为有民事行为能力的，适用行为地法律，但涉及婚姻家庭、继承的除外。”

② 何宝玉：《信托法原理研究》，中国政法大学出版社 2004 年版，第 128 页。

托设立后信托财产已经脱离委托人掌控，信托设立也是为了受益人的利益。作为主观上以及客观上独立的个体，委托人和受益人不可能永远保持利益的一致，在这个过程中势必会产生一定的冲突。虽然《信托法》第四十九条对冲突产生时如何处理进行了一定的规定①，但还远远达不到解决大部分冲突的效果，同时解决方式也不具备信托管理需要的效率。

由于我国民事信托发展的特殊情况，我国民事信托的委托人，在信托财产的管理和运用过程中保留着大量的权利。原因在于一方面，金融机构主导的业务模式需要给委托人保留更多的权利；另一方面，基于各种理由在《信托法》层面，同样通过法律规定直接赋予了委托人大量的法定权利。当然我们也要认识到这一情况在目前的客观业务环境下具有的合理性，但未来也确实有进一步细化和改进的必要。

目前民事信托中委托人通过信托文件保留的权利常见的有：指定及变更受益人的权利、信托分配的决策权、变更信托分配方案的权利、信托投资的决策权、指定及变更监察人（保护人、指令权人）的权利、设定监察人（保护人、指令权人）权限的权利等，除此之外，信托文件中还会存在一些其他的委托人权利的约定，但这些约定一般多与《信托法》规定的内容存在重复。虽然委托人保留上述权利存在一定的合理性和必要性，但如果在设计时缺乏综合考量和风险规避，则容易让人产生信托财产是否依然由委托人实际控制的疑问，从而大大增加信托被“击穿”的可能。例如指定及变更受益

---

①《中华人民共和国信托法》第四十九条中规定，“受益人行使上述权利，与委托人意见不一致时，可以申请人民法院作出裁定”。

人权利与变更信托分配方案权利的组合，如果不加限制，相当于委托人在其需要的时候，可以简单地通过自己的指示，将信托财产分配至自己名下，这个时候信托财产的独立性就是存疑的，就有可能导致信托结构的崩塌，可见巨大的权利同时也意味着巨大的风险。

而在《信托法》层面，自第二十条起分别规定了委托人的知情权①、调整信托财产管理方法的权利②、受托人行为的撤销权③、受托人的解任权④。另外还有受托人辞任的同意权⑤、新受托人的选任权⑥、信托的解除权⑦、变更受益人或处分受益人受益权的

---

①《中华人民共和国信托法》第二十条规定："委托人有权了解其信托财产的管理运用、处分及收支情况，并有权要求受托人作出说明。委托人有权查阅、抄录或者复制与其信托财产有关的信托账目以及处理信托事务的其他文件。"

②《中华人民共和国信托法》第二十一条规定："因设立信托时未能预见的特别事由，致使信托财产的管理方法不利于实现信托目的或者不符合受益人的利益时，委托人有权要求受托人调整该信托财产的管理方法。"

③《中华人民共和国信托法》第二十二条规定："受托人违反信托目的处分信托财产或者因违背管理职责、处理信托事务不当致使信托财产受到损失的，委托人有权申请人民法院撤销该处分行为，并有权要求受托人恢复信托财产的原状或者予以赔偿；该信托财产的受让人明知是违反信托目的而接受该财产的，应当予以返还或者予以赔偿。前款规定的申请权，自委托人知道或者应当知道撤销原因之日起一年内不行使的，归于消灭。"

④《中华人民共和国信托法》第二十三条规定："受托人违反信托目的处分信托财产或者管理运用、处分信托财产有重大过失的，委托人有权依照信托文件的规定解任受托人，或者申请人民法院解任受托人。"

⑤《中华人民共和国信托法》第三十八条规定："设立信托后，经委托人和受益人同意，受托人可以辞任。本法对公益信托的受托人辞任另有规定的，从其规定。受托人辞任的，在新受托人选出前仍应履行管理信托事务的职责。"

⑥《中华人民共和国信托法》第四十条规定："受托人职责终止的，依照信托文件规定选任新受托人；信托文件未规定的，由委托人选任；委托人不指定或者无能力指定的，由受益人选任；受益人为无民事行为能力人或者限制民事行为能力人的，依法由其监护人代行选任。原受托人处理信托事务的权利和义务，由新受托人承继。"

⑦《中华人民共和国信托法》第五十条规定："委托人是唯一受益人的，委托人或者其继承人可以解除信托。信托文件另有规定的，从其规定。"

权利①、异议申诉权②等。可见在《信托法》中，我们对委托人权利已经进行了相当充分的考量和保护。其实，即使我们在信托文件中不对委托人的权利作任何保留和约定，仅凭《信托法》中的规定，一般情况下委托人也已经实现对信托整体管理和运作的监督，足以保障自身的合法权益。而且由于这些权利都是法定的，所以行使起来自然更为“安全”，不用担心对信托产生负面影响。但在实务中，我们的委托人常常只重视信托文件中约定的权利，对于《信托法》中规定的权利却毫无概念。这其实也造成了对自身权利行使上的放弃，也是一种对自身权利的损害。

更糟糕的情况是，由于对法定权利的不了解，导致相关的法律规定反而成了受托人排除自身义务、限制委托人合法权利的着手点。举一个最为明显的例子，基于受托人的忠实义务，《信托法》第二十八条③对受托人进行其固有财产与信托财产的交易以及信托财产之间的交易作了明确的禁止，这样的交易无疑会使得受托人处在利益冲突的位置。但《信托法》同样规定，在委托人同意且以公平的市场价格进行交易的情况下，上述交易是被允许的。这就导致了在信托文件中，我们常常可以看到委托人预先同意受托人进行上述类型交易的条款。虽然在目前的实务操作中，这类条款的有效性仍然存在值得讨论的地方，但如果受托人通过充分解释和告知的

---

①《中华人民共和国信托法》第五十一条中规定，“设立信托后，有下列情形之一的，委托人可以变更受益人或者处分受益人的信托受益权”。

②《中华人民共和国信托法》第十七条第二款规定：“对于违反前款规定而强制执行信托财产，委托人、受托人或者受益人有权向人民法院提出异议。”

③《中华人民共和国信托法》第二十八条第一款规定：“受托人不得将其固有财产与信托财产进行交易或者将不同委托人的信托财产进行相互交易，但信托文件另有规定或者经委托人或者受益人同意，并以公平的市场价格进行交易的除外。”

“技术手段”的处理，这类预先的约定就有很大概率被判断为有效，这就意味着，委托人将在订立信托合同之初就背负上较大的风险。我们目前已经看到小部分机构在未告知委托人的情况下，使用家族信托接手问题资产的行为就是这一约定的恶果之一。虽然在受托人恶意为之的情况下，委托人并非不能撤销这一行为，但最终损失能否挽回是由客观情况决定的，对于做出这样操作的机构，其自身的财务状况可能已经无法让委托人抱有期待了。如果委托人在设立信托时阅读过《信托法》，并对自己的法定权利有一定了解，说不定此类条款就能引起委托人的警觉从而避免类似的风险。

至于委托人的义务，在《信托法》中少有约定，在目前大多数的民事信托文件中，所谓的委托人义务大部分是受托人的免责条款而已。就委托人的义务而言，主要包括基于信托行为而应将财产权转移或处分的义务、给付报酬的义务及赔偿受托人因信托终止所受损害的义务。① 我国《信托法》将受托人无偿受托作为备用性规则②，即信托文件没有约定时，受托人不得收取报酬。这样的规定其实存在着两面性，一方面当然是对委托人的保护，另一方面却也有可能造成受托人的消极状态。当然事实上，无论是报酬给付义务还是赔偿受托人的义务，在金融机构主导的民事信托中，一般都会在信托文件中作出明确的约定。至于财产转移或处分的义务，即使信托合同本质上是诺成合同，也应当针对不同信托、不同情况具体进行讨论。如果我们简单地将信托行为看作是一种委托人的赠与行

① 王志诚：《信托法》，台湾五南图书出版社 2018 年版，第 91 页。

②《中华人民共和国信托法》第三十五条第一款规定：“受托人有权依照信托文件的约定取得报酬。信托文件未作事先约定的，经信托当事人协商同意，可以作出补充约定；未作事先约定和补充约定的，不得收取报酬。”

为，那么在任何情况下均可要求委托人履行赠与的义务，这种情况是不合理的，故而不应该一概而论。

（四）委托人的权利保留与信托的“击穿”

这两年因为越来越多的关注，以及境内机构的宣传，使得大家对于信托被“击穿”的问题表现出越来越浓厚的兴趣。但我们首先要明白的是，我国《信托法》中并不存在“击穿”的表述，这本就是人为创造出来的概念，但不得不说这个形容可以帮助大家形象地去理解这一问题。

所谓“击穿”指的是在面对委托人的债权人的追索时，信托没有起到债务隔离的作用，使得信托财产被用于偿还委托人的债务。所以“击穿”意味着信托隔离功能的失效，但这并不代表信托本身无效了。这其实可以类比《中华人民共和国公司法》（以下简称《公司法》）中的法人人格否认制度①以作理解。法人人格否认制度，指为防止法人独立人格的滥用和保护公司债权人的利益，就具体法律行为中的特定事实，否认法人的独立人格与成员的有限责任，责令法人的成员或其他相关主体对法人债权人或公共利益直接负责的一种法律制度。②也就是说，如果公司股东滥用公司地位，出现了包括股东与公司之间财务混同、人员混同、业务混同等情况，公司的债权人就可以“击穿”公司的法人身份，或者说否认法人的独立人格，要求股东与公司承担连带责任。但公司的独立人格

① 《中华人民共和国公司法》第二十三条第一款规定：“公司股东滥用公司法人独立地位和股东有限责任，逃避债务，严重损害公司债权人利益的，应当对公司债务承担连带责任。”

② 赵秀梅：《民法案例教程》，法律出版社 2012 年版，第 15 页。

被否认了，并不代表公司不存在了，或者被撤销了，公司的存在本身依然是合法有效的。信托也是一样，信托即使被“击穿”了，只能说明信托财产丧失了独立性，并不代表信托就一定无效或被撤销了。当然因为“击穿”的概念是人为创造的，所以如果我们将无效和被撤销的情形都归入“击穿”的范畴也无不可，毕竟三者最终都会导致信托隔离功能的失效，但为了论述的清晰和方便，我们还是将其分开进行讨论。

信托被“击穿”的原因主要在于委托人的控制权过大。但并不是说只要委托人保留了任何的控制权就一定会导致信托被“击穿”，事实上只有在这部分控制权可以使得委托人自身轻易获得信托财产时，才会增加信托被“击穿”的可能。最简单的例子就是，委托人保留了指定及变更受益人的权利以及变更信托分配方案的权利，这就使得委托人可以轻易地将自己变更为受益人再将信托财产都分配给自己，这样的设计实际上跟可撤销信托无异了。而只要存在这样操作的可能性，即使委托人实际上没有做出这样的操作，也有可能导致信托被“击穿”。这样的控制权保留再结合其他的问题和情况就很容易得出一个推论，就是这一信托实际上是为了委托人而非受益人的利益设立的，信托财产实际上依然属于委托人，并由委托人实际控制，并未真正交付受托人，所以这一信托是“虚假”的信托。就像法人人格否认制度一样，自此信托的“人格”①也被否认了。所以相反，如果控制权仅涉及投资决策，或控制权的行使已经排除了委托人自身从信托中获得利益的可能，那么即使委托人控

① 这里要强调的是，信托绝非法人，不是法律主体，不具有法人权利。所以信托本身就是不具有“人格”的，这里的信托“人格”的否认主要是指隔离功能，或者说财产的独立性被否认了，“人格”的表述仅是为了方便理解。

制权再大，也不一定会导致信托被“击穿”。同时，境内外信托在“击穿”的问题上确实存在差异。

虽然对借境外信托被“击穿”的消息，以大肆宣传境内信托的优越性的行为笔者不敢苟同，但不得不承认的是，目前看来，境内信托确实较之境外更不易被“击穿”。境外经常能够见到相关判例的原因在于，境外民事信托制度发展的时间较长，相关法律和判例都较为完善，信托的“击穿”问题有大量具体判例提供借鉴和支撑。加之英美法系国家多为判例法国家，所以法官可以很容易地适用相关判例作出判决。而我国法官判决一般是需要依照成文法作出的，我国法律对于信托被“击穿”的问题并没有明确的规定。有人将《信托法》第十五条[①]理解为，信托财产与委托人财产相区别是信托实现隔离功能的条件，其实也过于牵强。所以如果在实际的审判中要判决信托是否被“击穿”，更多的还是要适用相应的法律原则，而法律原则的适用本身就更为困难，很大程度上取决于法官的自由裁量。在不存在任何判例的情况下，法官要判决“击穿”信托就要有承担一定“风险”的勇气。所以我国信托被“击穿”的可能性更小，但要强调的是这不是在说不存在被“击穿”的风险，这一风险是实实在在存在的，也是有一定可能发生的，毕竟我国与信托相关的法律原则与境外信托并无本质区别。如果是真正对于信托的隔离功能有需求的委托人，就更加需要重视这一风险了，毕竟一旦信托被

①《中华人民共和国信托法》第十五条规定：“信托财产与委托人未设立信托的其他财产相区别。设立信托后，委托人死亡或者依法解散、被依法撤销、被宣告破产时，委托人是唯一受益人的，信托终止，信托财产作为其遗产或者清算财产；委托人不是唯一受益人的，信托存续，信托财产不作为其遗产或者清算财产；但作为共同受益人的委托人死亡或者依法解散、被依法撤销、被宣告破产时，其信托受益权作为其遗产或者清算财产。”

“击穿”，对这类委托人来说，往往意味着“满盘皆输”。当然这里要补充的一点是，毕竟隔离功能只是信托的功能之一，在委托人个人债务风险较小的情况下，不是不能选择放弃隔离功能从而获得更大的控制权的，这样的信托依然可以在有效的前提下发挥其他功能和作用，所以这依然是一个从委托人的需求出发进行取舍的问题。

而相较于信托被“击穿”的问题，其实在我国更需要重视的应该是信托的无效和撤销。但这一点我们平时讨论得太少，也更容易被大家忽视。先从《信托法》的角度来看，首先是撤销的问题，《信托法》第十二条对债权人撤销权作了明确的规定。[①] 债权人撤销信托的问题对于自益信托而言不存在讨论的意义，自益信托由于受益人为委托人一人，信托财产最终依然归属于委托人个人所有，故实质上自益信托的设立并不减少委托人财产，从而并不会产生损害债权人利益的客观结果。而我们的民事信托一般都是他益的，对他益信托来说，债权人要行使撤销权，就必须因委托人的信托行为而使其债权人的债权陷于清偿不能、困难或延迟之状态；又有害于债权的事实，须于行为时存在，且于债权人行使撤销权时，债务人处于无资力[②]状态，如债务人于行为时，尚有资力清偿债务，纵其结果，致债务人之财产日形减少，仍不得撤销之[③]。简单来说就是要满足三点：一是信托设立的时间点，信托的设立损害了债权人的利益。二是债权人行使债权的时间点，委托人的财产不足以履行债务。三是债权人受到的损害与设立信托之间存在因果关系。而债权

① 《中华人民共和国信托法》第十二条第一款规定：“委托人设立信托损害其债权人利益的，债权人有权申请人民法院撤销该信托。”

② 无资力指债务人的一般财产不足以满足债权人的资产状态。

③ 王志诚：《信托法》，台湾五南图书出版社 2018 年版，第 114 页。

人行使撤销权的直接法律后果就是使得信托无效，且是溯及既往的无效，也就是在法律上认为信托从未产生效力。此观点似与《信托法》第五十四条关于终止的规定存在冲突。但若债权人行使撤销权的法律后果仅是信托被“终止”，实际上就无法达到保护债权人的目的，甚至是对债权人权利的变相侵害。对于《信托法》中债权人撤销权的法律效果，应当参考《民法典》中债权人撤销权的相关规定①，或是直接依照《民法典》中关于民事法律行为撤销的相关规定②予以处理，具体在后文关于信托终止的内容中再加以分析。

至于信托的无效，《信托法》第十一条也有明确规定③。具体内容看似在实务中不太可能出现，但实际上却未必。以信托目的违反法律、行政法规或者损害社会公共利益为例，目前就存在部分信托的设立目的是通过家族信托、服务信托等创新业务的概念，逃避税收或是其他的监管规定。而且往往这样的信托具体的操作方法和信托结构设计极为粗糙，甚至难以从中解释出正当的信托目的。随着民事信托业务的不断创新，如果依然还是以商事信托的逻辑去推动民事信托业务，可能还是会碰到类似的问题。

相较于信托法的内容，可能更为我们所忽视，但在民事信托设立中风险更大的是《民法典》中关于民事法律行为无效或撤销的相

---

①《中华人民共和国民法典》第五百四十二条规定：“债务人影响债权人的债权实现的行为被撤销的，自始没有法律约束力。”

②《中华人民共和国民法典》第一百五十五条规定：“无效的或者被撤销的民事法律行为自始没有法律约束力。”

③《中华人民共和国信托法》第十一条规定：“有下列情形之一的，信托无效：（一）信托目的违反法律、行政法规或者损害社会公共利益；（二）信托财产不能确定；（三）委托人以非法财产或者本法规定不得设立信托的财产设立信托；（四）专以诉讼或者讨债为目的设立信托；（五）受益人或者受益人范围不能确定；（六）法律、行政法规规定的其他情形。”

关规定。比如委托人的民事行为能力瑕疵、委托人意思表示的瑕疵、以共有财产设立信托但未经共有人同意，以及部分信托条款违反公序良俗等。这类问题的绝大部分往往并不能从信托文件的约定中直接看出端倪，而是隐藏在整个信托设立的流程和环节之中，隐藏在委托人与受托人的交互之中，所以避免这些问题的方法更多还是由受托人完善和规范自身的内部制度。类似撤销或是无效的法律规定，相较于“击穿”而言，适用的可能性和概率要大得多，所以更应该引起我们的关注，特别是整体民事信托行业无法进行统一规范的当下，可能更多的还是需要委托人自身去把控相关的风险。

二、受托人

2021 年全国“两会”期间，全国政协委员、中国证监会原主席肖钢建议“在法律层面增加对受托人义务的规范，就受托人应尽的亲自义务、忠实义务、审慎义务、有效管理义务、保密义务等作出规定，强化受托人治理”。如果说受托人义务规范缺失的问题在商事信托领域尚不明显的话，在民事信托领域，由于受托人相较于商事信托将面对更加复杂的、多变的情况，也就意味着受托人将享有较商事信托更大的权能，受托人义务规范缺失对民事信托整体的影响也会更加重大和深远。当然没有规范化也并不代表这些义务不存在，只是在适用的过程中存在一定的困难和阻碍，但在目前的情况下这些义务依然对受托人在法律上存在着约束力。不过随着民事信托存量的不断增长，如果想要真正实现民事信托的价值，使民事信托获得更多的信任和认可，受托人义务的规范化确实刻不容缓。

受托人的义务主要可以分成约定义务和非约定义务两部分。约定义务主要来自信托文件的约定，属于委托人通过信托文件为受托人创设的义务。而非约定义务主要包含法定义务，基于诚信原则产生的义务以及信义义务。当然后两者在经历大量司法实践的认可之后可能也会法定化，也就是通过法律规定进行固定。所以这三者也可以说是广义上的法定义务。诚信原则产生的义务在普通的合同关系中最为常见，而信义义务则较为独特，这两者的区别在于诚信原则产生义务的遵守是建立在当事人为自身利益行事的基础之上的，而信义义务则要求信托的受托人只能为受益人的利益行事，而不能为自己的利益行事。显然，对于信托关系来说，信义义务尤为重要。

（一）受托人的资格

《信托法》第二十四条对于受托人的资格作出了正面规定[①]，什么人可以成为受托人，这个问题看似没有争议，但事实却并非如此。对于信托受托人是否必须具备完全民事行为能力其实理论上存在一定争议，但实务中确实讨论的意义不大。但《信托法》第二十四条引出的另外一个问题更具有现实意义，这就是合伙企业是否可以成为信托的受托人。因为合伙企业并非法人组织，不具有法人资格，故此被第二十四条排除在了受托人的选择范围之外，持这种观点的人不在少数，而且多数为类似于律师事务所及会计师事务所等特殊合伙企业的管理层。出现这种情况的原因，笔者猜测如下，民事信托之类的业务较新，业务中针对受托人的权利义务又比

①《中华人民共和国信托法》第二十四条规定："受托人应当是具有完全民事行为能力的自然人、法人。法律、行政法规对受托人的条件另有规定的，从其规定。"

较复杂，这就导致相对来说风险比较大，同时这类业务中受托人的回报不高。既然法律已经有了相关规定，根据规定合伙企业这个主体不能成为信托受托人，那么这自然是一个拒绝相关业务最正当的理由。但实际上，合伙企业是可以成为信托的委托人也可以成为受益人的，加之合伙企业在法律上也享有诉讼主体资格，所以将合伙企业排除在受托人选任的范围之外，看起来理由确实并不充分。再者，现实中也并非没有合伙企业担任受托人的情况存在，基金投资其实也可以看作是一种广义上的信托只是并不以信托直接称呼，基金管理人其实也就相当于信托的受托人，而基金管理人是可以由合伙企业担任的①。不过，既然《信托法》已经有相关规定，在法律没有修订之前，合伙企业担任受托人在目前基于多方的压力的情况下，在实务中确实是不太可能实现了。

实务中存在的另一个问题在于，自然人受托人在获取委托人信任这件事上存在天然的劣势。抛开部分以亲友为受托人设立民事信托的特殊情况，在实务中基本不存在以自然人身份广泛地开展民事信托业务的可能，即使部分律师打出了自然人受托的宣传，但其在宣传层面的意义远大于实际价值，类似的法律服务产品的社会价值基本为零。而一般的法人组织与自然人类似，同样存在信任方面的问题。同时，由于金融业有严格的监管要求，有专业能力和实力背景但没有信托牌照的金融机构为了规避监管风险是不会去担任信托的受托人的。加上之前提到的《信托法》将律师事务所、会计师事务所等具备一定信誉和专业能力的合伙企业排除在受托人之外，所

---

①《中华人民共和国证券投资基金法》第十二条第一款规定，“基金管理人由依法设立的公司或者合伙企业担任”。

以最终能在现实中顺利开展民事信托业务，担任受托人的机构客观上还是被限制在全国六十几家信托机构中。这样自然是有好处的，因为大部分信托机构都具有银行或是央国企背景，相对来说安全性有一定保证。但相对地，由于目前对民事信托业务监管态度不明朗的状态，对受托人范围的限制也限制了民事信托业务整体的发展。

最后是共同受托人[①]的问题，虽然在实务中，共同受托人的形式比较少见，但共同受托人相较于单一受托人其实具有一些优势。共同受托人的优点在于：第一，可以提高受托人的整体信用度；第二，让受托人之间相互监督；第三，保持信托事务管理的连续性[②]；第四，利用不同类型受托人的不同专业能力[③]。《信托法》对共同受托人的事务执行规则[④]以及责任承担规则[⑤]作出了规定，这使得共同受托人已经可以在目前现有的民事信托需求中发挥其功能和作用。在我国现阶段的民事信托业务中，可以通过共同受托人的模式，在充分发挥信托机构金融领域专业能力的基础上，选择其他专业的受托人与信托机构形成互补。例如信托机构与律师自然人的组

---

①《中华人民共和国信托法》第三十一条第一款规定："同一信托的受托人有两个以上的，为共同受托人。"

② 钟瑞栋、陈向聪：《信托法》，厦门大学出版社 2007 年版，第 102 页。

③ 赵廉慧：《信托法解释论》，中国法制出版社 2015 年版，第 293 页。

④《中华人民共和国信托法》第三十一条第二、三款规定："共同受托人应当共同处理信托事务，但信托文件规定对某些具体事务由受托人分别处理的，从其规定。共同受托人共同处理信托事务，意见不一致时，按信托文件规定处理；信托文件未规定的，由委托人、受益人或者其利害关系人决定。"

⑤《中华人民共和国信托法》第三十二条规定："共同受托人处理信托事务对第三人所负债务，应当承担连带清偿责任。第三人对共同受托人之一所作的意思表示，对其他受托人同样有效。共同受托人之一违反信托目的处分信托财产或者因违背管理职责、处理信托事务不当致使信托财产受到损失的，其他受托人应当承担连带赔偿责任。"

合，首先使得律师自然人共享了信托机构的信用度；其次可以有效地设置信托条款，使得受托人之间实现有效的监督；最后还可以利用律师法律领域的专长，由律师作为受托人处理民事信托管理过程中所产生的资产投资之外，或琐碎或细致或需要专业法律判断的事务。再比如，在具有一定公益需求的民事信托中，可以选择专业的慈善机构作为共同受托人，处理慈善相关的事务。类似的设置都是在利用其他受托人在信托机构专业领域之外的专长，更好地服务信托本身，实现信托的目的。虽然共同受托人的数量并不存在限制，但也并不是越多越好，不妥当的共同受托人安排也会对信托财产的管理效率等问题产生负面影响，这就需要在具体案件中通过信托文件针对不同需求进行妥善的安排和设计。

（二）受托人的忠实义务

假如A将一幅画委托给受托人T（艺术品专业人士）设立信托，该画作经过第三方机构鉴定市场价格为1000万元，A与T约定T可以将该画作以不低于1100万元的价格出售。那么，如果T非常喜欢这幅画作，能否自己以1100万购买这幅画作？如果T出价2000万是否可以购买呢？T作为受托人能否代表其管理的另一个信托购买该幅画作？T的女儿非常喜欢这幅画作能否以2000万购买？T的债权人或债务人是否可以购买呢？T向第三方出售画作之后，可否收取中介费用，如果出售价格远高于1100万呢？T预计该幅画作出售后，将使得市场上同一画家的其他画作价格上涨，T自己可否在出售画作前，提前收购同一画家的其他画作，在作为信托财产的画作出售后再自行出售呢？在画作的市场价格升值至 1200 万后，T 是否可以仍然以 1100 万的价格将画作出售给第三方呢？

日本四宫和夫教授认为忠实义务包含以下三原则：第一原则是不要使信托财产的利益和受托人个人利益处于相冲突的地位；第二原则是在处理信托事务的时候自己不能取得利益；第三原则是不能在处理信托事务时为第三人取得利益。所以简单来说上述案例中的行为都是违反忠实义务的，T 不论是将画作出售给自己还是将画作出售给与自己有关联的亲属、公司、债权债务人，不论 T 是否从中谋利，都是将 T 个人的利益置于与信托财产的利益相冲突的地位。从这里我们看出，忠实义务的违反并不以信托财产或受益人遭受损失为条件，即使受益人是获利的，甚至 2000 万出售的价格远高于预期价 1100 万，T 并未从中获利，但只要 T 处于利益冲突的地位之上就已经违反了忠实义务。同时，T 作为受托人，其所管理的两个信托之间进行交易同样如此，因为 T 作为两个信托的管理人，本身就处在利益冲突的位置，T 无法在为买方寻求尽可能低的价格的同时为卖方寻求尽可能高的出售价格，这存在明显的利益冲突。对这些情况，实际上《信托法》第二十八条也有相应规定①，这样禁止的原因主要在于，在信托关系中受托人作为信托财产在法律上的直接控制人相对于受益人占据更加有利的地位，如果不对受托人的行为作一定禁止，会更容易出现受托人为了自身利益得失管理信托，同时受益人又难以对损害进行主张和举证的情况。但在实务中，信托机构往往会通过在信托合同中进行约定，也就是由委托

①《中华人民共和国信托法》第二十八条第一款规定："受托人不得将其固有财产与信托财产进行交易或者将不同委托人的信托财产进行相互交易，但信托文件另有规定或者经委托人或者受益人同意，并以公平的市场价格进行交易的除外。"

人事先同意受托人进行上述类似行为的方式进行免责。那么这样的免责有效吗？

《信托法》第二十八条的但书中明确表示，在信托文件另有规定或者经委托人或者受益人同意，并以公平的市场价格进行交易的情况下，上述这类交易就是被允许的。允许这样交易的原因其实也是明显的，在 T 以 2000 万购买画作的情况下，如果因为忠实义务就绝对禁止 T 购买，仅能以 1100 万的价格在市场上进行交易，从结果上看对受益人和信托财产来说是一种损失。一味地遵守忠实义务，反而可能使信托丧失获利的机会，比如案例中以 2000 万元出售画作的机会。所以如果禁止的目的仅是为了禁止，也会起到反效果，因为过度的禁止只会让受托人变得谨小慎微，在管理信托事务的过程中不再将保护信托目的和受益人利益作为首要目标，而是首先考虑自己是否违反了忠实义务。这也是为什么法律允许我们对忠实义务进行约定的原因，但通过信托条款的事先约定，以及在进行相关行为前获得受益人的事先同意的方式来免除部分忠实义务的有效性，应该建立在相关信息对受益人充分公开透明的基础上。以实务为例，受托人在进行固有财产与信托财产交易或两个信托财产之间的交易时，应当对受益人进行包括交易内容、交易对手、产品信息以及受托人是否获利等信息的披露。即使已经在信托合同中与委托人事先进行约定，也因为实际可能侵害受益人利益，而信托合同中笼统的许可在很多时候是受托人利用信息优势获得的，并不一定能在具体情况下代表委托人的真实意思表示，所以即使订立合同当时不存在具体交易的产品和对象，也应当披露条款订立对应可能出现的后果，以及通过交易是否会使得受托人获利的信息，这样才能增加事先的免责条款有效的概率。

当然，由于《信托法》第二十八条本身并不完备，例如委托人与受益人意见冲突时的处置、与受托人利害关系人之间的交易等问题并未作明确，加之缺少相关的判决，使得在我国的司法实践中固有财产与信托财产交易或两个信托财产之间的交易的问题如何定性，以及免责是否有效的问题确实存在一定不确定性和探讨空间。至少目前通过合同进行事先同意的实务操作，是具有一定瑕疵的。对于这一问题，委托人与受托人虽然有不同的立场，但基于对自身利益的保护，都应当充分地注意。在实务中就存在这样一种情况，某一委托人对其设立的信托 A 持有的金融产品的收益并不满意，要求立刻变现该产品。但由于金融产品本身存在一定存续期限，并非所有金融产品都可以灵活变现。在信托 B 的委托人毫不知情的情况下，受托人就可能使用其管理的另一信托 B 购买信托 A 所持有的这一产品的份额或受益权。虽然这一交易的价格是公允的，金融产品本身也可能是权益类产品，具有明确的市场价值，同时在信托 A 和信托 B 的信托合同中，都有受托人对于其管理的两个信托之间进行交易的免责条款。但毫无疑问，受托人即使在我国的法律环境下也有很大可能已经违反了忠实义务，特别是在该金融产品的管理或其投资的底层资产存在问题，并且持续亏损的情况下。

回到最开始的案例，前述受托人 T 在管理信托的过程中，不论是直接获取信托财产至自己名下①，还是收取中介费②，或是利用

①《中华人民共和国信托法》第二十七条规定：“受托人不得将信托财产转为其固有财产。受托人将信托财产转为其固有财产的，必须恢复该信托财产的原状；造成信托财产损失的，应当承担赔偿责任。”

②《中华人民共和国信托法》第二十六条规定：“受托人除依照本法规定取得报酬外，不得利用信托财产为自己谋取利益。受托人违反前款规定，利用信托财产为自己谋取利益的，所得利益归入信托财产。”

画作将要涨价的信息为自己谋利，除了使自己处在利益冲突的位置，也明显通过管理信托财产为自己取得了利益，是违反忠实义务的，也是违反《信托法》规定的。当然这里的法律规定同样存在不完备的问题，比如利用管理信托所获得的信息牟利的行为，以及受托人之外其他参与信托管理的人是否也要受到忠实义务的约束等问题也未有明确解决。以目前家族信托中常见的投资顾问为例，如果担任投资顾问的机构在管理信托资产的过程中，获悉信托资产对某一股票的投资将促使该股票上涨，而自己大量购入了该支股票，那么同样应当认为是对忠实义务的违反，其所获得的利益应当归入信托财产。也就是说，忠实义务同样应当适用于为信托管理提供服务的受托人以外的其他人士。当然这一点依然没有具体的法律规定进行明确，但反过来说，《信托法》第二十六、二十七条由于不存在但书条款，所以可否将这两条视为任意性规定，通过受益人或委托人的事先或事后的同意进行免责，同样存在争议，但确实将之视为任意性规定更为合理。如果不认可任意性规定，那么在目前境内家族信托运作过程中普遍存在的由信托财产投资受托人所创设或销售的金融产品的情况，这样的投资行为，如若受托人在产品层面收取相关费用，就是典型的受托人通过管理信托事务牟取自身利益的行为，是对忠实义务的违反。同样地，由于目前境内家族信托存在着以银行为主导的普遍情况，如果银行与受托人之前存在利益关系，或银行实际受托于受托人履行投资权利，那么如果银行在信托投资底层产品的过程中，从产品端获利，同样可能涉及忠实义务的违反。

而T以低于市场价格将画作向第三人出售的行为，则构成了为第三方取得利益。这类情况确实相对较少，但有一种情况比较特殊，目前由于以家族信托进行慈善捐赠的相关法律法规并不完善，在业务中存在一些由家族信托向慈善机构进行捐赠的实际需求，这里要注意的是这样的捐赠行为实际上就是为第三方获取利益的行为，所以对此在信托文件中应当进行明确的约定，特别是在长期被我们所忽视的关于信托目的的相关条款中，一定要进行明确的表述，否则就有可能造成违反忠实义务的后果。当然忠实义务的内涵其实远不止《信托法》第二十六、二十七、二十八条的规定，在这一问题上，法律还存在很大的完善空间和完善必要。

违反忠实义务的后果，比较特殊的是受益人可以行使归入权[①]进行救济，但《信托法》将归入权的行使限定在受托人利用信托财产为自己获取利益这一种行为，显然并不恰当。归入权应当是对违反忠实义务的一般救济，归入权并不是一种赔偿，并不需要信托财产或是受益人遭受实际的损失，受托人或相关人因为违反忠实义务获得的任何利益都是归入权行使的对象，这些利益可能是通过直接管理信托财产获取的，也可能是通过管理信托财产时所获得的信息间接获取的。另外在受托人将信托财产转化为固有财产的情况下，受益人也可以要求恢复原状、赔偿损失。[②]而当受托人违反忠实义务的同时，违反信托目的处分信托财产或者因违背管理职责、处理信托事务不当致使信托财产受到损失的，除了可以要求恢复原状、

①《中华人民共和国信托法》第二十六条规定："受托人除依照本法规定取得报酬外，不得利用信托财产为自己谋取利益。受托人违反前款规定，利用信托财产为自己谋取利益的，所得利益归入信托财产。"

②《中华人民共和国信托法》第二十七条规定："受托人不得将信托财产转为其固有财产。受托人将信托财产转为其固有财产的，必须恢复该信托财产的原状；造成信托财产损失的，应当承担赔偿责任。"

赔偿损失之外，还可以向法院申请撤销该处分行为[①]，当然这里撤销权是否行使，受益人有权进行选择。

（三）受托人的善管注意义务

受托人的忠实义务和善管注意义务作为信托受托人最为重要的两个义务，都是基于信义义务产生的。我们可以将忠实义务和善管注意义务看作信义义务的两面，忠实义务是消极的、被动的、不可为的。而善管注意义务就是积极的、主动的、应当为的。当然在实际案例中，这两者可能并不是泾渭分明的，以画作案例为例，在画作的市场价格升值至1200万后，T仍然以1100万的价格将画作出售给第三方，可以说T违反了忠实义务，但若认为T也违反了善管注意义务，也并无不可。我国《信托法》仅在第25条中简单提及了谨慎义务[②]，却并未对谨慎义务作出任何解释。即使我们在理解上将谨慎义务约等于善管注意义务，在实务中也依旧缺乏可供实施的明确标准。但在实务中，却也存在实际适用善管注意义务作出判决的案例。

在刘××、广东粤财信托有限公司营业信托纠纷一案[③]中，

---

①《中华人民共和国信托法》第二十二条第一款规定，“受托人违反信托目的处分信托财产或者因违背管理职责、处理信托事务不当致使信托财产受到损失的，委托人有权申请人民法院撤销该处分行为，并有权要求受托人恢复信托财产的原状或者予以赔偿；该信托财产的受让人明知是违反信托目的而接受该财产的，应当予以返还或者予以赔偿”。

②《中华人民共和国信托法》第二十五条规定：“受托人应当遵守信托文件的规定，为受益人的最大利益处理信托事务。受托人管理信托财产，必须恪尽职守，履行诚实、信用、谨慎、有效管理的义务。”

③ 广东省广州市中级人民法院（2021）粤01民终416号。

刘××（委托人、受益人）与广东粤财信托有限公司（受托人）于2015年5月8日签订了《粤财信托·中翔1号证券投资集合资金信托计划资金信托合同》，认购金额为3500000元，认购费用为35000元。合同规定聘请创势翔公司为本信托计划的投资顾问。

2015年7月至2016年9月，欣泰公司多次发布《丹东欣泰电气股份有限公司股票存在暂停上市风险的提示性公告》。粤财信托在中国证券监督管理委员会决定对欣泰公司立案调查、欣泰公司披露可能暂停上市的风险提示后，仍然听取创势翔公司的投资建议大量买入欣泰公司股票。据查证，粤财信托·中翔1号证券投资集合资金信托计划账户持有欣泰电气2500000股（2016年3月1日至2016年3月18日，数量1320000股，均价13.56元/股；2016年3月30日至2016年4月20日，数量1180000股，均价14.28元/股）等。“欣泰电气”于2017年8月28日因欺诈发行被终止上市，成为创业板退市第一股。刘××与粤财信托因此发生纠纷。

二审法院认为，谨慎的投资者不难得出欣泰电气存在因为欺诈发行而被暂停上市或者强制退市的高风险的结论。而作为专业机构的受托人粤财信托，如果遵循了审慎原则，尽到了受托人的注意义务，完全可以发现投资顾问给出的大量购买欣泰电气股票的投资建议是风险极大且极不具有合理性的。但受托人粤财信托对这一投资建议的错误应当发现而未发现，完全漠视了欣泰电气暂停上市和强制退市风险的现实性与紧迫性，贸然接受投资顾问的建议并大量买入欣泰电气的股票，严重违反了谨慎原则和注意义务。粤财信托作为受托人应当对委托人这部分损失承担赔偿责任，即粤财信托应当因此向刘××赔偿595901.95元。

从二审法院依据善管注意义务作出判决的理由，我们可以了解善管注意义务几个方面的特征：

其一，善管注意义务是一种客观标准，要求受托人履行善管注意义务，管理信托事务时，义务的内容和程度不是以单个具体的人的能力为基准，而是要考虑受托人所属的社会、经济地位以及职业等因素，然后按照这种类型的人所应具有的一般的、客观的注意作为判断的标准。[①] 粤财信托作为金融机构，自身也长期从事投资业务，是一个专业的投资机构，那么相较于普通自然人或一般公司而言，就应当受到更高的标准要求。粤财信托的善管注意义务的参照标准，不应当是普通的谨慎投资者，而应当是投资专家、专业投资人的注意义务。当然专业投资人的注意义务也不是客观要求投资人本身是专业的，而是以同类型人为标准作出判断，但如果受托人曾表示过其具备较高的专业能力，就应该按照较高的标准进行判断。

在本案中，标准在于一个专业的、谨慎的机构投资者与粤财信托处在同一立场应该如何作出管理和判断。法院认为，一家专业的投资机构，不难从相关公告中得出“欣泰电气将因为欺诈发行而被暂停上市或者强制退市的风险相当高的结论”，也就会针对这一风险避免持有大量欣泰电气的股票。这个判断过程就是从一个与受托人同业普遍标准的角度衡量本案善管注意义务的标准，显而易见粤财信托的作为未能符合这一标准。同时，我们可以看到受托人的义务并非停留在对投资建议的形式审查上，而是作为一个真正的管理者和投资者作出合乎受托人谨慎标准的判断，而投资顾问的存在并非受托人免除责任和义务的理由，具体涉及投资顾问与受托人的

① 赵廉慧：《信托法解释论》，中国法制出版社2015年版，第332页。

关系以及其中权利义务的问题，笔者在信托的辅助人一节会再作论述。

其二，除了具备客观标准外，善管注意义务与忠实义务一样，具有任意性规定的属性，虽然缺少法律的具体规定，但在目前的信托合同中，尽管不是针对注意义务进行的设计，却可以找到类似减轻善管注意义务的条款，这种约定在实务中可以是有效的。当然如果可以约定减轻自然也可以加重，而减轻约定有效的前提应当与忠实义务相同，都是建立在充分的信息披露和说明的基础上的。而在境内民事信托的实践中，有一种情况需要格外的注意，在商事信托的背景下，我国的信托机构习惯于通过获取委托人或投资者的同意而进行免责，这一习惯也延续到了民事信托的运营之中。常见的对于信托财产是否申购某一产品或是否赎回某一产品的决定，受托人都会征求委托人的同意以此免责。但事实上，获得委托人的同意并不意味着可以豁免受托人的善管注意义务，除非信托文件中委托人对于投资权利有特别保留，否则这一权利本应当由受托人行使，因为委托人本就对投资事项没有决定权。受托人征求委托人同意仅能视作一种意见的咨询，信托设立后，信托财产已与委托人无关，委托人的同意更不能视作对自己财产处分的同意而使受托人免责，妥善管理信托财产是受托人的义务。简单来说，某投资产品长期亏损，受托人根据委托人的意思继续持有，而没有及时赎回止损，如果信托文件中委托人并未保留投资的权利，那么这一情况下受托人依然违反了善管注意义务。

其三，受托人的有偿或是无偿并不对善管注意义务产生影响，我国《信托法》中也并未区分有偿与无偿受托人的职责。可见实质上在处理信托义务过程中，无论受托人是否收取报酬，均应当承担标准一致的注意义务。目前我国缺少信托财产投资相关的具体规则，随着近两年来民事信托业务的发展，开始出现大量围绕信托财产投资产生的投诉和纠纷。如果将这类投诉仅作为金融机构的客户投诉来处理，无疑将加剧委托人与受托人之间的猜忌和争议，也在增加公民对我国信托制度本身的不信任。所以当务之急还是在于完善包括投资规则在内的善管注意义务的具体内容和要求，只有标准与规则的树立，才能产生信任的良性循环。

（四）受托人的其他义务和权利

受托人的其他义务还有很多，例如亲自管理义务、分别管理义务、公平义务、信息披露义务、给付义务、保密义务等。这里主要对亲自管理义务、分别管理义务、公平义务作一定探讨。

1. 亲自管理义务

《信托法》第三十条是关于亲自管理义务[①]的规定，可以看到法律对于受托人自己处理信托事务，有相当严苛的要求。在信托文件没有规定的情况下，受托人只有发生“不得已”的事由时才能够将信托事务委托他人。亲自管理义务实际上是善管注意义务的一种延伸，我国信托法中的亲自管理义务与日本旧信托法以及早先的英美信托法一致，采取基本禁止委托的态度。但随着社会的发展，多数国家都逐渐废止或放开了对亲自管理义务的限制，认可了合理的委

① 《中华人民共和国信托法》第三十条规定：“受托人应当自己处理信托事务，但信托文件另有规定或者有不得已事由的，可以委托他人代为处理。受托人依法将信托事务委托他人代理的，应当对他人处理信托事务的行为承担责任。”

托行为。设置亲自管理义务的主要原因是防止受托人毫无责任感地委托他人行使信托事务，同时也是为了防止因委托导致的信托管理费用的增加。从这个角度来说，如果委托人行为本身是负责任的，是基于合理的判断的，同时委托行为带来的收益是大于增加的管理费用的，那么即使委托他人也并不代表信托的受托人辜负了信托委托人的信任。这也是境外逐渐认可合理的第三人管理的主要原因。

虽然在立法上我国对亲自管理义务作出了严格的约束，但是在目前的家族信托业务中，却普遍存在信托受托人委托第三人处理信托事务的情况。当然这种委托关系可能并非直接以简单明了的法律行为呈现，而是隐含在信托文件的部分约定以及实际信托业务的运作之中，需要客观予以分辨。例如部分投资顾问与信托受托人之间的关系，似更接近于信托事务的转委托。但由于社会发展的速度和多样化，受托人不可能是一个全能的主体，特别是金融机构，在金融之外的领域可能无法满足信托本身更高的管理要求，所以打破亲自管理义务其实无可厚非。不论如何，我们确实需要对《信托法》第三十条的内容予以丰富，以保护受益人的相关利益，当然在个案中这种丰富也可以通过信托文件约定的方式进行。其中要注意的地方有很多，例如委托第三人所产生的管理费用，若是由受托人提前定额收取后再自行委托，那么由于信托管理本应为受托人的义务，委托第三人的费用如果不能被委托后产生的收益所覆盖，或是从固定的受托人管理费中扣除，受托人就应当承担责任。再比如对受委托的第三人的选任，整个选任过程必须是严谨的客观的，是完全从为委托人及受益人利益考虑的角度出发的。对应在审阅信托文件时，就要注意这种选任上的要求是否通过信托文件的约定进行了免除。还有就是监督义务，受托人在将信托事务转委托给第三人后，如何对第三人进行实际监督、要在客观上达到什么标准，又需要在什么情况下承担什么责任等。这些都需要我们在信托文件中加以注意和完善。

2. 分别管理义务

我国《信托法》第二十九条规定了信托财产的分别管理义务[①]，简单来说就是要求将信托财产与受托人固有财产区分进行管理。信托财产本身独立于受托人的固有财产，那么基于对受益人的保护，在信托管理的过程中，对信托财产与受托人财产进行区分就是应有之意。当然，除了受托人固有财产与信托财产的分别管理，分别管理义务也包括将受托人名下不同信托的信托财产分别管理、分别记账[②]。分别管理义务有五个方面的定义：第一，明确受托人之责任范围，促使其为受益人利益管理信托财产；第二，维护信托财产之独立性，借以区分信托财产上发生之责任和受托人固有财产上之责任；第三，便于委托人、受益人对信托财产经营状况的查询和了解，以实现对受托人的监督；第四，便于第三人区分信托财产和受托人的固有财产，有利于交易安全；第五，就营业信托而言，便于主管部门对受托人进行监管[③]。这样的区分管理也降低了信托财产受到损失的可能性，因为其对外形成了比较清晰的权利表征，受托人的债权人或继承人可以进行一定的识别。所以可以说，分别管理义务是受托人应当遵守的最基本的义务之一。分别管理义务理

---

①《中华人民共和国信托法》第二十九条规定："受托人必须将信托财产与其固有财产分别管理、分别记帐，并将不同委托人的信托财产分别管理、分别记帐。"

② 周小明：《信托制度：法理与实务》，中国法制出版社2012年版，第280页。

③ 余卫明：《信托受托人研究》，法律出版社2007年版，第181页。

论上为任意性规定，但从《信托法》的表述来看，在我国分别管理义务是一种强制性的义务，并不能通过信托文件约定免除。

分别管理的具体内容一般包括以下四个方面：其一，法律上的分别管理。例如，对能够进行信托登记或注册的财产，进行信托的登记或注册。其二，物理意义上的分别管理。对无法进行信托登记或注册的财产，其中的动产（金钱除外）采取在外观上和物理上可加以区别的状态进行保管。其三，财务上的分别管理。就金钱和其他无法进行物理上的分别管理的财产（权），原则上采取计算上（分别记账）分别管理的方法。其四，组织意义上分别管理（《信托公司管理办法》第三十一条）在营业信托中，“信托公司的信托业务部门应当独立于公司的其他部门，其人员不得与公司其他部门的人员相互兼职，业务信息不得与公司的其他部门共享”①。

而在实务中要实现分别管理义务可能并没有那么简单，这跟信托财产性质较为多样有关联。对于现金及其他金融资产而言，分别管理较为简便，受托人应当进行分账管理，不得出现账户混用的情况。但动产及不动产就存在自身问题，由于我国法律对于这个问题并没有进行特殊规定，个人理解动产应当在安置和保管方面与受托人固有财产进行区分，例如车辆分开停放，艺术品的专门收纳和保管等。而由于我国要求对信托财产进行登记，所以不动产理论上必须登记在受托人名下，信托才得以生效，但我国不动产登记本身尚不具备区分信托财产的登记功能，所以不动产难以避免与受托人的不动产产生混同，但这并不代表管理不动产产生的收益难以分账管理，同时由于目前实践中实际采用设立特殊目的机构（SPV）公司

---

① 赵廉慧：《信托法解释论》，中国法制出版社 2015 年版，第 346 页。

持有不动产的操作，所以在结构层面依然存在将整体的SPV公司与受托人的固有财产进行分别管理的可能。

3. 公平义务

受托人的公平义务是指受托人应当公平地对待受益人，但并不是说每个受益人要受到相等的对待。在信托文件对受益人进行了区别约定以及受托人对信托利益分配享有裁量权的场合，其实无所谓公平义务的问题。而除此之外，受托人应该根据信托的目的平衡受益人的利益。举个例子，假设某信托设定第一受益人可以获得信托的投资收益，而信托终止时第二受益人可以获得信托的本金。在信托投资的过程中，如果存在两款产品，第一款收益很高但是风险极大极容易损失本金，另一款本金很安全，但是收益很低。那么在实际投资过程中受托人可能不论选择哪一款，都会存在违背公平义务的风险。类似情况在我们目前的家族信托业务中也有存在，比如信托合同约定，每个月给第一受益人分配固定金额的信托财产，而第二受益人将获得信托终止时的信托财产余额，那么受托人在实际信托管理过程中就应当注意平衡第一受益人与第二受益人的利益。假如受托人将全部信托财产投资于十年期的封闭金融产品，致使信托财产长期无法获得流动资金向第一受益人分配，即使合同约定了因投资导致缺乏流动资金无法分配可以不进行分配的条款，受托人也存在违反公平义务的风险。

公平义务很容易致使受托人处于一种两难的境地而难以协调受益人之间的利益，因为目前我国《信托法》对公平义务并未有具体规定，所以在境内民事信托的实务中公平义务常常被忽视。但随着民事信托业务的发展，可能会有越来越多的受托人面临这一问题，甚至将引发纠纷以至于诉讼。如果我们对这一问题加以重视，其实完全可以从信托文件的层面加以解决。通过明确约定信托的根本目的表达出委托人的真实意思、对于受益人的优先性作出明确的安排等都可以避免因公平义务而产生的纠纷。

（五）受托人的破产

2023 年 5 月 26 日，重庆市第五中级人民法院裁定宣告新华信托股份有限公司破产。这是 2001 年《信托法》颁布实施后第一家破产的信托公司，也是 2007 年《企业破产法》实施以来首例信托公司破产。至此，国内的信托牌照数量从 68 张减少为 67 张，同时也引起了公众对民事信托安全性的广泛关注。由于信托公司作为民事信托受托人管理的信托财产独立于信托公司的固有财产，所以信托公司破产并不会影响其所管理的信托财产的安全性。① 但当受托人真正破产时信托财产将会面临的风险和问题，《信托法》中一条简单的法条并不能完全涵盖。虽然《信托法》明确规定受托人破产的，其管理的信托财产并不属于清算财产，但这并不代表受托人破产，信托财产是绝对安全的。

破产这件事并不是一蹴而就的，从企业进入破产程序之后，到真正宣告破产，会有一个相当漫长的过程，甚至是以年为单位计算的。以新华信托为例，自 2020 年 7 月，新华信托就因严重违约被

---

①《中华人民共和国信托法》第十六条规定："信托财产与属于受托人所有的财产（以下简称固有财产）相区别，不得归入受托人的固有财产或者成为固有财产的一部分。受托人死亡或者依法解散、被依法撤销、被宣告破产而终止，信托财产不属于其遗产或者清算财产。"

原银保监会接管。2021 年 8 月，新华信托曾向社会公开招募投资者参与重组。2022 年 7 月 6 日，中国银保监会发布《关于新华信托股份有限公司破产的批复》，同意新华信托依法进入破产程序。如果以银保监会同意新华信托破产的时间点开始计算，破产程序经历的时间有一年之久，而新华信托实际发生严重债务问题的时间则远远不止三年。

所以信托的委托人和受益人不仅要面对受托人破产的直接风险，更要面对长达三年之久的，来自受托人自身经营状况变化所产生的管理风险，企业破产是企业在长期经营过程中风险积累导致的结果。而信托内的信托财产不可能永久保持现金的状态，需要通过投资来实现保值增值，鉴于目前境内受托人义务的相关规定并不完善，金融机构主导的民事信托以家族信托为主，普遍存在将信托财产配置于受托人自行发行的金融产品的情况。那么当受托人破产时，对于安全兑付其发行的信托产品，委托人和受益人可能并不能抱有太大的希望。至少目前从新华信托的情况来看，想要实现本金不亏损都是较为困难的，所以在法律上受托人破产确实不会影响到家族信托的信托财产，但如果家族信托部分甚至全部配置了受托人发行的金融产品，就会产生极大的投资风险，使得信托财产变得无用。另外一种更为极端的情况是，受托人在经营过程中出于隐藏自身短期内的经营风险或是获取流动资金等不端的目的，故意使用家族信托内的信托财产从自己手中或是其他渠道接手已经出现问题或是可能出现问题的金融资产，以获取相应的时间窗口，腾挪流动资金。当然在这种情况中受托人肯定严重违反了忠实义务，但当受托人实际经营已经出现问题时，无须等到受托人进入破产程序，委托人及受益人就有可能面临获得支持受托人对其进行相应赔偿的胜诉判决后，却无法执行到位的窘境。虽说这类极端情况不一定会发生，但是一家已经发生严重经营问题的企业，其职业道德实在是难以放入正向的考量因素之中。

即使上述问题均未发生，受托人宣告破产虽然代表着受托人职责的终止①，但在受托人发生严重经营风险之后，到受托人实际宣告破产时，如此之长的时间里，在信托文件没有具体约定的情况下，很可能依然要由这一出现问题的受托人持续管理信托财产。而一家出现严重经营风险，甚至进入破产程序的公司有可能保证一定标准的服务质量吗？民事信托对于受托人服务的要求较高，不论是投资，还是信托存续期间的调整分配方案、实际分配等事务管理工作，都需要受托人能够满足一定的时效和质量要求。一家进入破产程序的公司，能不能按时完成投资工作，能不能及时满足随时可能出现的变更受益人及变更分配方式等事务需求，都是存疑的。所以即使信托财产暂时安全，也依然可能在极长的时间里，无法获得有效的投资管理，甚至无法满足达成信托目的所需的事务管理需求，这就是一种隐性的损失，对于事务管理事项的怠慢还可能造成额外的风险。

而受托人职责的终止并不是信托的终止②，也就是说，即使受托人宣告破产之后，在选出新的受托人并由新的受托人接管信托之前，依然需要由原受托人的清算人保管信托财产③，而从宣告破产到新受托人接管也将是一个漫长的过程。特别是在目前常见的民事

---

①《中华人民共和国信托法》第三十九条中规定，“受托人有下列情形之一的，其职责终止：……（三）被依法撤销或者被宣告破产”。

②《中华人民共和国信托法》第五十二条规定：“信托不因委托人或者受托人的死亡、丧失民事行为能力、依法解散、被依法撤销或者被宣告破产而终止，也不因受托人的辞任而终止。但本法或者信托文件另有规定的除外。”

③《中华人民共和国信托法》第三十九条第二款规定：“受托人职责终止时，其继承人或者遗产管理人、监护人、清算人应当妥善保管信托财产，协助新受托人接管信托事务。”

信托合同中，对于受托人的解任以及新受托人的选任的相关约定常常并不具体，大部分停留在照搬《信托法》相关规定的程度。这就导致了在受托人出现问题时，无法通过主动解任的方式降低风险，而即使等到受托人宣告破产终止职责，在选任新受托人的问题上又可能遭遇一些状况，例如没有新受托人愿意接任，再比如在信托文件没有约定且委托人已死亡时，受益人对选任新受托人存在争议等情况，都将无限延长这一过程。而不论是通过协商终止信托，还是终止受托人职责，都要有受托人具体的对接和服务的。即使选定了新受托人，具体的接管工作也并不像字面上这么简单，变更受托人涉及信托财产的转移，而一些特殊的信托财产是登记在原受托人名下。另外还将涉及相关资料、信息、系统数据、档案等的转移和交接，这些都是需要原受托人主动配合和协调的。破产管理人往往对这类工作并不熟悉，甚至不一定是原受托人的工作人员，同时这类工作往往也不会使得原受托人获利，所以其配合的积极性以及能力都存在一定疑问。总之，如果在信托文件中没有特殊约定，与其变更受托人，更可行的方案还是与原受托人协商终止信托，只不过可以想见这个过程也会是漫长而又充满妥协的。

由此可见，在信托文件中，对于受托人解任、选任、接管等内容应当予以充分的重视，并完善相关的约定。虽然发生问题的概率不大，但一旦发生这类情况，这些约定就可能成为降低风险、保护信托财产安全最为重要的方式。

（六）受托人的无限责任原则

由于信托结构本身并非法人，所以在信托对外与第三人发生法律关系时，都是以受托人的名义进行的。在以往商事信托中，少有受托人为履行信托事务而对第三人负有债务的情况，这是因为商事信托与第三人之间可能发生的法律行为较为单一，受托人也一般扮演着债权人的角色。但民事信托却不相同，为了完成信托文件的要求，或是因信托目的的需要，民事信托的受托人可能跟各类型的第三人发展出各种各样的法律关系。这时候就存在受托人因为执行信托事务而对外负债的可能。那么第三人可以向受托人主张以信托财产或是受托人的固有财产承担债务么？

对于债权人而言，受托人就是直接与其进行交易的法律主体，债权人与受托人的交易也是基于对受托人的信任。债权人并非对信托的存在必然知情，也没有知情的义务，信托财产已经形成了受托人所有的权利表征。在这种情况下，如果债权人仅能就信托财产主张具体权利明显是不合理的，无疑会损害债权人的合法权益。所以似乎可以得出一个与我们熟知的信托财产独立性相违背的结论，也就是债权人可以向受托人的固有财产提出主张。其实，信托财产的独立性，本身指的就是信托财产独立于受托人的固有财产，也就是信托财产不受受托人自身债务的影响，但不代表受托人固有财产不受信托债务的追索。受托人管理信托事务过程中产生的债务，原则上受托人的固有财产也会被认定为责任财产，这就是受托人的无限责任原则。这其实也是忠实义务的一种体现，因为受托人固有财产可能承受风险也会敦促受托人更为谨慎的管理信托财产。

对于受托人处理信托事务对第三人负债的情况，在境外基本会以将受托人固有财产认定为责任财产为原则，但具体规定可能存在区别，例如英美并不会将信托财产作为和债务直接相关的财产进行处分，而是先由受托人固有财产进行偿付后再由信托财产补偿受托人。这就造成了即使因为管理信托财产负债，债权人也无法直接冻结和执行信托财产，而只能执行受托人固有财产，这进一步保证了信托财产的独立性。而日本信托法则认可债权人直接执行信托财产的权利，可由债权人选择信托财产或受托人固有财产进行执行。而随着信托受托人的机构化，以及商事信托的崛起，要求受托人以固有财产承担信托债务对于受托人特别是机构受托人来说无疑是一项巨大的风险和负担。所以无限责任原则也渐渐开始发生变化，为确保受托人固有财产的安全，以信托财产为限去承担责任的限定责任信托逐步被认可。简而言之，仅需要在信托条款以及与第三方的交易过程中，对于仅以信托财产为限承担责任进行明确并且达成了一致，就可以确保受托人的固有财产不因执行信托事务而受到牵连。日本更是在实质上创设了限定责任信托这一新的信托类型，对于限定责任信托设置了一定的登记制度，只要根据相关法律进行了登记，受托人就可以根据合同享有在对第三人债权债务关系上的限定责任。

有一种观点认为，基于《信托法》第三十七条[①]，我国信托均为限定责任信托，这其实存在很大的误解。在该条中，实际上并没有明确若信托财产不足以承担相关债务的后果，且《信托法》第三十二条[②]对于共同受托人对第三人负债的责任承担进行了规定，如果共同受托人处理信托事务对第三人负债的，则负有连带清偿责

① 《中华人民共和国信托法》第三十七条第一款规定：“受托人因处理信托事务所支出的费用、对第三人所负债务，以信托财产承担。受托人以其固有财产先行支付的，对信托财产享有优先受偿的权利。”

② 《中华人民共和国信托法》第三十二条第一款规定：“共同受托人处理信托事务对第三人所负债务，应当承担连带清偿责任。第三人对共同受托人之一所作的意思表示，对其他受托人同样有效。”

任。如果我国信托均为限定责任信托，也就是受托人均以信托财产为限承担责任，那么对第三人负债的情况发生时，也就不存在受托人对第三人的连带责任问题了。《信托法》第三十七条个人认为类似于日本信托法，实质上打通了债权人选择信托财产作为责任财产的路径，让债权人能够在信托财产与受托人固有财产中进行选择，所以实质上我国同样是以受托人的无限责任原则为普遍原则的。不过，由于我国并不存在对于限定责任信托的明确规定，这就导致了受托人是否可以通过相关的约定进行“免责”处在不确定的状态。对于受托人而言，在信托财产管理过程中解决负债和侵权问题，可能在未来不再是异想天开，将被纳入内部风险控制体系进行考量和权衡，并作出现实的设置和安排。

（七）受托人的辞任、解任和选任

辞任、解任和选任三者均涉及受托人的变更，且在《信托法》中有所规定，其重要性不言而喻。然而由于法律规定得过于宽泛，加之在日常业务中，这部分内容常常被委托人以及受托人双方所忽视，最终造成了相关约定常常在合同中不够完善且难以实际落实的后果。

辞任和解任都是针对在任受托人的，也是受托人职责终止的理由，区别在于辞任是由受托人发起的，而解任是由委托人或受益人发起的，且辞任需要经过委托人和受益人同意[①]。根据《信托法》第

---

①《中华人民共和国信托法》第三十八条规定：“设立信托后，经委托人和受益人同意，受托人可以辞任。本法对公益信托的受托人辞任另有规定的，从其规定。受托人辞任的，在新受托人选出前仍应履行管理信托事务的职责。”

三十八条的表述，辞任需要同时获得委托人和受益人两者的同意，任何一方不同意，受托人都无法辞任。需要注意的是，委托人与受益人代表的是两种身份，是有可能存在多数委托人与多数受益人的情况的，这就大大增加了受托人辞任的难度。所以如果未对受托人辞任在信托文件中进行其他特殊约定的，在发生受托人确实无法管理信托但又无法辞任的情形时，虽未在《信托法》中有明确规定，但仍应允许受托人通过起诉的方式向法院申请辞任。而《信托法》第三十八条同时规定了辞任的生效时间，也就是“在新受托人选出前”原受托人辞任即使已经获得同意，仍然是未生效的状态。这是为了防止信托财产的管理出现断层，是对信托财产和受益人利益的保护。

《信托法》第二十三条对于解任的规定①并不具体，实际上在信托管理运作的过程中，可能出现各种情况需要解任受托人，而《信托法》第二十三条仅列举了“违反信托目的处分信托财产或者管理运用”“处分信托财产有重大过失”两种情况，显然难以涵盖民事信托业务中存在的各类情况和特殊需求。这就需要我们通过信托文件的约定专门加以补充和完善，以免在发生特殊情况时，出现受托人解任难于信托终止的尴尬局面。类似的情形可以考量受托人出现利益冲突、受托人被监管部门接管及受托人失联等。当然个性需求明显的民事信托针对具体管理事项可能出现极为特殊的解任理由，例如由三名继承人担任受托人的民事信托，如果出现两名受托人死亡或丧失行为能力的情况，为了保障受益人获得公平的对待，可以解任剩余的受托人，重新选任没有利益冲突的第三方担任受托人。而解任权的行使，除了

---

①《中华人民共和国信托法》第二十三条规定：“受托人违反信托目的处分信托财产或者管理运用、处分信托财产有重大过失的，委托人有权依照信托文件的规定解任受托人，或者申请人民法院解任受托人。”

根据委托人与受益人信托文件的约定进行外，还可以向法院起诉，当然后者大部分情况下是在委托人、受益人与受托人之间就解任发生争议之时的解决方式。而与辞任不同的是，由于解任的权利掌握在受托人与受益人手中，所以一般情况下在解任原受托人时，应该已经选任了新的受托人，也就是无需原受托人继续履行职务了。而在特殊情况下，也就是解任受托人，但基于信托文件约定无法对新受托人的选任达成一致，或信托文件未约定且委托人死亡时受益人、受益人的监护人之间无法达成一致选任新受托人时，虽然《信托法》并无规定，同时也缺乏具体实践，但此时由于已经出现解任事由，那么再由原受托人继续履行职责显然并不合适，所以应当允许向法院申请在解任原受托人时指定新受托人，或在原受托人配合解任的情况下单独申请法院指定新受托人。在其他情况下，实际对于新受托人的选任并不存在客观上的阻碍，实无必要诉至法院。若原受托人为信托公司，根据《信托公司管理办法》的规定，在新受托人未选任前，亦可申请监管机构指定临时受托人①，但此规定可能对于民事信托的相关当事人来说尚缺乏实现的明确路径。

在选任新受托人时，存在以信托文件约定为优先，再由委托人决定，最后由受益人决定的先后顺序。②一方面，在信托文件无法

---

①《信托公司管理办法》第四十条规定："受托人职责依法终止的，新受托人依照信托文件的约定选任；信托文件未规定的，由委托人选任；委托人不能选任的，由受益人选任；受益人为无民事行为能力人或者限制民事行为能力人的，依法由其监护人代行选任。新受托人未产生前，中国银行业监督管理委员会可以指定临时受托人。"

②《中华人民共和国信托法》第四十条规定："受托人职责终止的，依照信托文件规定选任新受托人；信托文件未规定的，由委托人选任；委托人不指定或者无能力指定的，由受益人选任；受益人为无民事行为能力人或者限制民事行为能力人的，依法由其监护人代行选任。原受托人处理信托事务的权利和义务，由新受托人承继。"

提前明确新受托人的场合，可以对受托人的选任标准、选任方式及规则等内容进行约定，避免后续在选任新受托人的问题上出现僵局，导致无法选任新受托人的情况；另一方面，对于新旧受托人的交接，也可尽量通过信托文件进行细节上的约定，特别是对于原受托人的配合问题和相关责任可以进一步明确，以减少后续交接过程中的流程性风险。

三、受益人

在境内民事信托业务里，与委托人权利过大相对的就是对受益人权利的忽视。本应为受益人的利益设立的信托，受益人反而成了最不受重视的人。造成这一现象的原因前面也有提及，以委托人为主的立法方式当然是因素之一，但更重要的还是目前以金融机构为主导的民事信托业务的商业模式，毕竟只有委托人才是金融机构的直接客户，受益人只能看成潜在客户，无法获得优先服务。

作为信托利益的享有者，也是信托财产管理运用过程中对受托人最为重要的监督者，受益人的地位应当获得足够的尊重和重视。但目前实务中的现状是，在信托设立前以及设立后的存续期间内，受托人很可能直接或间接地仅与委托人一方进行联系，并不会与受益人进行联系。而相应的信托文件，受托人仅交给委托人，对于委托人是否交予受益人，以及受益人是否对信托知情，受托人并不关心。这种操作造成的结果是受益人可能对自己是受益人一事一无所知，自然也谈不上行使权利，更不用说对受托人进行有效监督了。而信托成立后，不论委托人是否为受益人之一，委托人与其他受益人之间实际上都会存在利益冲突的可能性，两者并非完全的利益一致，受托人在处理委托人与受益人关系和地位的问题上往往也不够谨慎。同样的问题还存在于受益人的变更上，实务中常常出现自始至终受益人不知道自己成了受益人，之后也不知道自己不再是受益人的情况。在信托的日常运营中，也常常将信托关系当作委托人和受托人之间简单的合同关系进行处理，只要双方协商一致就可以对内容进行任意的变更。

种种问题想要解决，首先是要改变对受益人地位的认知，真正在立法层面对受益人予以充分的重视，并将其与委托人的法律地位作出明确的区分，如此自上而下的变化或许可以使得受益人尴尬的境遇有所改变。在民事信托中，即使处于委托人的立场，如果希望民事信托能够真正发挥作用，能够在委托人过世或是丧失行为能力后，依然能稳定而有效地运行，也应当在信托文件的层面充分考量受益人权利及其实现途径，而非仅考虑委托人自身的权利，以确保受益人在信托存续期间能够对受托人进行有效地监督从而保障其权益的实现。

（一）受益人及其特殊情形

信托的设立要求信托受益人具备确定性，《信托法》相应的表述为应载明受益人或受益人范围①。这里的确定性要求信托的受益人是可以确定的，而不是指固定的或是具体到某一人的。举个例子，可以

①《中华人民共和国信托法》第九条规定："设立信托，其书面文件应当载明下列事项：（一）信托目的；（二）委托人、受托人的姓名或者名称、住所；（三）受益人或者受益人范围；（四）信托财产的范围、种类及状况；（五）受益人取得信托利益的形式、方法。除前款所列事项外，可以载明信托期限、信托财产的管理方法、受托人的报酬、新受托人的选任方式、信托终止事由等事项。"

将受益人设置为“某公司的全体员工”，这样的安排是有效的，虽然公司的具体员工会随着离职和入职产生变化，也并非某一具体的自然人，但受益人始终是确定的。委托人也可以给受益人设置范围规定必须是自己直系血亲，但具体谁为受益人则需要由受托人根据一定条件自行决定，这种情况下受益人的范围就是确定的，但信托设立时受益人可能并不存在。从这两个例子可以看出，受益人的确定性对于我们设计信托结构时的限制和要求并不苛刻，或者可以说相当宽松。在一般情况下，大部分民事信托中能够实现委托人需求的受益人设定都可以满足确定性的要求，甚至在实务中少有非具体自然人成为受益人的情形出现，不过也存在一些值得探讨的特殊情况。

1. 受益人的特殊情形

关注比较多的问题在于胎儿甚至是未来可能存在的后代能否作为受益人，这其实在理论上存在一定可行性。至少对于胎儿来说，其在继承的相关法律规定中，虽然并没有继承人的身份，但依然需要为其保留份额。① 不过虽然理论上可以认同将胎儿或是未来可能存在的后代设置为受益人，但在实务中却是基本不可能实现的。最大的原因还是在于尚未出生的人并不具备民事权利能力②，或者说并没有相应的公民信息，所以即使理论上存在可能性，但现实中受托人特别是金融机构受托人并不愿意承担将上述两者设置为受益人的合规风险。所以在实务中，还是主要以设置受益人范围的方式实

①《中华人民共和国民法典》第一千一百五十五条规定：“遗产分割时，应当保留胎儿的继承份额。胎儿娩出时是死体的，保留的份额按照法定继承办理。”

②《中华人民共和国民法典》第十三条规定：“自然人从出生时起到死亡时止，具有民事权利能力，依法享有民事权利，承担民事义务。”

现委托人的诉求，简单来说就是设置类似于将委托人的直系血亲列为受益人的条款，并对具体的信托利益分配进行提前的规划，实际上就能够满足委托人的此类需要。当然这里也可以在信托文件中明确申请成为受益人的具体规则，以及为自然人可否成为受益人设置一定额外的要求，供受托人或委托人指定的第三人进行筛选和甄别，以此实现委托人更为复杂的规划安排。

另一个令人关心的问题是宠物可否作为受益人。宠物并不是民事法律行为的主体，自然不可能成为信托受益人。但是这并不代表不存在实现同等效果的可能，抛开目的信托这类《信托法》没有明确规定但无需受益人存在的特殊信托类型不谈，完全可以将信任的亲友设置为受益人，将宠物的生活需求和妥善照顾作为受益人能够获得分配的条件，以此实现宠物能够获得妥善照顾的目的，其中的细节也完全可以根据委托人的需要进行丰富和优化，以满足其需求，这也是信托灵活性的一种体现。

另外，除了委托人可以成为受益人，受托人也可以成为受益人，这一点对于民事信托格外有意义。因为对于民事信托来说，如果不选择金融机构担任受托人，一般就会在自己信任的亲友中进行选择，这时候就很有可能出现受托人和受益人人选重叠的情况，而受托人可以同时成为受益人，就基本上解决了这一问题。但是这里也要注意的是，由于受托人和受益人出现了重叠，所以一方面，不能出现受托人是唯一受益人的情况①；另一方面，也需要格外注意

①《中华人民共和国信托法》第四十三条规定："受益人是在信托中享有信托受益权的人。受益人可以是自然人、法人或者依法成立的其他组织。委托人可以是受益人，也可以是同一信托的唯一受益人。受托人可以是受益人，但不得是同一信托的唯一受益人。"

受益人与受托人之间的利害关系和矛盾冲突，并作好相应的设置安排，确保不至于因为受托人权利过大而损害其他受益人利益，同时其他受益人也能对受托人进行有效地监督和限制，以保障自身权益。这里如果对《信托法》第四十三条作反面解释，下面两种情形应予允许：在同一信托存在多个受益人时，受托人可以是共同受益人之一；在一个信托有多个受托人的时候，其中部分受托人似乎可以是受益人。① 这一点，也同样为我们民事信托的设计提供了更多的空间。

类似于前面这些特殊问题，可能在实务中还存在很多，只是我们较少会遇到。例如与委托人相同的外籍受益人问题，目前一部分机构依然对外籍，特别是美国籍或是持有美国绿卡的人成为受益人持否定的态度。再例如，民事信托也可能出现类似于集合信托的，因存在大量受益人所遇到的问题。这时候如果受益人之间没有合理的协商和决策制度，将在很大程度上影响受益人权利的行使，甚至有可能影响信托的运营管理效率，造成信托财产的损失。虽然这类问题在丰富的信托设计之中我们可能极少遇到，但也需要我们保持一定的敏感性，避免在信托设计时出现影响信托结构整体顺畅运作的漏洞。

2. 受益人与权利归属人

《信托法》第五十五条从最直观的角度揭示了，信托中存在着受益人以及权利归属人两种不一样的角色。② 所谓的权利归属人仅

---

① 赵廉慧：《信托法解释论》，中国法制出版社 2015 年版，第 411 页。

②《中华人民共和国信托法》第五十五条规定："依照前条规定，信托财产的归属确定后，在该信托财产转移给权利归属人的过程中，信托视为存续，权利归属人视为受益人。"

指信托终止时，剩余信托财产的归属人，因其并非受益人，所以在信托存续期间，权利归属人并不享有信托受益人的权利。但在信托财产转移给归属人的过程中，为了保护权利归属人的权利，视其为受益人，赋予其受益人的权利。所以本质上受益人与权利归属人的身份和权利在信托关系中是完全不同的。但目前在大部分情况下，因为直接将权利归属人设置成受益人，所以即使对权利归属人与受益人产生了混淆也不会影响相应信托条款发挥作用。例如部分信托终止时的剩余财产归属条款会作出如下约定，“若受益人死亡或放弃受益权的，由其享有的剩余信托财产由受托人向其他受益人平均分配”。虽然混淆了受益人和权利归属人的概念，但该条款依然可以发挥效力。

但这两个概念的混淆，实质上缩限了信托能够发挥的功能。因为将受益人等同于权利归属人无异于要求最后指定的权利归属人必须是受益人，这在很大程度上妨碍了信托设计的灵活性。正常情况下，委托人完全可以另选他人作为权利归属人，仅用于接受最后的剩余信托财产，而无需其成为受益人，也无需在信托存续期间赋予其受益人的权利，也就是说不用担心权利归属人过于深入地牵扯和影响信托事务的管理。这样其实会给我们的民事信托设计提供更多的空间。

（二）受益权的“刚性兑付”

“刚性兑付”一词主要来自商事信托，也是将信托作为一种投资产品看待后产生的概念，是指由受托人与委托人进行约定，在信托投资到期后，无论信托财产的投资本身是盈利或是亏损，都要向受益人兑付其本金和预期收益率所对应的利息。实际上，在民事信托中，本无需讨论“刚性兑付”的问题，但由于商事信托深入人心，在实务中，委托人对民事信托能否“刚性兑付”的问题依然极为关心。

首先从概念上来看，虽然受托人有向受益人给付信托利益的义务，但委托人对受益人并不存在兑付的概念。信托的投资行为实际发生在信托层面，也就是受托人与第三人之间，是一种受托人对信托财产管理运用的体现。而受托人与委托人之间仅存在信托关系，并不存在金融性质的债权债务关系，受托人与受益人亦是如此。而受托人对受益人支付的信托利益也是有限度的，并不能超越信托财产的界限。① 所以受托人与受益人之间本就不存在兑付的概念，而所谓“刚性兑付”实际上是受托人在信托关系之外，出于金融机构营销等目的，对委托人或是受益人对于信托财产管理结果作出的单独承诺。

对于“刚性兑付”的禁止，包括《信托公司管理办法》《集合资金信托计划管理办法》以及《关于规范金融机构资产管理业务的指导意见》在内的多项监管规范中都有明确规定，所以目前在信托文件中基本上不可能再出现约定刚性兑付的情况，即使有“刚性兑付”的约定，最多也是以“抽屉协议”也就是对“刚性兑付”问题私下通过补充协议的方式进行约定。但无论通过何种形式，在目前的司法实践中，一般认定“刚性兑付”的相关约定无效，当然这并不一定会造成信托文件的整体无效。诚然站在保护信托受益人的角

① 《中华人民共和国信托法》第三十四条规定：“受托人以信托财产为限向受益人承担支付信托利益的义务。”

度，“刚性兑付”的约定是否一概无效，其实在理论上值得商榷，但确实在目前实务中，即使进行了类似约定并落于纸面，在大部分情况下也并不可靠，存在极大的无效风险。所以委托人在对受托人进行选择时，还是应该从受托人的综合实力、资产管理能力以及历史业绩等客观标准的层面进行判断，而不再是以一纸空文的“刚性兑付”约定为标准。相对地，那些愿意与委托人进行“刚性兑付”约定的机构，反而值得我们警惕。对委托人与受益人权益的保护，绝不是靠“刚性兑付”的约定就能实现的，而是需要结合信托目的以及实际运营的模式，针对性地对信托条款进行设计，并完善信托当事人的权利义务。

（三）受益权的放弃与继承

受益权作为受益人所有的权利是允许受益人放弃[①]或转让[②]的，而与很多人认知相悖的是，虽然信托财产当然独立于受益人的债务，但受益人的受益权是可以用于偿债[③]，也可以被法院依法执行的。

受益权的放弃，必须由受益人向受托人明示作出放弃的意思表示。在受益人放弃受益权之后，将会出现两个结果。如果全部受益人都已放弃受益权，信托终止。如果部分受益人放弃受益权的，则

---

①《中华人民共和国信托法》第四十六条第一款规定：“受益人可以放弃信托受益权。”

②《中华人民共和国信托法》第四十八条规定：“受益人的信托受益权可以依法转让和继承，但信托文件有限制性规定的除外。”

③《中华人民共和国信托法》第四十七条规定：“受益人不能清偿到期债务的，其信托受益权可以用于清偿债务，但法律、行政法规以及信托文件有限制性规定的除外。”

信托受益权会有新的归属。① 部分受益人放弃受益权之后，基于受益权取得的利益，构成不当得利，应返还受托人。由于民法的原则是不强制某人违背自己的意愿取得利益，因此有必要让放弃的意思产生溯及效力，但这也并不禁止受益人享受过去已取得的利益而只放弃将来发生的利益。②

可以看出，受益权的放弃并不复杂，受益人放弃受益权后，对于这部分受益权，可以通过信托文件进行设计。但这里引申出了一个有意思的问题，就是对于受益权的继承，能否同样通过信托文件进行设计。事实上，我们目前在信托文件中经常可以看到，受益人死亡后，受益权的归属安排，这很大程度上是因为受益人与权利归属人产生混淆，导致了部分机构将《信托法》第五十四条规定信托文件可以对信托终止时权利归属人作出任意设置，其中也包括对原权利归属人死亡时的后备方案作出设置③，理解成了可以对受益人死亡时的后续受益人作出任意设置。其实在《信托法》中，第四十六条虽然明确了受益人放弃受益权时，受益权的归属顺序可以由信托文件规定，但并未提及受益人死亡时也可以由信托文件约定受益权归属。相反，第四十八条对于受益人死亡，仅表示信托文件对受益权是否可以被依法继承作出限制性规定。

那么这是否意味着《信托法》对于这一问题的规定出现了遗漏

① 《中华人民共和国信托法》第四十六条第二、三款规定："全体受益人放弃信托受益权的，信托终止。部分受益人放弃信托受益权的，被放弃的信托受益权按下列顺序确定归属：（一）信托文件规定的人；（二）其他受益人；（三）委托人或者其继承人。"

② 赵廉慧：《信托法解释论》，中国法制出版社 2015 年版，第 456 页。

③ 《中华人民共和国信托法》第五十四条规定："信托终止的，信托财产归属于信托文件规定的人；信托文件未规定的，按下列顺序确定归属：（一）受益人或者其继承人；（二）委托人或者其继承人。"

呢？其实不然，因为在《信托法》之外还存在《民法典》，受益权作为受益人的权利，先不评判其权利属性，既然《信托法》明确了其可以被继承，那么自然也受到《民法典》继承篇中相关规定的规范。这就是说，完全可以根据继承相关的法律规定，对信托受益权的继承事宜进行安排。不过如此一来似乎就可能存在冲突，一方面是信托文件中委托人对受益人遗产继承的安排，另一方面是遗嘱中受益人自身对于遗产继承的安排，两者之间可能出现矛盾。所以目前我们在实务中常见的类似受益权继承安排的相应条款，其实有效性是存在疑问的。但在信托关系中，基于尊重信托目的和委托人意愿，此时如果把受益人死亡的情形视为受益人放弃受益权的情形而准用《信托法》第四十六条的规定，虽显得牵强，但合理性似乎占优①。而委托人在信托文件存在相关约定的情况下，本来就可以享有变更受益人的权利②，在这里似乎也可以将受益人的死亡看作受益人变更的触发条件。

不过在法律规定存在如此问题的情况下，如果委托人确实需要对受益权的继承进行安排，在没有进一步的司法解释或其他得以明确这一问题的途径之前，还是建议通过信托文件进行特殊设计的方式回避这一问题。例如，委托人或其指定的人保留变更受益人的权利。再比如，设置明确的受益人的范围和条件，赋予受托人变更受益人的自由裁量权，使其能够加入委托人希望看到的受益人，剔除

① 赵廉慧：《信托法解释论》，中国法制出版社 2015 年版，第 453 页。

②《中华人民共和国信托法》第五十一条规定："设立信托后，有下列情形之一的，委托人可以变更受益人或者处分受益人的信托受益权：（一）受益人对委托人有重大侵权行为；（二）受益人对其他共同受益人有重大侵权行为；（三）经受益人同意；（四）信托文件规定的其他情形。有前款第（一）项、第（三）项、第（四）项所列情形之一的，委托人可以解除信托。"

其不希望看到的受益人。这些操作其实都是利用变更受益人的权利回避了委托人对受益权继承的安排。当然，如果在特殊性情况下，只能通过信托文件进行直白的约定时，其实也不必有过多的顾虑，可以考虑将受益权的继承换作受益人的变更进行表述，尽量避免上述矛盾的出现。

对于继承，另外值得一提的是，受益人的继承人所继承的受益权，或是信托文件设置的新受益人所享有的受益权，当然这里也包括通过受益权的转让获得的受益权，除非有特殊约定，那么其所享有的受益权的范围要完全等同于原受益人的受益权范围。如果在信托合同中针对某受益人的受益权有类似表述，例如“受益人一（王某某）存活期间每年向其分配 × 万元人民币”。那该受益权其实是没有继承的必要的，因为这一分配的安排是明显针对受益人一（王某某）个人的，那么在原受益人一（王某某）死亡的那一刻，这一分配安排就已经失效了，即使继承了受益权，也不可能再通过原有安排获得信托利益分配了。当然如果是另一种表述，比如受益权对应的分配为“受益人每年可获得人民币 × 万元的分配”，就不会出现类似的情况。所以我们要注意的是，如果受益权涉及特殊信托目的、特殊对象或分配方式，那么在设计受益权转移的过程中就要特别注意条款设计的合理性和连贯性，否则就可能出现无效的条款设计，或是出现看着很美好但无法实现的信托条款。

（四）受益权的转让

对于受益权的性质，目前存在“债权说”“物权说”以及“剩余索取权说”等，但无论哪一种学说，都不影响受益权可以转让的事实。实际上，我们也可以把受益权的继承和执行看作是一种广义上的转让，只不过这种转让并不是受益人主动的。

受益权的转让与继承其实存在类似的限制。回到上文的案例，如果约定“受益人一（王某某）存活期间每年向其分配 × 万元人民币”，那么受益人一（王某某）可以将受益权转让给他人，但对于受让人来说，其所能获得的分配依然限于受益人一（王某某）存活期间。也就是说，王某某存活多久，受益权的受让人就能获得多久的信托利益分配，但一旦王某某死亡，则受让人就无法再获得信托利益分配了。

而提到受益权转让，就不得不提及附有反挥霍条款的信托了。目前我国《信托法》第四十七条的存在，使得境内民事信托存在了反挥霍条款发挥作用的可能。反挥霍条款有两种：一是禁止信托受益权之意定转让（voluntary transfer）；二是禁止信托受益权之非意定转让（involuntary transfer），亦即受益人之债权人无法请求法院强制执行信托受益权。该种信托试图剥夺受益人将其衡平利益转让给第三人的权利，也剥夺了受益人之债权人追及该利益的权利。[①]我们可以将反挥霍条款看作一种委托人意志的贯彻，类似于委托人在信托文件中明确了，信托财产在任何情况下只允许分配给委托人指定的那个受益人。

反挥霍条款的好处是显而易见的，除去禁止受益人主动转让的问题，反挥霍条款甚至可以使得信托受益权像信托财产一样隔绝受益人的债权人的执行（当然已经分配给受益人的财产还是会被执行的）。目前反挥霍条款主要在美国被广泛适用，那么在我国是否可

① 赵廉慧：《信托法解释论》，中国法制出版社 2015 年版，第 468 页。

行呢？从《信托法》第四十七、四十八条来看，似是为反挥霍条款的设定留出了足够的空间，明确表示了信托受益权的“转让”以及“用于清偿债务”，要符合信托文件的限制性规定。而在部分目前常见的家族信托合同中，也确实存在类似的反挥霍条款，但这类条款能否在我国司法环境下发挥作用依然是存疑的。

对于受益人主动转让受益权的禁止，可以较为不恰当地简化理解为赠与人对受赠人接受赠与所设置的条件。通过信托合同进行限制再以受托人对于信托的管理实际确保条款的实现是完全可行的，因为其中只涉及委托人与受益人双方的关系，受托人在信托层面也有权否认受益权的转让，当然这并不会影响受益人和受让人之间的权利义务关系。但是在禁止执行的问题上，涉及第三人也就是债权人的利益，如果在信托合同中通过委托人的个人意志就可以完全隔绝善意第三人对于负债的受益人所持有的信托受益权的执行，可能就侵害了善意债权人的利益，这时候就需要法官在裁判时针对个案作出权衡。在缺少相应判例以及法律没有明确规定的情形下，最终落脚点是“委托人权利”与“债权人权利”的竞合，是交由法官自由裁量的问题，且这一问题多数时间会出现在执行阶段，所以即使认为应当在有限制的情况下维护反挥霍条款的效力，但在信托关系中这类新兴问题真正被摆上司法实践和执行法官的案头时，结果并不容易判断。

当然这样的情况也并不能被简单地解释为境内信托不成熟，或是劣于境外信托。事实上目前在英美对于反挥霍条款的问题也都有不一样的看法。至少在最初出于普通法对于“转让限制”的强烈厌恶，反挥霍条款是没有得到任何认可的，直至马萨诸塞州 1882 年的判例 Broadway Bank v. Adams 中，法院坚决地背书和执行委托人设定的反挥霍条款[1]。但英国与美国部分州至今其实也未承认反挥霍条款的效力（出现了保护信托的替代形式），且美国即使承认反挥霍条款的州也往往会存在不同限制，例如，纽约州立法规定，债权人可以追索“超过维持受益人生活和教育所必须的那部分收益”；加利福尼亚法律允许债权人追及超过维持生计和教育所需的部分——但仅限于可支付总额的；还有若干州认定某些债权人可以追及受益人的信托利益，即使其中存在反挥霍条款。根据多数观点，反挥霍条款不能保护受益人的信托利益免受赡养费和子女抚养费请求权的追索。而在 1997 年，密西西比州最高法院关于 Sligh v. First Nat’l Bank 案的判决指出，反挥霍条款不能使信托受益人免除侵权之债的追索[2]。可见，对于反挥霍条款的认可也并不是一种“好或者先进”的代表，是否接受反挥霍条款依然只是一种寻找更合理方案的权衡而已。

那么在目前我国的司法环境下，是否可以通过其他方式来实现反挥霍条款的效果。这里有两种方案。一种方式是在信托设计的过程中，直接对在什么条件下剥夺受益权、什么条件下恢复受益权、什么条件下享有多少受益权等问题进行约定。例如有类似于在受益人被法院执行的情况下，不再享有受益权的条款。这样的设计可以从根本上解决受益权用于偿债的问题，当然受益人也不可能再作为受益人获得分配了。另一种方式就是利用自由裁量信托，由于完全自由裁量信托的受益权不具备可执行性。所以在英国出现了一种保护信托（protective trust）的模式，该模式下在受益人想要转让受

① ［美］劳伦斯·M. 弗里德曼：《遗嘱、信托与继承法的社会史》，沈朝晖译，法律出版社 2017 年版，第 158 页。

② 赵廉慧：《信托法解释论》，中国法制出版社 2015 年版，第 469 页。

益权或者其受益权被债权人追索时，信托将自动转换为自由裁量信托，由于受托人有权自由裁量决定在信托期限内是否向受益人分配，那么针对受益权，受益人实质上就不再具有任何财产利益可供执行，受益权就不再是受益人的债权人所应期待的。当然这种方案的实际应用相较于目前的境内信托环境，需要委托人对受托人（监察人）有更多的信任。

（五）受益权的执行

《信托法》第四十七条明确了信托受益权可以用于偿债。2022年6月24日，第十三届全国人大常委会第三十五次会议闭幕，就《中华人民共和国民事强制执行法（草案）》公开向社会征求意见，其中将信托受益权列明为金钱债权执行中可执行的财产①。虽然依然停留在草案的阶段，但可以看到法律层面对于信托受益权可以执行的认可。虽然在实务中少有强制执行信托受益权的案例，但既然信托受益权可以用于偿债，自然可以被强制执行。后续如果没有大的变化，《民事强制执行法》的正式实施将为法院执行信托受益权提供有利的背书。

在实务中，信托受益权之所以缺乏执行的案例，并不是因为原则上不能执行，而是存在其他原因。其中一个原因可能是并没

① 《中华人民共和国民事强制执行法（草案）》第一百条规定："金钱债权执行中，可以执行下列财产：（一）被执行人名下的不动产、机动车、船舶、航空器；（二）被执行人占有的动产；（三）被执行人名下的存款等资金；（四）被执行人对第三人享有的一般债权；（五）被执行人名下的股权、基金份额、资产管理产品份额、信托受益权、知识产权、网络虚拟财产以及其他财产权利和利益；（六）生效法律文书或者其他书面证据充分证明属于被执行人的财产。"

有直接执行受益权的必要，理由在于目前司法实践中所涉及的信托大部分为商事信托，同时也是自益信托，所以信托财产最终会回到作为委托人和受益人的被执行人手中，所以只要冻结了被执行人的银行卡，就不必担心无法执行被执行人的受益权。当然为了保证最终的顺利执行，法院也可以向受托人发送协助执行的通知，要求其不得配合委托人变更受益人或是在委托人变更受益人收款账户时要及时通知法院。另外，由于受益权最终所能获得的信托利益分配即使是商事信托，在目前的市场环境下也处于不确定的状态。那么在实际执行过程中，直接执行受益权相对于被执行人所负的金钱债务价值几何，是否可以视为执行完毕，都存在疑问，这种情况在实务中较难处理，所以少有直接执行受益权的情况。

另外一个原因在于信托受益权相较于其他财产更为隐蔽。目前在执行阶段，个人银行账户对法院来说相对最为透明，甚至可以通过系统做到“一键冻结”，保险、股票及基金等其他金融资产次之。但由于信托的设立情况并不会对法院主动公开，所以需要申请执行人自己调查被执行人的信托受益权情况，目前申请执行人只能通过其银行流水推测被执行人是否设立信托，再向受托人进行核实调查。在流水情况复杂或是信托已存续较长时间的情况下，实际上很难查询被执行人持有信托受益权的财产信息，执行也就无从谈起了。而在离婚案件之类的涉及受益权分割的案件中，法院在裁判时，也往往不会直接将受益权进行分割，而是通过折价的方式补偿夫妻一方，也就是说依然判决一方享有全部信托受益权，但需要依照 50% 或是一定比例的受益权份额向另一方支付现金补偿。在这一情况下，实质执行的标的从一方的信托受益权转化为一方的其他个人财产，也就不涉及信托受益权的执行问题了。

上述谈及的情况其实不论是在商事信托还是民事信托中都是存在的，而民事信托更有其特殊的问题，如果民事信托本身为裁量信托，那么受益人的受益权是否依然是其责任财产其实是存在疑问的，因为受益人可否从信托中获得信托利益分配以及能获得多少分配都是不确定的，不具有可期待性。当然如果受益权本身指向的是固定的分配，那么在执行问题上基本就与商事信托无异了。不过，实务往往比理论更加复杂，理论中我们可以将信托简单地分为固定信托和裁量信托，但在一个信托设计中，同一受益人的受益权可能既包含固定分配的部分也包含受托人裁量分配的部分。类似这种情况，就需要针对个案进行具体的分析和考量。至于执行方面的反挥霍条款的效力问题，上文亦有论及，这里就不再重复，但笔者确实更为倾向于在设置一定限制条件的前提下认可反挥霍条款的效力。

而在具体如何执行方面，虽然《中华人民共和国民事强制执行法（草案）》并未提及，但结合司法实践以及信托机构对于受益权交易的实际操作来看，针对自益信托，法院可以冻结被执行人信托计划的本金及收益，禁止受托人向受益人进行分配。这种冻结不涉及信托财产本身，在信托分配之前不影响受托人和信托财产，实际上是对受益权的查封，在信托到期兑付之时，法院可以要求受托人直接或者通过人民法院向申请执行人履行。同时，法院也可以直接通知受托人，要求其完成受益人变更手续，信托机构在业务中经常会接触受益权转让和继承的问题，在实际操作中，直接变更受益人并不存在障碍。

（六）受益人的其他权利

在我国《信托法》中除了信托的受益权，受益人大部分权利都与委托人权利绑定在一起。例如第十七条中受益人对强制执行信托财产提出异议的权利，再如受益人可以享有委托人于第二十条至二十三条所规定享有的权利等。当然这里由于委托人与受益人权利产生了重叠，自然就会出现委托人与受益人意见不一致的情况。虽然可以根据《信托法》申请法院作出裁定，但考虑到实际的司法效率和司法成本，向法院申请可能会给信托财产带来本不用遭受的损失。这就又回到了我们一直在谈论的问题，就是厘清委托人和受益人的角色定位和权利差别，建立信托以受益人利益为本的视角。当然在现阶段，我们也可以尝试利用《信托法》中的任意性规定，通过信托文件约定的方式，尽力回避这类冲突的发生，或是为这类冲突设置更为经济高效的解决渠道。

这里主要探讨受益人的两项权利，其一是终止信托的权利。《信托法》中其实存在着受益人有权任意终止信托的表述，当然这一权利的行使是建立在委托人是唯一受益人的基础上的。① 其他一些国家对于受益人终止权的内容与我国《信托法》的规定其实存在着较大的差异，不过出于实务的考量，笔者后续不在理论层面对这一问题进行阐述，仅在我国《信托法》的基础上对一些实务中存在的情况进行分析。目前在境内民事信托的设立过程中对《信托法》第五十条的规定存在忽略，少有专门在信托文件中作出约定的情况。

①《中华人民共和国信托法》第五十条规定："委托人是唯一受益人的，委托人或者其继承人可以解除信托。信托文件另有规定的，从其规定。"

这一条看起来是针对自益信托的规定，但实际上并不能排除一开始设立他益信托，但由于受益人的死亡、调整等特殊情况，导致最终转变为自益信托的情况。当然在大部分的情形中，都无需顾虑这一条的规定，一方面是因为他益信托最终转变为自益信托的情况极少发生，另一方面是如果因为受益人死亡，导致最终受益权由委托人一人继承的，他益信托本身的存在目的就已经无法实现了，此时委托人行使权利终止信托也较为恰当。

但有两种情形需要注意，一种情况是因受益权的继承导致了不符合信托目的的信托终止。由于实务中的情况较为复杂，这里举一个简化的例子。A 为了第三代子女的利益设立信托，但由于信托条款没有作出特殊的限制也没有进行相关的继承安排，目前仅有的第三代 C 及其父 B 先后意外身亡后，在 B 的配偶和母亲早已身故的情况下，实际上信托受益权就将由 A 本人继承，此时如果 A 在身故前没有对信托作出调整和安排，其身故后其继承人可以行使终止权以终止信托而无需顾及 A 最初为第三代子女设立信托的信托目的和初衷，即使后续又有新的三代子女诞生。不过这种情况除了可能违背委托人本人设立信托的意愿，其结果最终也并非完全不能接受，因为信托财产最终留在家庭内部，不存在外流的风险。另一种情况可能更为极端，就是为了解决资产代持而设立信托的情况。目前存在委托人以其代持的资产设立信托，资产实际所有人作为信托的保护人、指令权人或监察人的特殊案例。原本这样设立信托的目的在于，在不改变原来代持关系的情况下，通过信托的设立将财产归还于实际所有人子女之手，同时将财产的控制权通过设置保护人的方式归还于实际所有人。但由于委托人和保护人实际上是“两家人”，这里就要格外注意信托文件的设置，避免受益权最终回到委托人一人之手或委托人家庭内部的情况发生。

其二是受益人的撤销权，由于这一权利规定于《信托法》第二十二条，所以实际上在谈及委托人权利时也有一定涉及，不过并未详述。受益人的撤销权主要是指，受托人违反信托目的处分信托财产或者因违背管理职责、处理信托事务不当致使信托财产受到损失的，委托人或受益人均可申请人民法院撤销该处分行为。对第二十二条进行分析，可以得出委托人或受益人行使撤销权的几个条件：第一，受托人的行为必须违反信托目的或违背管理职责、处理信托事务不当。第二，信托财产需要遭受损失。第三，撤销权行使的对象只能是处分行为，并不包括负担行为。符合上述条件的，除了可以要求人民法院撤销相应行为外，还可以要求受托人恢复信托财产的原状或者予以赔偿。当然撤销权的行使并不意味着信托财产的受让人就必须要返还信托财产，实际上为了保护善意第三人的利益，只有在信托财产的受让人“明知是违反信托目的而接受该财产”的情况下，才应当予以返还和赔偿，否则恢复信托财产原状或是赔偿的责任仅及于受托人。而对于受托人，恢复原状和赔偿损失可能被同时主张，特别是在即使恢复原状但依然存在损失的情况下，可以同时主张受托人赔偿。不过，在交易对象善意的情况下，如果处分的信托财产是唯一的种类物，那么实际上就只能选择要求受托人赔偿而客观上无法要求其恢复原状了。另外要注意的是，受益人的撤销权具有一年的除斥期间，也就是受益人自知道或者应当知道撤销原因之日起一年内不行使的，该权利便归于消灭。受益人撤销权作为极为重要的一项权利，是受益人保护自身利益和信托财产的重要手段，而该权利的行使需要受益人在一年内主动向人民法院申请，这就需要受益人特别是在信托文件没有提及的情况下，对自身的法定权利有一定的了解和关注。

四、信托的辅助人

这里所谓的辅助人，主要是指目前境内信托环境下产生的一些在信托中发挥作用的特殊角色，例如投资顾问、指令权人、监察人等。可能将这类角色称为辅助人并不恰当，因为这些角色在目前的民事信托中大量存在，且往往在信托关系中也会承担自身的权利义务，具有较为重要的地位，并不是在信托结构之外的无关角色，不过这些角色在信托中并不必须存在。在实务中，我们虽然有时会对他们的权利义务进行一定的安排，但往往停留在简单的合同约定的层面，甚至很少有人会在信托结构中思考他们与其他信托当事人在信托文件之外的权责联系。所以这里就对这些角色在信托中的功能、定位以及相关的注意点进行一定探讨。

（一）投资顾问

投资顾问，在境内因为监管等原因也会称其为财务顾问，其实并非境内信托所特有。目前民事信托业务主要以银行为主导推动，而主要的营销目标和服务群体也都是银行自身的高客，也就自然而然地发展出了以银行或银行私行作为包括保险金信托、家族信托在内的民事信托项目投资顾问的业务模式。一般情况下，具体信托项目的投资产品会由银行进行筛选和选定，银行也会以投资顾问的身份从信托中获取报酬。鉴于这种以银行为主导的业务模式的存在，投资顾问在目前境内的民事信托中是一个普遍存在的角色。不过，虽然受到广泛的应用，但其实对于投资顾问的权责却少有探讨，甚至其与委托人及受托人的具体法律关系都较为模糊，如果不进行梳理和明确，长期来看可能不利于民事信托业务的良性发展。

由于投资顾问主要的职责是对投资事项发出投资指令或是建议，所以从信托的角度来看，首先就需要识别信托财产的投资权利是否由委托人保留，以此来推断投资顾问究竟是与委托人还是与受托人发生联系。但在实务中，目前相关的信托文件对于这一部分内容的约定较为模糊，一般约定为受托人需要遵照投资顾问的建议或指令进行投资，但有合理理由的也可以不遵照。同时投资指令或建议的发出又约定了两种模式，分别是投资顾问发出投资指令或建议需要经过委托人同意的非全委投资模式，以及无需经过委托人同意的全委投资模式。

在非全委投资的情况下，理论上投资顾问仅提供投资的配置建议及投资产品的筛选和评估服务，之后将建议交由委托人自行决策，在委托人决定后，再由投资顾问发送至受托人处，由受托人执行。在这种情况下，如果受托人在实际信托财产的管理运作过程中仅遵照了投资建议或指令进行的操作，即使信托文件的约定较为模糊，也倾向于认定委托人保留了投资权利。此时由于投资顾问实际上在为委托人本人提供服务和建议，除非信托文件有明确相反的约定，否则认定投资顾问与委托人而非受托人建立了相关法律关系较为妥当。

而在全委投资模式下，则更为复杂，虽然委托人在投资事宜上看似仅拥有知情权，但在模糊的信托文件中，其实难以判断投资顾问对投资事宜行使的权利是基于与委托人建立法律关系获得的，还是基于受托人的转委托获得的。虽然《信托法》规定有受托人的亲自管理义务，但由于在信托文件中，虽然约定模糊但均含有委托人同意投资顾问行使权利的内容，实际上依然存在难以对投资顾问的权利来源作出判断的问题。如此一来，就需要结合信托实际运作的情况进行综合判断，相关判断可以参考信托文件中投资顾问负责对象是委托人还是信托本身、投资顾问相关文件中签订的相对方是否包含受托人、投资顾问的报酬是否由信托支付以及委托人对投资出现不同意见时的处置权利等进行综合判断。这里值得一提的是，如果投资顾问的报酬收取模式并非固定报酬，而是与投资收益情况直接关联的浮动报酬，或是超额收益报酬，此时投资顾问类似于基金管理人，且可以认为其对于信托财产的投资本身具有极强的控制权。而基金作为一种广义上的信托，其管理人本身也承担信托受托人的角色，所以将投资顾问权利来源认定为受托人的转委托更为合理。

其实基于保护信托财产及受益人利益的目的，在全委投资模式下，似乎本身就更应倾向于认定投资顾问的权利源于受托人的转委托，理由在于在全委投资模式下，投资顾问对于投资标的和策略的选择具有极大的权限，甚至远大于受托人，投资事项实际由投资顾问操控，此时认定委托人并未保留投资权，而将投资顾问作为受托人对投资事项的转委托对象，以信义义务对其进行更高级别的约束可能更能保护信托财产、委托人及受益人的利益。

而区分投资顾问权利来源的意义在于，若投资顾问的权利来自受托人的转委托，那么投资顾问就需要承担与受托人相似的包括忠实义务及善管注意义务在内的信义义务。而从目前的实务情况来看，与受托人相似，银行担任投资顾问的民事信托中，其所筛选和投资的产品基本为其本身或是关联公司创设的产品，或由其代销的产品，也就是说投资顾问可以直接从资产的配置行为中获利，这就存在违反忠实义务的风险。不过如果真的禁止投资顾问通过类似行为获益，反而可能促进其对投研能力的坚定投入和发展，使境内银行等金融机构从扮演零售商赚取差价的情形中挣脱出来。

受托人如果作为信托的实际管理人，基于管理义务，首先对于投资顾问的行为就存在一定的监督和注意义务，同时应对投资顾问的行为所造成的信托财产损害结果承担责任。当然受托人的责任可以根据实际情况进行增减，举例来说，如因信托合同约定也就是委托人自身意愿使得受托人授权投资顾问处理投资事务，那么受托人的责任可能仅限于注意和监督义务，如受托人已履行上述义务的则无需承担责任，在未履行的情况下则宜承担补充责任。反之若转委托投资顾问系受托人主导的行为，那么就需要考虑是否存在必须授权第三人担任投资顾问的合理理由，如不存在则可以要求受托人承担连带责任，如存在则可适当减轻。

可以看出，投资顾问虽然在法律层面的角色和定位是较为模糊的，但又承担着极为重要的权责。而在信托文件没有明确的情况下，对投资顾问的身份和权利来源进行判断实际上存在不确定性，特别是我国目前的司法实践中缺乏相应的司法经验，在争议发生时其实难以保证最终的认定结果。这也就导致了信托财产及信托受益人的利益最终能否获得充分的保护以及具体的保护程度，基于现有标准化的民事信托合同其实是不确定的。在一些情况下，这就会给信托财产和受益人造成极大的风险和损失。而避免这一情况出现最简单和有效的方法，就是在信托文件中直接对相关内容进行明确的约定。

（二）保管行

保管行实际上就是受托人存放信托资金的账户的开户行。由于受托人与保管行之间会签订与信托资金保管和使用相关的专项保管协议，所以有了相应的保管行的称呼。但保管行实际上完全是信托结构以外的主体，受托人和银行之间的关系与普通储户和银行之间的关系，抛开保管协议中对信托财产使用的相应监督以及特殊利率等与信托相关的特殊约定外，实际并无区别。而信托财产的独立性也并不会延伸到保管行层面，也就是说在保管行，信托受托人开设的信托财产专户内的资金风险和普通储户账户内的资金风险是相同的，受托人对保管行也仅享有相应的债权。当然由于保管协议的存在，保管行对信托资金的使用确实存在一定的监督作用，虽然这类监督作用难以脱离形式层面，但也有一定的正向意义。不过同时也可能存在由于相关信托文件约定疏漏导致信托财产专户内的资金使用受阻，从而影响投资效率和范围的情况。所以虽然保管协议签订的主体主要为受托人和保管银行，但依然需要将保管协议纳入信托文件的范畴，进行整体地考量，在避免发生上述风险的同时，尽量使保管行在实质上发挥一定的监督作用。

具体来看，未来民事信托的信托财产可能出现更为丰富的类型，这也使得保管行的角色可能根据不同的信托财产类型被不同机构所替代，同时相应的法律行为的建立中也会存在不同的要点和风险。例如艺术品信托，不同艺术品的存放和保管可能会涉及不同的专业机构，对机构的能力、安保及保管条件等可能都会存在不一样的要求。保管协议订立时应当充分考量信托及信托财产的特殊性，而非一概而论地套用格式模板。

（三）监察人、指令权人与保护人

目前在境内民事信托中，似无区分监察人、指令权人与保护人等称谓的必要。一方面，现有法律仅对监察人在公益信托领域有一些简单的规定①，其余两者在立法中并无提及甚至本身就是行业从业者所创造的概念；另一方面，在民事信托相关判例稀缺的大环境下，更不存在对监察人、指令权人及保护人等特殊角色作出区分的相关判例。所以除了监察人存在法定权利外，其余的权利义务实际仅取决于信托合同的约定。但其实监察人的称呼一旦脱离公益信托进入民事信托领域，相关的法定权利也不再适用，因为监察人在公益信托中的存在本就是为了代替不存在的受益人行使权利②，既然民事信托本身存在受益人，这些权利自然无需监察人代行了。所以在民事信托领域中，监察人与其他两者基本无法律上的区别。此三者加之发挥类似作用的相关角色的其他称呼，比如监督人、管理人甚至是执行人等，在目前境内民事信托中实际并无区别，可能暂时也无区分的必要。

当然这并不是说这些概念永远不用区分，随着案例和纠纷的增

① 《中华人民共和国信托法》第六十五条规定："信托监察人有权以自己的名义，为维护受益人的利益，提起诉讼或者实施其他法律行为。"

② 我国《信托法》在公益信托一章是存在受益人的表述的，但实际上公益信托中的受益人与私益信托中的受益人虽有同样的称呼，却是完全不同的概念。根据一般理论，公益信托在设立时不可以有特定的受益人，实际的受益人是社会公益这一宽泛的概念，但在后续存续过程中，受益人可能会特定化，特定化后的受益人并不可能也不合适拥有类似私益信托中受益人的权利，仅是作为最终信托利益的获取人，故称之为"领受人"更为恰当。实际上境外存在大量例如以保护环境、提高科学技术等为目的的公益信托，本身在设立时就是不可能存在特定化的受益人的。

多，区分不同角色的身份与功能，梳理其所需承担的权利义务确实有其意义。不过，在目前的实务中，同样一个承担监督受托人、变更受益人及变更分配方式等权能的角色，在不同信托机构担任受托人的信托项目中，可能就会有监察人、指令权人或是保护人等不同的命名。但实际上他们在信托中发挥的作用是基本相同的，不外乎保护受益人的利益以及落实委托人的意志。所以至少目前在境内，这三者在信托中扮演的角色，完全取决于信托文件的约定。至于部分机构仅基于监察人的称呼，就认为其只能承担监督的职能，不能进一步赋予其对信托的控制权能，是缺乏依据的。至少从目前民事信托业务的相关法律规定来看，不能认为保护人可以做的事情，监察人不能做。

当然这些称谓的存在大部分也并非凭空捏造，都有其具体的渊源。比如监察人的称呼最早来自中国台湾地区“信托法”，其定义与我国大陆的《信托法》中的监察人基本相同①。而保护人是指非受托人，但拥有信托文书条款中并不完全基于自身利益的权利的人。②在境外信托中，常常会授予保护人包括修改信托文件、罢免受托人、选任新受托人、取消受益人资格、新增受益人以及同意或拒绝受托人的某些特定行为等权利，以此确保信托最初设定的目的得以实现。至于信托管理人的概念则来自日本信托法，其含义与监察人类似，或者说监察人的称呼实际上来自管理人。而执行人的概

① 中国台湾地区“信托法”第五十二条第一款规定：“受益人不特定、尚未存在或其他为保护受益人之利益认有必要时，法院得因利害关系人或检察官之申请，选任一人或数人为信托监察人。但信托行为定有信托监察人或其选任方法者，从其所定。”

② ［英］马克·哈伯德、约翰·尼迪诺：《信托保护人》，彭晓娟译，法律出版社2021年版，第8页。

念与目的信托有关，在公益信托这类特殊的目的信托中也存在项目执行人或是信托执行人的称呼。在我国家族信托中，指令权人的角色则更类似于境外信托的保护人，可以行使变更受益人以及决定某些信托事务等特殊权利。不过指令权人与保护人的根本区别在于，上述权利在指令权人的场合往往是由委托人保留，再由委托人授权指令权人行使，两者之间是一种委托代理关系。而保护人在境外信托中的权利来源则并非委托人，事实上境外信托中委托人自身除非信托文件存在特殊约定，并不会对信托财产的管理运营享有权利，保护人的权利基于信托文件而非继受于委托人保留的权利。所以境外存在委托人担任保护人的情况，但境内却没有委托人担任指令权人的可能。当然这两者的身份在境内信托中也可能混淆。保护人的问题较为复杂，不能一概而论，因为其本身存在和发展的历史并没有我们想象得那么长久，还是主要应用在离岸信托之中，至少在信托起源的英国本土并非普遍存在。而不同离岸地对保护人的权利义务也可能存在完全不一样的态度和认定，也存在类似我国《信托法》对其毫无规定的情况。

对这些身份进行区分的意义在于明晰其权责，但很多问题依然存在理论和实务上的争议，比如在不同离岸地对保护人是否需要承担信义义务可能存在完全不同的法律规定。而从目前境内民事信托发展的现实来看，过早地对这些角色进行严苛地定义和区分，不仅在实务中带来的良性作用并不明显，反而会因为提高了使用的门槛和要求，限制了信托的灵活发挥，所以不如让信托的设立者在这些角色的设置上充分发挥想象力，在个案发生纠纷时再通过合同约定进行辨析。

而对于这些带有保护人功能的角色（为了方便表述，后文将这些角色均称为“保护人”），目前实务中的重点可能并不在于理论上的区分，而是在于信托文件撰写技术的提高。理由在于，保护人在民事信托中的权责非常重大，甚至直接影响信托能否正常地运作，以及信托目的能否有效地实现。保护人作为信托关系中被强制加入的角色，大部分情况下其每获得一份权利，就意味着信托中原有当事人消减了一份权利。这里面就存在很多的矛盾和冲突，也就需要信托的设计者在设计的过程中充分考量和权衡授予保护人的权利限度，以及因此受到影响的其他当事人的权利，以确保最终实现的效果不存在影响信托运作的漏洞，且能够符合委托人设立信托的目的。

而关于保护人，首要问题在于保护人在行使权力时，不可能对委托人和受益人同时负担合法有效但又存在潜在冲突的义务。①我们先不在理论层面探讨保护人权利要先为委托人还是受益人行使的问题，单从信托文件的层面来说，至少应当有明确的倾向性，在委托人的要求与受益人的利益产生冲突时，避免保护人无法抉择的情况出现。与此同时，要注意保护人与信托各当事人之间的关系。例如目前境内信托普遍存在保护人与委托人之间法律关系不明确的情况，如果约定为委托关系，那么根据《民法典》委托人可以随时解除对保护人的授权②，且保护人的行为实际就是委托人本人的行为，委托人可以随意更改和撤销。在此情况下，委托人在世时，保护人存在的意义就相当薄弱了，此时保护人是对委托人负责而非对信托

① [英] 马克·哈伯德、约翰·尼迪诺：《信托保护人》，彭晓娟译，法律出版社2021年版，第69页。

② 《中华人民共和国民法典》第九百三十三条中规定，“委托人或者受托人可以随时解除委托合同”。

负责。但相反，如果不是委托关系，那么在委托人也保留了相应权利的情况下，保护人与委托人决策孰先孰后，争议如何解决就又是完全不同的焦点。保护人与受托人之间，如何安排保护人对受托人的影响程度和范围，保护人能在多大程度上影响受托人对信托的管理，实际上是一个需要根据实际情况进行权衡的问题，当然保护人权利越大代表着对受托人更有效的监督，但也可能意味着受托人本身无法独立地履行其职责。如果信托管理的任一事项都需要经过保护人的同意，那么一旦保护人出现问题，受托人实际上也就没有了继续正常运作这一信托的可能，更不要说这样的信托其有效性也是存在争议的。所以什么事需要保护人同意、什么事无需经过保护人同意，是需要进行考量和权衡的。而保护人与受益人之间其实亦是如此，将所有事项都交于保护人去决断并不是一个对整体信托有利的设计，甚至可能出现与信托设立初衷相反的情况。不设条件地授予保护人变更受益人或分配方案的权利可能会增加保护人滥用权利的可能性以及相关的道德风险。而分配事项过于全面细致地由保护人作出决断，则有可能导致在特殊情况发生时，受益人无法正常获得分配。此外，还有在存在多个保护人时，保护人之间的权利如何行使、出现争议如何解决、单一保护人是否可以独立行使某些权利、是否会出现保护人之间决策的僵局等，都需要纳入考虑。

同时，如果保护人本身拥有极大的权利，那么对于保护人的监督也同样是一个重要的问题。而考虑到保护人自身的影响因素，例如自然人的死亡、丧失行为能力以及辞任等，法人的破产以及公司僵局等情况，都可能使保护人的设置失去作用。此时就需要考虑是否需要继任保护人、在什么情况下解任和继任以及如何选择继任保护人等问题，甚至要考虑例如自然人丧失行为能力又恢复后是否能继续担任保护人的特殊情况。而在保护人的任职资格上，也需要考虑如果保护人犯罪或违法，继续担任保护人是否会对信托造成潜在风险的问题。而这些问题中最为重要的在于能够保证在实际丧失保护人后，整个信托依然可以正常的运作，不会出现停摆的情况。而在时间的维度上，则需要考虑信托存续期间是否需要长期保护人，后继任保护人由谁选定以及如何选定。在不同时期例如委托人在世时与过世后、信托存续了几十年甚至百年之后或是信托进行了一项极为重要的分配或投资之后，保护人的权限是否需要调整和变化。

虽然目前不论境内外，保护人的相关制度依然存在着若干尚待法律补充和明确的部分，诸如保护人是否可以为了信托利益起诉受托人等。但瑕不掩瑜的是保护人在信托结构中确实大大增加了信托的灵活性和设计性，凭借保护人的加入，实务中的民事信托可以满足委托人更多特殊的需求，作出更有新意的设计。但同样地，授予保护人的权利越大，其在信托结构中就越为重要，这就需要我们对于保护人的设置谨慎对待，以免因为制度设计的不完善造成信托财产和受益人的损失，甚至出现信托停摆或是信托目的无法实现的糟糕情况。

第四章　民事信托的设立、变更与终止

信托的设立、变更和终止是民事信托中最为基本的问题，但在实务中却有一种较为奇特的现象，我们常常是基于监管的规定和要求在推动和落地业务，《信托法》反而少有人去探讨和研究，更不要说与信托相关的基本原则和理论。在设立、变更与终止等方面，民事信托依然承袭于商事信托的标准和惯性，在信托文件制定时也未回到《信托法》的层面作相应思考。如此不仅可能存在纰漏，还对于民事信托业务发展本身造成了无形的限制。当然涉及设立、变更与终止的问题存在很多理论层面的探讨，本章依然会刨除一些晦涩难明的理论问题，从目前境内业务的现状和实务的角度展开讨论。

一、民事信托的设立

实务中，目前以现金为主要财产的家族信托，以及以保险受益权为财产的保险金信托，其形式、目的都较为简单，也使得信托设立本身，可以变成一个标准化和流程化的过程，这样的业务模式是目前最为主流和成熟的民事信托模式。信托的设立存在三个确定原则，即意图的确定性（certainty of intention）、信托财产的确定性（certainty of subjectmatter）和受益人的确定性（certainty of objects），在我国《信托法》中，这些原则其实亦有对应。

（一）信托财产

无论是何种法系，对于信托财产权的归属其实都存在争论，当然在法律移植的过程中，大陆法系国家在理论上对信托制度的探讨会更为复杂一些。不过这些探讨目前并不会影响信托制度在我国的民事信托实务中发挥作用，就不再作具体的论述。这里主要还是探讨一些在实务中与信托财产有关的其他问题。

1. 信托财产的独立性

谈到信托财产，就必然会联系到信托财产的独立性，这一特性在上文已作了一定介绍。但需要注意的是，信托财产的独立性与信托的有效之间并不存在必然联系。就如张某境外信托“被击穿”一事，虽然其信托财产的独立性失效了，未能有效发挥信托的隔离功能，但并不代表其信托无效，如果执行之后信托内依然有信托财产存在，那么其传承功能也能继续发挥作用。所以传承和隔离功能并不是信托设立时天生具备的，而是通过设计和安排来实现的。其实说到底信托也只是一种工具，其能发挥多少作用，取决于人们怎么去使用。这也意味着，在信托的设计和安排中，我们可以作出一定的取舍，例如牺牲信托的隔离功能换取委托人对信托财产的控制权。在信托的规划中，我们可以去寻找侧重点，将个人的负债风险、公司经营风险以及复杂家庭等情况一并纳入考量，最终作出最符合信托目的的取舍和安排。

而武汉市中级人民法院“信托执行第一案”的裁定[①]，似又从另一个角度提醒我们信托财产的独立性可能并非如我们所想象的那样牢不可破。此案中，法院一方面纠正了之前的保全措施，同时也明确了尊重信托财产独立性的立场，但这一点尊重最终也未能阻止法院在协助执行通知书中限制了受托人向受益人或第三人支付款项。学界普遍认为，这样不作区分地停止向第三人支付实质上已经影响了信托财产的独立性，其实质就是对信托财产的保全。因此，我们一方面要更加重视信托财产和委托人的切割，另一方面要在信托的设立标准和形式上更加规范化，并做好发生类似情况的预案。

2. 信托财产的范围

《信托法》中对信托财产并未有特殊限制[②]，但除了目前较为成熟的现金、保险金请求权以及部分资管产品受益权之外，其他财产的装入可能依然存在诸多现实中的限制。这些限制多存在于《信托法》之外的法律及行政层面，另外一部分阻碍在于金融机构的实操和内控，后者的阻力甚至更大。举个例子，在民法中存在指示交付的概念[③]，或者更简单来说，日常生活中其实不乏代付的情况，当然

① 湖北省武汉市中级人民法院（2020）鄂01执异784号。

②《中华人民共和国信托法》第七条规定：“设立信托，必须有确定的信托财产，并且该信托财产必须是委托人合法所有的财产。本法所称财产包括合法的财产权利。”

③《中华人民共和国民法典》第二百二十七条规定：“动产物权设立和转让前，第三人占有该动产的，负有交付义务的人可以通过转让请求第三人返还原物的权利代替交付。”

代付的理由可能多种多样，例如财产本身就由代付人在保管，或者所有人与代付人之间存在债权债务关系，通过代付进行抵销等。在《信托法》中也并未要求委托人必须亲自将信托财产转移给受托人，以现金为例，只要委托人和第三人之间互相认可代付的现金为委托人所有，理论上即使现金本身并非在委托人而是在第三人名下，也完全可以由委托人设立信托，由第三人将现金交付给受托人以完成设立。但现实是，实务中金融机构受托人往往遵循集合信托时代的业务逻辑和规范，并不接受委托人以外的第三人代为交付信托财产的行为。虽然这一问题并非不能“攻克”，但“攻克”这一问题是十分消磨金融机构相关从业人员对标准化的家族信托及保险金信托以外业务模式推动的积极性的事情。而且不能指示交付的问题，实际上也确实是境内遗嘱信托难以真正落地的阻碍之一。另外，资管产品收益权设立信托也存在其他金融机构不予配合的问题，目前能够较为顺利装入信托的大部分都是受托人自己发行和管理的资管产品受益权，一旦涉及外部机构的产品，则需要获得外部机构的同意和配合，也就少不了一个漫长的沟通和审核过程。

其他诸如股权与不动产等需要登记的特殊资产，其难以装入信托确实与相关的信托税收及登记等制度的缺失存在一定关联，但是同样也牵扯到受托人缺乏对这类资产管理的能力和经验，以及受托人对资产背后风险存在顾虑的问题。简单来说，就是受托人敢不敢管以及能不能管的问题。另外一些类似于珠宝、艺术品之类的特殊财产，可能在法律和制度上设立信托并无障碍，但由于其价值极高，且存在保存要求严格以及真伪难辨等特殊问题，会更加考验受托人专业的管理能力和业务能力，需要受托人对项目有充分的风险把控，同时能够对应进行较为细节的设计，能制定出一个自己敢签字、能签字的信托文件。当然目前在信托财产方面，存在很多创新的案例和成果，但在可能低至万分之一的信托报酬费率面前，如果创新所投入的精力与收益长期不成正比，加之机构内外的层层阻碍，最后从业人员就会出现一种由主动到被动的消极的心态变化。但如果想要民事信托发挥更多更广泛的作用，仅开展标准化的现金和保险金信托业务也是远远不够的。

3. 合法所有的财产

对于《信托法》中“合法所有的财产”的表述，可能衍生出两个问题。一个问题是合法所有的财产是否等同于财产的所有权，这显然是否定的，所有权是物权的一种，就像上文提到的目前实务中存在保险金请求权、股权及资管产品受益权等，其实均非所有权。所以能够用于设立信托的财产和财产权利，肯定不限于所有权，债权、股权、知识产权及收益权等，尽管可能存在不同的要求，但都可以用来设立信托。在这个角度上，是不是还有更多的财产和财产权利可以用于设立信托，例如《民法典》出台后新出现的居住权以及股权的表决权等，这些设想说不定可以为某些传统的婚姻家事法律问题提供新的解答。

另一个问题是设立信托的财产或财产权利是否需要属于委托人所有。从理论上来说，这里的“合法所有”并非指财产或财产权利需要归属于委托人，而是要求委托人处分财产具有合法性，所以其实借款也可以用来设立信托，实务中也有具体判例对这一观点表示认可[1]。但令人奇怪的是，是否能以非归属于委托人所有的财产或

① 重庆市高级人民法院（2006）渝高法民初字第14号。

财产权利设立信托，受托人在实务中使用的标准可能是动态的。有为了成立某单信托业务而认可的，也有因为信托财产不属于委托人所有而遭到否决的。可能实务中的关键问题并不在于标准本身，实际上以非归属于委托人所有的财产或财产权利设立信托的需求是比较少的，大部分情况下也可以变通。真正关键的问题在于，受托机构在面对《信托法》中的问题和争议时并没有表现出面对监管规定和要求一般的谨慎性和探究精神，甚至同一家信托机构完全可以接受一个法条在解释上的摇摆。当然可以理解为这是长期以来集合信托业务模式以及国内监管环境造成的客观情况，但确实不是一个职业的受托人应该具有的态度。

（二）信托财产的公示

在法律上，物权的变动必须以一种客观可以认定的方式加以展示，从而获得社会和法律认可的效力，如果没有经过公示，这种变动就不发生效力，这就是我们说的物权公示原则。而登记就是公示的一种方式，在我国的物权变动中，一般动产基本以交付视为完成公示，而不动产以登记作为公示方式。就是在不动产买卖的过程中，即使已经签订了买卖合同，但只要没有办理产权变更登记，不动产的物权就未实际发生变动的原因。而在信托领域常说的，我国信托登记制度的缺失主要就是指不动产、车辆以及股权等特殊财产的相关信托登记制度的缺失。当然登记本身对于这两类财产的意义是不同的，对于不动产，登记是物权变动的生效要件，而股权及车辆等财产的登记却是对抗第三人的要件，因为登记是一种公示行为，公示完成后就视为第三人均已知情。

但事实上，我国缺失的并不仅是信托财产的登记制度，整体的信托公示制度本身就是缺失的，这可能是一个影响更大的问题。在信托公示制度的缺失中，信托财产登记制度仅是其中缺失的环节之一。《信托法》规定，信托财产中“有关法律、行政法规规定应当办理登记手续的”才有登记要求[①]，也就是说法律、行政法规没有要求登记的信托财产是无需办理登记的。所以即使制度存在缺失依然没有对民事信托实务造成太大的影响，事实上一直存在争议的不动产及股权等财产无法非交易过户的问题，也并不是完善登记制度就可以解决的，税务制度也是其中一个很重要的部分。根据第十三届全国人大常委会立法规划，自然资源部起草了《不动产登记法》(征求意见稿)，目前在其中依然难以发现有关信托的内容，所以这种缺失的情况可能还将持续更久，我们所需要关注的重点可能并不是现阶段如何完善，而是如何适应和解决这一问题。

信托公示制度缺失的另外一个环节是信托关系公示制度缺失。我国《信托法》第十条似乎只规定了对信托财产的公示。但是，由于信托财产的复杂性，对信托财产的公示方法和公示机关并不相同，此时第三人并不能得知信托财产法律状态的全貌。因此，还应公示信托关系[②]，信托关系的公示可以使信托财产具备对抗善意第三人的能力。举个例子，如果信托设立后未进行公示，那么受托人为了自身利益私自将信托财产佯装自己的固有财产与善意第三人进

①《中华人民共和国信托法》第十条规定：“设立信托，对于信托财产，有关法律、行政法规规定应当办理登记手续的，应当依法办理信托登记。未依照前款规定办理信托登记的，应当补办登记手续；不补办的，该信托不产生效力。”

② 赵廉慧：《信托法解释论》，中国法制出版社 2015 年版，第 244 页。

行交易的，为了保护善意第三人利益和商业秩序，这个交易的有效性很有可能就会得到法律的保护。同理在一些特殊情况下，例如自然人担任受托人的资金信托，如果信托关系未进行公示，受托人的债权人执行受托人名下的信托财产的，在信托财产与受托人个人财产出现混同的情况下，委托人、受托人以及受益人以信托财产不得执行为由提出异议能否获得支持，可能也值得商榷。

所以，信托的公示制度实际包含两个方面，其一是信托财产的公示，其二是信托关系的公示。但这两者目前在我国处于缺失且混淆的状态。目前在实务中，虽然对信托机构存在通过中国信托登记有限责任公司（以下简称“中信登”）来完成相关信托登记的要求，但这可能离我们所说的信托关系的公示还相距甚远。原因有二，其一，中信登仅服务于信托机构。在更广泛的民事信托领域，实质上并不存在任何的登记渠道来完成以自然人或者非信托公司作为受托人设立信托的公示。这也就造成了，一旦受托人是非信托机构，就会缺少信托关系登记的手段，即使可以通过信托财产公示的方式进行弥补，也存在着不能对抗善意第三人的风险。其二，即使存在中信登，但其登记方式是否符合公示的要求，其所完成的信托登记是否在法律上具有信托关系公示的效果其实也是存疑的。事实上涉及中信登的《信托登记管理办法》也从侧面证明中信登的设立可能并不是为了完成《信托法》中的登记。同时，中信登的登记方式和内容主要是以商事信托为蓝本的，其登记的信息和内容并不一定符合民事信托本身的复杂需求，且其所具备的公开查询的功能，公布的信息主要集中在投资者层面，以产品信息为主要的披露内容，这样的披露可能也无法达到公示的效果。

信托虽然存在公示制度缺失的问题，但在实务中带来的影响其实并不大。一方面，目前的信托制度并不妨碍信托财产与委托人隔离的功能实现；另一方面，现在民事信托受托人基本以信托机构为主，信托机构基本都能够确保信托财产的分账管理，如此一来即使信托机构发生债务纠纷，也足以保证信托财产的安全与隔离。前面笔者也提到，仅有部分“特殊的”财产是涉及登记问题的，未能完成登记的将会影响信托的生效，其中主要以股权和不动产两类资产为代表。

关于股权的问题，股权的登记并非股权变动的生效要件。简单来说，如果我们进行股权买卖的交易，即使没有在工商管理部门办理股权变更登记，股权的变动也不必然无效，而是要结合实质情况进行判断，股权的登记主要是为了对抗善意第三人。在目前的实务中，股权只能通过交易的方式装入受托人所设立的 SPV 结构中，以此实现信托的设立。看似是多了一层股权交易的成本，无法通过非交易过户的形式节省股权交易的税款，但事实上，信托机构本身一般也不愿意接受以直接持有股权的方式设立信托，所以有无信托财产登记制度实质上并未产生太大的影响。不动产也是类似的情况，抛开税收问题，公示制度缺失实质上并不影响不动产通过设立 SPV 结构的方式装入信托。当然不动产的物权变动是以登记为生效要件的，也就是登记是必须的。所以从实际来看，目前相关制度的缺失并未在可行性层面产生根本上的阻碍，当然如果能够进一步完善相关制度，自然可以弥补很多问题和不足，使得相关信托业务进一步发展。在民事信托实务中，鉴于公示制度缺失的问题存在，想要规避上文中提到的风险就需要在设立信托时将方法提前纳入规划之中，虽然不一定能从根本上一劳永逸，但依然能够在遇到问题时发挥一定正面效果。

（三）信托的成立与生效

通过签订合同设立信托是最为常见的信托设立方式，而信托合同也未必如我们想象的那么复杂。生活中虽然并不多见，但也确实会发现一些全文并未出现信托这一表述，但实际设立了信托关系的法律文件。在某一继承案件的遗嘱中，就出现了“某不动产由A某管理和居住，如果出售则售房款由A某与B某均分”的表述，如若认为这一表述构建了一种信托关系似无不可。而在合同信托方面，我国《信托法》中仅对信托合同中“（一）信托目的；（二）委托人、受托人的姓名或者名称、住所；（三）受益人或者受益人范围；（四）信托财产的范围、种类及状况；（五）受益人取得信托利益的形式、方法”五项事项的载明有强制性要求①，其余如信托期限、信托财产的管理方法、受托人的报酬、新受托人的选任方式及信托终止事由等事项在信托合同中均非必须出现，可见其要求并不算严格。

信托合同作为最为常见和重要的信托文件，是值得我们进一步探讨的。我国《信托法》中存在成立②与生效③两种不同的表述，

---

①《中华人民共和国信托法》第九条规定：“设立信托，其书面文件应当载明下列事项：（一）信托目的；（二）委托人、受托人的姓名或者名称、住所；（三）受益人或者受益人范围；（四）信托财产的范围、种类及状况；（五）受益人取得信托利益的形式、方法。除前款所列事项外，可以载明信托期限、信托财产的管理方法、受托人的报酬、新受托人的选任方式、信托终止事由等事项。”

②《中华人民共和国信托法》第八条第三款规定：“采取信托合同形式设立信托的，信托合同签订时，信托成立。采取其他书面形式设立信托的，受托人承诺信托时，信托成立。”

③《中华人民共和国信托法》第四十四条规定：“受益人自信托生效之日起享有信托受益权。信托文件另有规定的，从其规定。”

但又未对这两种表述作出解释，也未对其法律效果有何区别进行明确。虽然在大部分情况下，并不影响实务中信托的设立，却也可能导致我们在制作信托文件过程中以及在出现相关争议的场合作出混乱甚至错误的判断。《信托法》中所指信托的成立与生效也不能被简单地理解为信托合同的成立与生效。

信托（合同）成立，是指信托合同在当事人之间产生约束力，当事人有资格请求对方履行约定的义务，合同的一方对另一方产生对人的请求权。而信托生效则应指当事人可以就信托财产上已经设定信托对所有人主张（或至少能产生对抗第三人的效力）。[①] 简单来说，信托成立就是信托合同的生效，而信托生效是信托行为的生效。在英美法中存在完全构成的信托与未完全构成的信托。所谓未完全构成的信托就是指已经签订信托合同，但信托财产尚未转移的信托，这两者与信托成立与生效的概念较为相似。举个例子，在实务中，时常出现已签订信托合同但委托人未打款的情况。此时信托实际上就是成立但未生效的状态，对于这类信托的委托人，如果后续发生债务纠纷，是不能以自己名下财产是信托财产只是尚未打款进行抗辩的，也就是不能主张信托财产的独立性来对抗第三人。

虽然理论上依然存在争议，但大部分观点还是认为信托合同是诺成合同，且信托合同一般情况下是成立即生效的，《信托法》第八条的规定可以理解为确认了信托合同诺成的性质。目前在实务中，大部分信托机构对于合同生效的问题会进行特殊约定，在信托合同上约定将信托财产转移给受托人作为信托合同生效的要件。这使得信托合同即使成立了也并未生效，也就不会产生信托成立的法

---

① 赵廉慧：《信托法解释论》，中国法制出版社 2015 年版，第 106 页。

律效果，所以即使签订了信托合同也称不上信托成立。这里先不去考虑物权无因性的问题，仅从实务角度来看，这样的操作实质上是将信托合同的诺成性或要物性理解为备用性规则，人为地将信托合同从诺成合同变成了要物合同。这样的操作使得合同中的约定暂时未对委托人及受托人产生约束力，降低信托机构的风险，增加了委托人重新选择的可能性，是存在一定积极意义的。不过这里要注意的是，大部分信托合同设置“信托财产已交付受托人”的生效条件，并不是出于上述考虑，而是简单地将信托合同成立等同于信托成立，将信托合同生效等同于信托生效，所以将信托生效的条件当作了信托合同生效的条件简单地复制进了合同，这其实是在对信托法缺乏理解和辨析的情况下开展业务。

对于信托成立后，当事人之间约束力的问题，从合同的角度来看，合同生效后理应对合同各方产生约束力。如果认为信托合同是诺成合同，那么可以在信托财产移转以前让受托人承担忠实义务等义务；在受托人利用和信托财产相关的信息取得利益之时，让受托人承担违反忠实义务的责任，使之支付相关利益，借以强化对委托人的保护。[①] 也就是说，即使信托财产尚未转移给受托人，只要信托成立（信托合同生效），受托人或其他相关人员就不能利用地位或信息等特殊优势为自身或第三人牟利。这个问题在很多时候是为我们所忽视的，虽然有利于委托人，但反过来看也是受托人的风险隐患之一，而将信托合同变为“要物合同”的优点之一就是能避免这一风险。当然类似于善管义务之类的需要实际通过管理信托财产履行的义务，在信托财产转移给受托人前，受托人并不具备履

① 赵廉慧：《信托法解释论》，中国法制出版社 2015 年版，第 115 页。

行的条件。

至于信托成立但未生效时，可否要求委托人交付信托财产的问题。从受益人的角度来看，受益人并非信托合同的相对方，在信托中也属于纯获益的角色，所以原则上并不能强制要求委托人交付信托财产。委托人与受益人的关系可以类比赠与关系双方，赠与合同虽为诺成合同，但除一些特殊情况外，赠与人是可以任意撤销的。这些特殊情况在信托中就类似于信托关系中设立公益信托或是委托人为受益人设置相应条件且受益人已经完成的场合等，在这些情况下，似应当支持受益人强制要求委托人履行信托合同义务，交付信托财产。从受托人的角度来看，受托人虽然是信托合同的相对方，但信托设立始终是出于委托人的主观意图和目的，且是为受益人的利益而设立的，如果支持受托人强制要求委托人履行信托合同义务，与信托设立的目的和初衷并不符合。这里可以类比委托关系，委托人可以不受限制地解除信托合同，但需要承担相应的违约责任。

（四）信托分配条款的撰写

在信托设立环节，信托的分配条款在法律层面可能不一定是关注的重点，但对于设立信托的委托人来说，信托分配条款的设置，直接关系信托存在的意义和价值，在实务层面可能是最为重要也是委托人最为关心的问题。当然分配条款从功能的层面来看可能有很多分类，如日常生活、子女教育、父母赡养、创业就业及意外事件等。而在不同功能种类项下可以存在哪些分配的方式和方法，其实并没有定数，这是经验和想象力层面的问题，而非法律和技术层面，所以也并非我们要探讨的内容。

如何撰写有效的、符合委托人意愿的分配条款在实务中是有经验可以借鉴的。在信托分配条款的撰写过程中，我们需要注意四个问题：其一，撰写的条款是否能够清楚地表达委托人的意思；其二，委托人的意思能否通过所撰写的条款被妥善地落实和执行；其三，所撰写的条款中是否存在未考虑到的隐藏情况，以及是否需要为受托人预留自由裁量的空间和权利；其四，撰写的条款是否在法律层面正确且有效。

1. 分配条款能否清楚地表达委托人的意思

撰写的条款能够准确表达委托人的意思，看起来是一个很容易达成的要求，但事实上在实务中却并非如此。造成问题的原因可能来自两个方面：其一，目前家族信托及保险金信托的业务模式主要以银行等渠道方金融机构为主导、信托机构为辅助的形式存在。这样的形式就造成了委托人实际很少与受托人直接进行沟通交流，委托人的意思主要是通过渠道机构的工作人员传递给受托人，这里就可能存在沟通障碍。渠道机构的工作人员对于委托人的意思转述是否准确、信托机构的工作人员对转述的内容是否理解到位、在这个过程中各机构的工作人员是否愿意投入精力去向委托人核实确认其需求和意愿等，这些阶段中的瑕疵最终都有可能歪曲委托人的真实意愿。加之最终大部分委托人并不会聘请专业人士对信托文件进行审核和把关，仅凭感觉自行审阅，这就更导致了最终委托人的真实意思不能在条款中准确表达。最极端的例子如部分信托项目终止后的信托财产归属方案是完全相同的标准化设置，且与受益人的实际情况虽然在理性上可以匹配，但在感性上存在问题。例如，信托财产在委托人的子女死亡后不考虑委托人子女是否存在继承人的问题，直接归属于委托人的兄弟姐妹。当然并不排除委托人本意如此，但更大的可能性是信托合同设立时受托人未与委托人就权利归属人作细致的沟通讨论，委托人本身也并未注意和理解相应条款，就直接沿用了之前的格式版本。

其二，受托人在撰写分配条款时，对部分委托人需求的表述不够准确和有效。例如部分信托机构将向受益人的日常分配表述为“每年向第一受益人分配人民币 ××× 万元”，这样的写法并不够明确和具体，实际上是将每年是自然年还是信托年、每年的什么时间点向受益人分配的问题都交由受托人自由裁量。再比如，约定“每年向受益人分配的是初始信托财产以外的收益”，完全没有明确收益的计算方式，也没有考虑追加、大额分配以及亏损或是亏损和盈利可能交替出现等客观情况。当然也确实存在部分委托人需求过于复杂或是空泛，从而难以准确表述的情况，那么这时受托人就需要与委托人进行充分沟通，将其需求进行拆解，逐一与其确认后再进行具体分配条款的设计。例如，某委托人要求在其死亡前后对受益人的分配模式和幅度进行区分，同时受益人的年龄、婚育及教育就业等情况对具体的日常分配也会产生影响，此时因为相关变量较多，就需要对这些要素通过拆解和组合的方式进行分别表述，同时也需要注意各条之间的逻辑关联。

2. 委托人的意思能否通过分配条款被妥善地落实和执行

条款能够被实际落实和执行，还是仅停留在纸面之上，无法在实际信托财产的管理运用过程中被履行，对于这一点，有几个要关注的地方。一方面，受托人客观上有没有落实条款的能力，这一点有时候会被忽视。大部分情况下委托人并非信托机构的客户，难以直接与受托人建立有效的沟通，相关工作人员有时候就会为了项目的落地而忽视信托机构的客观能力问题。当然说到底，这一问题其实是信托机构本身的管理能力不足造成的，但短期内由于民事信托业务的特殊性，可能会广泛存在这样的问题，而且这里所谓的能力不足，并不是要求信托机构做多么高难度或是复杂的操作，常常信托机构无法做到的就是一件看起来极为简单的事情。例如，目前部分信托机构只能实现按年或是按季度进行分配的需求，无法实现按月分配的需求。理由在于其分配需要由人工手动发起流程，如果开放按月分配的设置，每一个受益人每年可能就会增加十余个流程，一年就会增加几千甚至几万条流程，以目前的人力难以覆盖和解决。类似的情况还包括受托人是否有能力和人力承担实质的核查工作、是否可以根据指示进行高精度的投资管理工作等。这些问题与受托人本身的人力投入与系统建设等因素均有直接联系，在设立信托时受托人与委托人需要进行充分的沟通和考量，很多时候与其设立高目标导致受托人难以实现以至于敷衍了事的情况，不如主动降低要求以求达到预设的效果。

另一方面，条款在实际履行之后，可能存在某些情况使得纸面上的内容与委托人想象的结果一致，但履行的效果却与委托人想象的结果不符。最简单的例子就是，信托设计为委托人死亡后，将信托财产分配给受益人。委托人希望实现的是信托财产能传承给自己的子女，但是却忽视了子女年幼，以及委托人自身可能发生意外的特殊情况。在这一委托人意外身故后，信托进行分配，子女很可能因为年幼导致获得的财产实际被掌握在其并不亲近的监护人手中，这就有很大可能造成委托人意愿的落空。对于这一案例，就需要对子女的监护人提前进行安排，或是直接从信托层面将子女获得主要信托财产分配的时间点设置在其能够实际控制财产的年龄段之后，前期仅分配合理的生活费用。还有委托人为受益人设置了教育激励，但是奖励的标准是“市重点”“211、985学校”等，类似此类通过设定具体条件进行对应分配的方案，如果着眼于现在，相关标准确实是明确的、可以适用的，但如果将时间维度拉长，就可能产生变化或是失效。例如这里提到的“市重点”等概念是一种行政层面的概念，在未来存在变化或是消失的可能性的。

3. 隐藏情况的遗漏及受托人的自由裁量

有时候分配条款的撰写就像在做分情况讨论求解的数学题，分情况的时候就需要注意是否有遗漏、重叠和错误。例如在信托中作出，如果某受益人发生被法院判决需要承担金钱给付债务的情况，就停止向其分配，在其履行完毕后再恢复分配，或是某受益人受到刑事处罚，就停止向其分配，等处罚完毕后再继续分配的设置。这其中对于停止分配后，信托利益是否累计，若累计，在特殊的分配金额计算方式下如何计算，以及恢复后是否一并发放等方面就出现了安排上的遗漏。同样地，对于刑事处罚的主刑和附加刑也没有进行区分，这也会对后续实际分配的操作产生困扰。类似还有设置了高中和大学期间不同的分配方案，但未考虑未就读大学的情况。有时这些问题给人一种吹毛求疵的不适感，但如果真的想要完成一份妥善的规划，可能确实不得不采取这样的工作方式。

出现遗漏的后果，就是被遗漏的事项可能会交由受托人进行自由裁量。例如前文提到未考取大学的情况，受托人出于保障受益人日常生活的信托目的，并非不可以主动向其进行分配。确实设立信托不可能做到事无巨细，总有需要受托人自由裁量的场合，但上文的情况是一种被动地将裁量权交给受托人的情况，这种自由裁量并不在委托人的规划之内。这就有可能造成两个问题：其一是最终的结果可能并不符合委托人的希望。其二是在目前的境内民事信托中，受托人对自由裁量权并不抱有一种积极接纳的态度，反而可能是排斥的。基于对风险的担忧和长期以来的业务习惯，实际上受托人更希望根据信托合同进行刻板操作。在可做可不做时，受托人一般都会秉承不做不错的心态来处理信托事务，或者说忠实地贯彻了“法无授权不可为”的行为模式。如果在信托合同中未设置具体的分配方案，受托人基本不可能主动进行分配，这实际也会导致委托人真实意愿的落空。

所以我们应该尽量避免这类被动的自由裁量权的赋予，但这并不是说不需要去考虑主动赋予受托人自由裁量的事项和权限。因为社会并非一成不变的，要真正保证一个信托能够经历长时间的考验长久运作，就需要通过赋予受托人或其他相关人自由裁量的权利来对信托设计进行修补和更新，但这种权利的赋予需要是主动的、在规划之中的。例如将“211、985 学校”作为教育激励的分配衡量标准，如果受托人有权根据客观情况适用这一标准进行教育激励，而非刻板地适用这一标准，其实就可以解决很多问题。再比如适当赋予受托人一定权利，在受益人因为就医、教育及生育等情况出现了合理的大额支出时，受托人可以根据目前信托内财产的客观情况，结合信托目的以及受益人的紧急程度自行作出分配的判断，可能就可以解决一些通过刻板约定难以解决的问题。当然对于受托人的自由裁量权也可以进行一定的制衡和监督，但总体来说效果应该都会优于一味地禁止。

4. 分配条款在法律层面的正确和有效

虽然将分配条款在法律层面是否有效的问题放在最后，但这是我们业务中时常被忽视，却也最为重要且要求较高的一个问题。因为这一点不仅要求我们有撰写条款的能力，同时要求我们对《信托法》及其他相关法律有一定的理解，能够在信托文件的撰写过程中加以运用。最为直观的例子在于分配方案的设计是否违反公序良俗，例如委托人要求受益人不得与某位女子结婚，否则就剥夺其受益人身份，若其与其他女子结婚则可以获得高额的信托财产分配。这一条款如果直接约定在信托文件中，可能会因为妨碍和破坏婚姻自由而无效。但如果设置为受益人与某女子结婚，每年向其分配 1 万元，而与其他女子结婚则每年向其分配 10 万元，实质上同样可以符合委托人的需求，且大概率可以保证该条款的有效性。再比如，条款约定某受益人死亡后其受益权由其继承人均分，这一条款就可能忽略了第一顺序和第二顺序继承人均称为继承人，以及孙子女并非继承人的问题。可能因为忽略了这两个方面导致最终的设计结果与委托人最初的意愿大相径庭。

另外在前文提及的，因为受益人和权利归属人身份的混淆产生了无效的约定，以及受益权的转让和继承均需要受到在此之前对该受益权所施加的条件的限制，如果针对某一特定受益人的生存设定了具体的分配方案，在该特定受益人死亡后，继承受益权的人实际上已经无法获得分配。这一结果就与委托人最初希望的，享有该受益权的受益人不论是哪一代子女始终可以获得稳定的生活费用的计划不符。在实务中，部分信托机构因为内部流程和风控需要，要求分配条款中明确分配对象姓名和身份证号，这其实是在根本上改变了分配条款的性质，使其产生了专属性。类似的问题，很难通过列举的方式进行讨论。民事信托可能与信托当事人的民事生活各方面产生联系，这些联系都可能会产生类似的问题，只能依靠我们在具体个案中进行甄别和判断。这也意味着民事信托需要我们对《信托法》以及与之相关的其他法律有一定程度的把握和理解。

（五）信托的合法有效

《信托法》第十一条中对信托无效的情况进行了规定。信托法作为特别法，在其没有规定的情况下，可以适用《民法典》的相关规定对信托关系进行调整。所以要确保设立的信托有效，还需要其在《民法典》的层面经受住检验。这里选择了一些尚未提及的问题进行探讨，之前已经讨论过的问题就不再重复。

1. 信托目的违反法律、行政法规或者损害社会公共利益

正常情况下，一般不会出现民事信托因信托目的违反法律、行政法规或者损害社会公共利益而无效的情况。在通过信托机构以外的受托人设立信托时，一般会由专业人士进行把关，是否存在违反法律、行政法规或者损害社会公共利益的问题也较为容易识别，所以很容易避免。在信托机构担任受托人时，一般会要求以家族信托、家庭信托或是保险金信托的形式设立民事信托，信托机构对于相关的设立目的进行把控。同时因为这类业务要求委托人与受益人之间是家庭成员的关系，大部分信托机构在办理业务时也会要求提供亲属关系证明。所以排除某些极端特殊的情况，基本可以杜绝设立时因信托目的违反法律、行政法规或者损害社会公共利益而无效的情况。

不过在信托存续阶段，有一种情况需要注意。部分信托机构在

家族信托等民事信托存续期管理的过程中存在规范上的漏洞，存续期内允许委托人变更受益人，却不审查或是简单审查受益人身份，导致委托人可以在存续期将非亲属受益人加入信托。在这种情况下，再结合信托本身的结构设计和具体的管理操作若存在嫌疑，就可能推断出委托人的信托目的违反法律、行政法规或者损害社会公共利益的结论。

《民法典》中也规定了民事法律行为违反法律、行政法规或公序良俗时无效[①]。但《民法典》中的表述侧重的是法律行为客观上是否违法，而《信托法》中则表述为是否违反“信托目的”。当然一般情况下，目的是要通过行为来推导的，但也可以通过有关信托目的的某些信托文件的表述和项目结构设计直接进行判断。目前不乏金融机构打着民事信托的旗号，通过设立民事信托的方式，绕过相关的监管、内控，甚至部分法律和行政法规的规定开展业务。在业务中出现了将家族信托变成资金池的倾向，或是通过家族信托、服务信托的概念主动向客户推荐方案帮助客户逃避税收，抑或通过设立家族信托绕开监管规定向委托人或其关联公司发放高额利息的借款等。当然如果委托人的目的本就在于此，那么信托确实应当无效。但如果委托人本身存在正当的信托目的，还是要把握住相关的“红线”，不要因为贪图这些利益导致根本的信托规划受到损害。

2. 委托人以非法财产或者本法规定不得设立信托的财产设立信托

《信托法》第十一条中规定“本法规定不得设立信托的财产”

①《中华人民共和国民法典》第一百五十三条规定：“违反法律、行政法规的强制性规定的民事法律行为无效。但是，该强制性规定不导致该民事法律行为无效的除外。违背公序良俗的民事法律行为无效。”

主要指的是《信托法》第十四条中“法律、行政法规禁止流通的财产”[①]，这类财产包括带有人身属性的权利如自然人名誉权、健康权等，以及宅基地使用权之类有严格限制和要求的财产。不过这类违反法律的情况目前一般处于理论之中，在实务中基本不会遇见。

而“非法财产”的概念在《信托法》中并没有明确的阐述，根据《信托法》第七条的规定，或许可以将“非法财产”理解为并非委托人合法获取、合法占有的财产。目前家族信托业务中，部分信托公司对资产来源仅作形式审查，甚至只需要委托人个人的承诺就能够设立信托，这样的操作就可能会存在一定风险。当然以受赠资产、代持资产等特殊资产设立信托并非无效，但由于其中隐藏有特殊目的或是其他不可探究问题的可能性大大增加，确实会增加信托无效的风险。不过金融机构作为受托人，对信托资产来源的审查手段存在很大的局限性，同时一般也会在相关协议上进行免责，由委托人或是受益人本身承担信托无效的风险和损失。但对委托人来说，如果希望设立的信托能够实际发挥作用，还是需要对将用来设立信托的财产进行一定梳理和处置，以避免上述问题的出现。

3. 专以诉讼或者讨债为目的设立信托

以诉讼和讨债为目的设立信托适用的场景相当有限，一般情况下，即使将债权加入民事信托，只要信托本身设立的目的并非单纯的诉讼和讨债，那么受托人在管理信托的过程中，为了实现债权进

---

① 《中华人民共和国信托法》第十四条规定：“受托人因承诺信托而取得的财产是信托财产。受托人因信托财产的管理运用、处分或者其他情形而取得的财产，也归入信托财产。法律、行政法规禁止流通的财产，不得作为信托财产。法律、行政法规限制流通的财产，依法经有关主管部门批准后，可以作为信托财产。”

行的追讨和诉讼行为就是合理的，并不能以此认定信托无效。同时也需要结合受托人实际做了什么、受托人报酬是否合理、受托的期限、受托人是否管理类似其他信托等因素进行综合判断。当然禁止以诉讼或是讨债为目的的信托也存在相应的时代背景，在目前法律允许相关机构从事合法收债业务的情况下，依然在这一问题上对信托进行严格限制，可能必要性确有待探讨，但在法律修订之前，这一问题依然是原则性的“红线”问题。不过针对具体情况，在法律适用上或许可以适当放宽。

4. 无民事行为能力人实施的民事法律行为无效

在设立信托时，对于委托人的行为能力，受托人当然需要有一定的判断。这其实是一个简单的问题，但在实务中却也会存在一些纰漏的情况。虽然受托人在法律上是一个独立主体，但受托人本身也是一个商业机构，有前中后台的人员岗位设置。对于承担业绩压力的前中台来说，自然是希望增加业绩，而设置后台的一部分作用就是杜绝在这种心态下促成的带有瑕疵的业务。但是近年来家族信托业务的暴发式增长，使远超传统商事信托业务的业务量一直在冲击信托公司为商事信托业务模式搭建的风控体系，就有可能导致后台的审核机制和风险控制机制失效。另外，其他金融机构作为渠道方承担与客户对接的角色，是纯粹的销售机构，也是以业绩为导向的。两者相加，就有可能导致信托设立过程中对于委托人行为能力的判断出现人为的瑕疵。

在实务中，判断委托人行为能力的方式，除了年龄这一客观的限制条件，还以与委托人沟通交流时的主观判断为主。信托机构的员工往往在前期接触不到客户，甚至在整个业务从开始接触到设立再到后续存续期管理期间，与委托人面对面的机会仅止于“双录”[①]。那么这时就可能出现两种情况：一是工作人员故意隐瞒或忽视了委托人的行为能力问题。由于双录的话术模板都是固定的，委托人的回答也是简单的“是与否”，于是其中就存在操作的空间。二是工作人员即使发现了异常，主观上也不一定会选择终止业务。而且具体项目在审核的过程中，由于工作量的问题，审核人员也不一定会去仔细辨别具体的双录内容。这样就使得民事行为能力出现问题的委托人依然得以设立信托。商事信托业务不用过多地在意委托人的行为能力，是因为商事信托都是自益信托，信托财产最终会回到委托人手中。但民事信托一般是他益信托，信托财产最终是要根据委托人意志进行分配的，那么在分配过程中就会牵扯到家庭内部的纠纷和矛盾，委托人民事行为能力瑕疵在诉讼中就会成为一个致命的问题，当然这里更应考虑到委托人的自由意志实际在信托设立之时已经遭到了侵犯。

另外，在信托存续期间，由于委托人可能在信托中享有极大的权利，加之受托人与委托人的沟通渠道并不顺畅，一般情况下，受托人都是完全按照委托人的书面指令进行相关管理和操作的，其间也不会与委托人进行直接的沟通交流。此时就有可能出现，委托人在信托存续期间丧失民事行为能力甚至已经死亡，而他人利用委托人名义控制信托的情况。由于目前大部分受托人对该问题没有设置任何审查，同时在业务中夹杂着渠道金融机构的参与，本身也存在类似于配偶代签、扫描件等处理方式，使得信托存续期的管理问题

① 双录指受托人的工作人员在与委托人确认设立信托意向及其他相关信息时进行同步录音录像。

存在着巨大的漏洞和风险。如果发生相关的诉讼，他人完全可以在收集某一时间点委托人民事行为能力出现问题的证据之后，挑战其后受托人收到委托人指令所作出的全部行为的有效性，而这些行为大部分在实务中都是分配、变更受益人以及变更分配方案等关键性的行为。而受托人这样粗糙的管理模式，肯定也是违反信义义务的，属于《信托法》第二十三条“处分信托财产有重大过失的”的情况。

5. 擅自处分共有物

《民法典》第三百零一条对共有物的处分作出了规定[①]。在民事信托中最典型的情况是，委托人未经配偶同意，用夫妻共同财产设立信托。在日常生活中家庭成员之间共有的情况比较多见，甚至非家庭成员之间也存在共有的可能。以处分夫妻共同财产为例，委托人未经其配偶同意以夫妻共同财产设立信托的行为是一种无权处分，且处分的结果直接造成了夫妻共同财产减少，故而一般是无效的。受托人在客观上缺乏识别夫妻共同财产的手段，具体信息也依赖于委托人提供，一般情况下受托人也会通过信托文件的约定进行免责。

目前，部分信托机构要求委托人配偶签署的财产声明中会出现，类似于委托人配偶对于后续委托人可能追加的财产放弃所有权，该部分财产属于委托人个人财产的表述。委托人配偶签署后，委托人后续追加的信托财产，受托人将不再要求委托人配偶同意。但这类约定的有效性可能是存在问题的，一方面，类似约定属于事

① 《中华人民共和国民法典》第三百零一条规定：“处分共有的不动产或者动产以及对共有的不动产或者动产作重大修缮、变更性质或者用途的，应当经占份额三分之二以上的按份共有人或者全体共同共有人同意，但是共有人之间另有约定的除外。”

前弃权行为，委托人何时追加，追加多少金额都是不确定的，所以委托人配偶事先放弃的财产处于不确定的状态；另一方面，这里放弃的财产属于委托人配偶在夫妻共同财产中的份额，这种放弃可能在未来对委托人配偶造成经济独立和自由的限制，可能是违背公序良俗的。而类似文件签订的过程往往在实务中也存在瑕疵，委托人配偶对于放弃权利的同意有时是处在不知情或是不理解的状态下作出的，其本人实际不存在放弃财产的意愿。所以类似的追加行为，依然可能因为委托人擅自处分夫妻共同财产而无效。

6. 通谋虚伪

《民法典》第一百四十六条规定了民事行为相对方之间通谋虚伪的法律行为无效[①]，这类情况其实在实务中较难发生，除非委托人与受托人在设立信托之时就抱以某些不宜公之于世的目的。目前部分家族信托中会存在以投资而非传承为目的设立信托的情况，表现在信托文件中也比较明显，例如夫妻中一人设立信托，三年后信托终止，信托财产平均分配给夫妻二人。这样的分配方案基本可以确定委托人设立信托的目的并非如信托文件所说进行传承，而是投资理财。但这样的情况并不能得出信托无效的结论，投资本来就是设立信托的重要目的之一，在信托文件中也会有具体的约定，所以这部分意思表示是真实存在的，并不存在通谋虚伪的问题。而37号文中虽然要求家族信托的设立不能以投资理财为目的，但其并非法律或行政法规，不能实际影响信托在法律上的有效性。不过由于

① 《中华人民共和国民法典》第一百四十六条第一款规定：“行为人与相对人以虚假的意思表示实施的民事法律行为无效。”

不符合37号文的要求，该信托可能会被要求适用资管新规等监管规定，在监管上不再被作为家族信托对待。

二、民事信托的变更

基于社会的发展和变化，长期存续的民事信托客观上是存在变更的必要性的，当然在某些情况下这种变更实际上是通过受托人行使自由裁量权来完成的。除此之外，在实务中民事信托的变更主要通过两种方式进行。对于变更受益人、变更分配方案及变更保护人等由委托人通过信托文件约定保留权利的事项，一般由委托人向受托人出具具体指令进行变更。其他事项一般通过委托人与受托人合意签订补充协议的方式进行变更。可以看到，无论哪一种方式，委托人在变更这一事项中都扮演着极其重要的角色。

（一）信托财产管理方式的变更

在实务中，由于政策、监管要求及市场情况的变化，导致信托的变更并不少见。虽然之前也提到过，保护人在信托中也可以享有变更信托合同的权利，但可能由于实际业务中保护人的权利来源并不清晰，或是基于受托人自身对信托关系带有合同的思维惯性，导致部分信托机构除去合同约定的特殊事项，仅接受与委托人本人签订补充协议的方式对信托进行变更。这一现象也使得部分信托机构对委托人死亡后如何变更信托产生了不必要的顾虑，甚至于出现了有一些受托人在委托人死亡后情愿接受委托人的继承人签订补充协议也不接受受益人签订补充协议的情况，这显然是对于信托关系本身的理解出现了偏差。造成这一实务问题的原因不能简单地归结于对信托制度理解的不足或是商事信托的业务惯性，有一大部分原因可能要归结于我国信托制度的立法本身存在不明确之处，最终导致在信托实务的特定问题处理上，有时候反而出现了《民法典》对于合同的相关规定优先于《信托法》被适用的局面。

《信托法》第二十一条与第四十九条，授予了委托人与受益人在一定情形下要求受托人调整信托财产管理方式的权利。从具体规定来看，如果出现了因设立信托时未能预见的特别事由且致使了信托财产的管理方式不利于实现信托目的或者不符合受益人的利益的情况发生，委托人或受益人任意一方，都可以要求受托人调整信托财产的管理方式。这里未能预见的特别事由可以是客观的监管要求发生变化，可以是法律规定出现了调整，也可以是市场环境或是社会环境发生变化导致原先的投资策略难以满足信托目的的需要，实际上并没有明确的限制和标准。从法律规定来看，实际用于变更信托财产管理方式的补充协议，不论是由委托人与受托人签订，还是由受益人与受托人签订均是可行的。补充协议可以看作是委托人或受益人一方向受托人提出变更要求后，通过书面协议的方式与受托人对变更内容进行的确定。当然如果委托人与受益人共同向受托人提出变更信托财产管理方式的要求也并无不可，所以委托人、受托人与受益人也可以共同签订补充协议。

然而，虽然上述条款已经满足实务中的运用要求，但也并不代表不存在问题。主要有三点需要细化和明确：其一，对于这一变更，受托人的意见是否需要被考虑。其二，委托人与受益人意见不一致的时候该如何处理。其三，相关变更如果仅考虑委托人或是受益人一方的意思表示是否合理。对于前两个问题其实在具体实务中已经被模糊地处理了，基于目前境内民事信托的业务环境，当事人一般通过签订协议的方式变更，很少有由委托人或受益人主动向受托人提出变更要求的情况。相反，相关变更的需求基本都是由受托人首先提出的，先不讨论这类需求是否符合变更信托财产管理方式的条件，在实务操作中，受托人并不会与受益人进行沟通，仅会与委托人沟通相关的变更内容，再以协议的方式进行确认。所以在这个过程中受益人的意见本身就是被忽略的，而受托人的意见则是被充分考虑的，所以第一点和第二点在实务中基本就不会成为变更的阻碍。但对于第三点，虽然法律没有明确规定，但确实在实务中存在相关变更可能损害受益人利益的情况，在信托文件没有明确约定的情况下，如果仅凭委托人单方的意思表示或是委托人与受托人的合意就能进行变更，似乎并不合理。当然在目前《信托法》并未修订且未出台具体解释的情况下，可能除了在信托文件中对相关问题进行特殊约定并无其他有效的办法去解决这一问题，但实际上由于信托设立之初，信托文件均是由委托人与受托人协商订立的，所以在订立过程中是否会在减损委托人权利的结果下去考量受益人的权利是存疑的。

（二）受益人的变更

对于受益人的变更或受益人的受益权处分，在《信托法》第五十一条中有相关的规定。但在实务中，该条的前三项规定，也就是“（一）受益人对委托人有重大侵权行为；（二）受益人对其他共同受益人有重大侵权行为；（三）经受益人同意”基本处于不常使用的状态。因为该条规定变更受益人的主体是委托人，而在实务中，一般信托文件对于受益人变更的权利均会约定由委托人保留，且并不会对其进行任何的限制，也就是属于第四项“（四）信托文件规定的其他情形”所规定的情况。所以对于变更受益人的权利，在目前境内绝大多数的民事信托中均属于信托文件本身就赋予委托人的权利，第五十一条前三项在实务中受益人的变更上基本没有适用的必要和可能。

但确实，如果在信托中委托人未保留变更受益人的权利，第五十一条前三项的内容或尚不足以应对民事信托的复杂需求。对于受益人的变更问题，虽然并不建议将权利全盘由委托人保留，但也同样不宜毫无保留交由受托人自由裁量。对于相关事宜，在信托设立时，委托人与受托人之间应当充分沟通并妥善地进行设计，以促使受益人的选定在能够符合委托人意愿的同时，最大程度上保证信托财产的独立性。

三、民事信托的终止

《信托法》中对于信托的终止情形，实际上笼统地涵盖了信托的终止、信托被撤销以及信托被解除三种情况[①]，此处分别进行讨论。

（一）信托的终止

《信托法》第五十三条规定了信托终止的六种情况。除了第五

① 《中华人民共和国信托法》第五十三条规定：“有下列情形之一的，信托终止：（一）信托文件规定的终止事由发生；（二）信托的存续违反信托目的；（三）信托目的已经实现或者不能实现；（四）信托当事人协商同意；（五）信托被撤销；（六）信托被解除。”

项及第六项，也就是信托被撤销和被解除的情形外，另有四种情况的发生会直接导致信托的终止。

其中第一项明确了通过信托文件约定终止信托的权利，信托的设计可以根据委托人的需要在适当的时间，或是在满足相应条件后终止。对于此，其实在具体信托设计时可以结合委托人设立信托的目的加以利用。例如，委托人设立信托的目的是将遗产作为信托财产通过信托分配的方式一次性地交付继承人，就可以将信托终止的时间设定为委托人死亡之时。类似的还可以将受益人结婚、生育或是大学毕业等作为信托终止的条件，或是将受益人具有独立控制信托财产能力的时间点作为信托终止的时间节点。如果设立信托主要是出于对受托人的认可，也可以将受托人死亡、丧失民事行为能力或是注销及进入破产程序等作为信托终止的条件。

目前实务中，信托文件对于终止的约定一般是以标准模板的方式出现的，但并不能说终止条款在设计上未得到充分利用，因为部分通过终止实现的信托目的也可以直接通过自由的分配设计实现，无须终止信托。而在部分信托项目的信托文件中会约定在发生受托人辞任事件或受托人解任事件时，委托人具有单方终止信托的权利。在目前实务中辞任、解任和选任新受托人的规定和操作普遍并不明确的基础上，给予委托人终止信托的选择确实具有现实意义。而由于保险受益权的不确定性，所以针对保险金信托也会作特殊约定，在信托财产仅有保险金受益权时，如果无法收到保险金，受托人可以终止信托。另外，一般也会约定信托财产总值长期低于某一金额时，受托人可以终止信托，这也是相对合理的。当然在个案中也可能会出现特殊的情况，例如信托财产由委托人在一定时间内分批装入信托或是信托财产的使用存在阶段性需求时，一般对信托文件也会作出相应的修订。

对于《信托法》第五十三条第二、三项的内容，“信托的存续违反信托目的”与“信托目的已经实现或者不能实现”有时存在重叠之处，且相对来说较为容易理解。例如，委托人以支持受益人高等教育为目的所设立的信托，那么受益人毕业即可视为信托目的已经实现；受益人若意外身故则是信托目的不能实现的情况；而若受益人已经就业但依然在领取信托收益则属于信托的存续违反信托目的。在实务中，对于信托目的条款的约定，委托人与受托人往往不太在意，多是以格式模板的形式存在，但信托目的对于一个信托来说是核心问题，一个宽泛的信托目的可能会导致信托的存续违背委托人的期望和预期，同时也会扩大受托人的自由裁量权，所以信托目的的设置应该根据客观情况去认真对待。《信托法》第五十三条第四项，信托当事人协商同意的规定似与受益人同意解除信托的情形有所重复，在下文中将进行论述和比较。

（二）信托的解除

对于委托人解除信托的情形，除了《信托法》第五十条赋予自益信托委托人的任意解除权之外，主要规定于《信托法》第五十一条之中。具体在受益人对委托人有重大侵权行为、经受益人同意及信托文件规定的其他情形这三种情况下，委托人可以解除信托。[①]

---

①《中华人民共和国信托法》第五十一条规定：“设立信托后，有下列情形之一的，委托人可以变更受益人或者处分受益人的信托受益权：（一）受益人对委托人有重大侵权行为；（二）受益人对其他共同受益人有重大侵权行为；（三）经受益人同意；（四）信托文件规定的其他情形。有前款第（一）项、第（三）项、第（四）项所列情形之一的，委托人可以解除信托。”

这三者与委托人变更受益人的条件是重合的，但不同的是，在目前的实务中，信托文件中虽然都会约定委托人保留任意变更受益人的权利，但基本不会赋予委托人任意解除信托的权利，甚至会明确表示委托人、受益人等相关人不得解除信托。出现这样区别的原因在于，境内信托机构清楚地意识到，一旦委托人享有任意的解除权，信托财产的独立性基本就不存在了，因为委托人对信托始终保有最终的控制权。所以同样是“信托文件规定的其他情形”，在变更受益人和解除信托两件事上，信托机构出现了截然不同的选择和处理。当然，在之前有关信托“击穿”的内容中也提到过，委托人对于变更受益人权利的保留，如果处理不当，一样可能破坏信托财产的独立性。

而在实务中，存在的问题在于，虽然委托人不享有任意解除信托的权利。但又往往会通过信托文件的设计，在实际上授予委托人这样的权利。举个例子，委托人可以任意变更受益人和分配方案，同时一旦信托财产全部向受益人分配完毕，信托自动终止。如此，其实委托人实际上依然享有任意终止信托的终极权利，甚至可以随意取回信托财产，信托财产的独立性将有很大可能受到挑战并且最终荡然无存。而对于信托文件中类似“信托为不可撤销信托，委托人或受益人不得解除信托”的相关条款，可能在相关诉讼的抗辩中也并不能提供多少正向价值。当然信托财产的独立性并非设立信托的唯一目的，但是对于信托财产的独立性存在需求的委托人却需要在这个问题上投入最大的关注。

另外，对于《信托法》第五十一条第一款第三项“经受益人同意”，可以理解为委托人与受益人合意解除信托的情形。在该种情形下，信托的解除无需经过受托人同意。这一规定其实与《信托法》第五十条的规定存在一致性，或者说第五十条是第五十一条的一种特殊情况，也就是当委托人和受益人为同一人时，自然不必再获得受益人的同意即可解除信托。委托人与受益人可以共同决定解除信托，无需经过受托人的同意，受托人也无拒绝的理由，而因解除信托对受托人造成的损失，受托人自然也可以另行主张。这种情况与《信托法》第五十三条第四项"信托当事人协商同意"的情况又存在区别，具体在于第五十三条第四项是要求委托人、受托人与受益人三者达成终止信托的合意。虽然三者达成合意终止信托的规定看似麻烦，但在实务中信托的终止，更多还是采用《信托法》第五十三条第四项的规定，也就是委托人、受托人及受益人三方协议终止的方式，而非委托人与受益人合意解除的方式，这可能是因为目前境内信托机构本身对于民事信托的终止并无太大的阻止意愿。同时，委托人与受益人甚至包括受托人可能并不清楚，委托人在获得受益人同意的情况下具有解除信托的法定权利。目前在大部分民事信托中，设立信托的目的本就是以投资为主，使得委托人极易获取受益人的同意以解除信托，这对于受托人来说在未来可能产生麻烦。但反过来说，既然委托人有此法定权利，那么在具体信托设立时，就可以考虑适当减少和限制委托人通过信托文件所保留的其他权利，特别是放弃保留一些敏感、关键的权利，以确保信托财产的独立性能够发挥作用。

另外，在实务中也存在部分信托项目以委托人与受托人合意通过签订协议的方式，未经受益人同意终止信托的情况，该情况的发生主要还是因为存在将信托关系当作普通合同关系、将信托的委托人和受托人作为普通合同关系中的合同相对人的误解。实际上，委托人与受托人合意解除信托的方式并不符合我国《信托法》关于信托终止和委托人解除信托的相关要求。虽然一般在信托文件中可能存在类似于委托人与受托人协商一致可以书面变更或终止信托的条款，勉强可以认为委托人与受托人合意解除信托属于“信托文件规定的终止事由”或是“信托文件规定的其他情形”，但难免会存在争议和风险，而且信托始终是为受益人利益存在的，故即使信托文件中存在类似规定仍应谨慎行之。另外，虽然我国《信托法》中并没有规定在某些情况下，仅全体受益人合意一致即可单方面解除信托的情形，但其实这种情况在实务中是存在适用场景和需求的，其必要性也值得我们思考，在具体项目中也可以考虑通过在信托文件中进行特殊约定的方式实现。

《信托法》将信托被解除的情况规定在信托终止的情形之内，说明了委托人解除信托的，将发生信托终止的法律效果，也就是信托解除之前发生的法律行为依然具有效力，而信托终止之后信托财产将按照信托文件的规定或法律规定确定归属。①

（三）信托的撤销

对于信托被撤销的问题，存在《信托法》第五十三条中规定的“信托被撤销”的情形与《信托法》第十二条所规定的债权人行使撤销权导致信托被撤销的情形，这两种情形的法律后果可能并不相同。同时，《信托法》第五十三条中所规定的“信托被撤销”的情形也与《民法典》关于撤销民事法律行为的相关规定，也就是

①《中华人民共和国信托法》第五十四条规定：“信托终止的，信托财产归属于信托文件规定的人；信托文件未规定的，按下列顺序确定归属：（一）受益人或者其继承人；（二）委托人或者其继承人。”

我们所熟悉的因意思表示瑕疵而导致民事法律行为撤销的情形①不相同。存在上述差异的理由在于，《信托法》第五十三条中所规定的“信托被撤销”属于信托终止的事由之一，如果债权人行使撤销权仅能产生信托终止的法律后果，其实对于债权人来说行使撤销权将没有意义。因为信托终止的后果仅是信托财产归属于相关人，委托人完全可以将自己排除在归属人之外，或是通过信托文件的规定将财产转移给第三人。如此一来，即使债权人行使了撤销权，也依然无法从委托人处执行任何原来的信托财产，因为信托财产已经由于信托的终止向相关人进行了分配，依然不会成为委托人的责任财产。所以如果要使得债权人权利得到保护，此处债权人行使撤销权的法律后果就应当与《民法典》中撤销法律行为的后果保持一致，也就是产生信托无效而非终止的后果。甚至周小明博士认为，把信托被撤销作为信托终止的事由是立法者的失误。不过既然《信托法》第五十三条中所规定的“信托被撤销”的情形依旧存在，那就需要我们在实务中对哪些撤销的情形仅发生信托终止的法律后果作出合理的解释。而此时可能符合的撤销行为有：其一，委托人保留撤销信托权利的情形；其二，委托人根据法定事由撤销信托的情形，此时的撤销和信托的解除之间几乎无法区分。②

①《中华人民共和国民法典》第一百四十七条至第一百五十一条。
② 赵廉慧:《中国慈善信托法基本原理》，中国社会科学出版社 2020 年版，第 201 页。

第五章　实务中特殊的民事信托

信托的灵活性是无穷的，而信托的灵活性也绝不仅体现在具体信托内容的设计上，针对不同需要，在信托结构上的创造和设计同样可以充分体现信托的灵活性。本章的内容并不是从信托的分类出发作出阐述，而是挑选分散于各维度分类方法下的，一些较为特殊的、存在应用价值的民事信托模式加以分析和介绍，以明确其在实务中的功能和问题。其中，将应用最为广泛的、最为热点的信托类型作为本章主要的研究对象。对于之前已进行了详细阐述的内容，在本章不再重复论述。

一、保险金信托

保险金信托一般是以合同的形式设立的，所以也属于合同信托，但由于在实务中，保险金信托将保险受益权作为信托财产，其结构和功能具有一定的特殊性和实用性，所以与家族信托存在一定不同。近年来，保险金信托业务的存量大有超过现金类家族信托的势头，所以对于保险金信托存在具体讨论的价值和必要。

（一）保险的险种

保险作为一种金融工具，在法律上也能发挥其独特的作用，但长期以来，人们对保险经常会存在一定误解。不过有意思的是，这种误解往往是向两个完全不同的方向发展的，一部分人认为保险什么用都没有，另一部分人认为保险什么都能做到。但如果专门讨论保险，可能内容并不会比信托少，所以这里主要还是从保险金信托的角度来探讨与保险相关的一些问题。目前能够装入保险金信托的保险险种主要有两种，一种是终身寿险，另一种是年金险。其实还存在一种万能险，或称为万能账户的保险形式，万能险一般会与年金险进行组合，就是将年金险的生存金直接用于支付万能险的保费，而不再支付给年金险的受益人。各家保险机构的万能险虽说称呼类似，但在产品设计上其实或多或少会存在一点差异，不过其本质上依然可以类比终身寿险或年金险，或是作为此二者之组合来进行看待。但一般万能险相较年金险或是终身寿险，会更具“存取”的灵活性以及更浓厚的投资属性。而在保险金信托的层面，由于万能险的处理方式一般与年金险相同，所以这里主要还是以终身寿险和年金险为主进行探讨。

年金险与终身寿险之所以能够被用来设立保险金信托，很大一部分原因在于这两种保险向保险受益人的赔付是能够确定会发生的事件。对于终身寿险来说，除了保险合同规定的例如被保险人两年内自杀、投保人杀害被保险人或被保险人吸毒导致死亡等极为特殊的情况外，基本可以确定只要被保险人死亡，保险受益人一定会获得保险赔付。而年金保险则更类似于投资理财产品，存在固定的收益率，只要保费缴纳完毕，就会在被保险人生存期间定期向受益人支付固定的生存金，在被保险人死亡时，也会向受益人支付一定金额的保险金，当然该笔保险金的多寡与实际领取生存金的期数和金额存在关联，但不论被保险人生存还是死亡，受益人基本可以确定能够获得对应的保险金。相较于这两者，其他险种类似于医疗险、重疾险及意外险等并不是不能装入信托，而是其发生赔付的可能性较小，所以在目前比较常用的保险金信托业务结构下，装入信托的意义并不大。虽然在未来这一情况是否会发生变化不确定，但至少目前保险对于信托，更多的意义还是提供了一种信托财产来源的方式。未来如果能够实现通过信托为信托受益人直接投保，将在信托层面赋予保险投资配置、对冲信托受益人人身及财产风险等更为丰富的意义，甚至使保险成为信托财产配置的必要品，此时信托中的保险险种才可能会逐渐丰富。

对于保险金受益权是否可以作为保险投保人的财产权利装入信托，虽然存有争议，但这里就不再讨论，因为至少目前这一做法在实务中基本获得了认可。而保险本身除了财产的增值功能外，其实也具有财产的定向传承的功能。保险的当事人有投保人、被保险人、保险人及受益人，而保险理赔的过程实际上就实现了投保人财产向受益人的转移。所以在一般的继承规划之中，保单经常作为一个定向传承的工具出现，可以较为便利地对现有资产作出提前的规划和安排，当然有时候也需要配合遗嘱才能在减少纠纷的基础上发挥作用。保单作为一种成熟的传承工具已经获得了认可，但部分对于保单可以用于隔离债务或是转移财产的宣传，实际上可能过于夸大了，或者说在实务中保单是否能够达到宣传中的效果完全取决于个案的客观情况。在债务隔离方面，如果在债权人向保险投保人主张债务时，保单已经履行完毕了，即已触发赔付条件并向受益人赔付了，那么债权人是不能向受益人提出任何主张的，这时候保单确实起到了债务隔离的效果。但如果保单尚未发生赔付，对于债权人能否向投保人主张执行保单的问题，虽然早年确实存在保单在司法实践中不能执行或是不知道怎么执行的问题，但自 2015 年 3 月浙江省高级人民法院发布《关于加强和规范对被执行人拥有的人身保险产品财产利益执行的通知》以来，就陆续有法院开始支持对保单的执行了，直至目前在《民事强制执行法（草案）》中首次在立法层面明确了人身保单现金价值的可执行性。① 虽然目前依然是草案，但可以看到在司法实践层面对执行保单现金价值的认可趋势，至少目前是绝对不可以再简单地认为保单可以隔离债务了。同样地，利用保单转移财产的行为，往往是基于一定恶意的，这样的操作在法律上一般都是禁止的，是不是会被撤销相关的行为很大程度上只是取决于在个案中能否发现和举证转移财产这一法律事实的存在。当然在目前的司法实践中，对于保单特别是存在时间较长的保单的调查取证依然是较为困难的，但这并不能掩盖使用保险转移财产存在着极大风险的事实。从法律工具的角度来看，保险具有优势和与之相应的问题是一种极为正常的现象，所有的法律工具包括信托在内都是如此，或者说在法律上本来也不可能存在十全十美的法律工具。

而在法律层面之外，保险还具有保值增值的功能，2022 年至 2023 年保险金信托的存量大幅度提升的一部分原因就在于这两年市场上权益类产品的业绩并不理想，而在金融产品打破“刚兑”之后，由于人寿保险合同是以人的健康和寿命作为标的的合同，加之

① 《中华人民共和国民事强制执行法（草案）》第一百五十九条规定：“被执行人的其他财产不足以清偿执行债务的，人民法院可以通知保险公司解除被执行人作为投保人的人身保险合同，依据本节规定执行其享有的现金价值债权。”

保险公司经营出现问题时的保单转让机制①的存在，使得人寿保险成了为数不多的可以实现“刚兑”的金融产品。一方面，由于人寿保险有明确且稳定的收益，加之收益率相对存款及理财产品来说存在优势，使得人寿保险具备了较高的资产配置价值，同时也成了信托层面极为乐于接受的资产；另一方面，由于家族信托业务存在一千万元的设立门槛，而保险金信托目前在监管层面并未有门槛要求，各信托机构一般自行提出以保额或保费计算总金额不低于一百万元至三百万元不等的标准，实际上是对家族信托业务门槛的一种变相降低，也符合更广大受众的需求。更为重要的一点是，保险与信托结合而成的保险金信托，确实可以在一定程度上扬长避短，发挥两者的优势，应对更为多样的财富管理和传承场景，实现更为丰富的个人需求。

（二）保险金信托的模式

所谓保险金信托，简单来说就是将信托委托人投保的人寿保险的受益人变更为信托受托人。在保险的赔付条件达成后，保险金会直接支付至受托人开设的信托财产专户，成为信托财产。在这个过程中投保人变更保险受益人需要经过被保险人同意，而被保险人变更保险受益人无需投保人同意，这就造成了为了增加后续能够切实

①《中华人民共和国保险法》第九十二条规定：“经营有人寿保险业务的保险公司被依法撤销或者被依法宣告破产的，其持有的人寿保险合同及责任准备金，必须转让给其他经营有人寿保险业务的保险公司；不能同其他保险公司达成转让协议的，由国务院保险监督管理机构指定经营有人寿保险业务的保险公司接受转让。转让或者由国务院保险监督管理机构指定接受转让前款规定的人寿保险合同及责任准备金的，应当维护被保险人、受益人的合法权益。”

收到保险金的概率，部分信托机构在保险金信托业务中仅接受保险投保人和被保险人为同一人的保单。

目前实务中的保险金信托业务存在 1.0 及 2.0 的模式。简单来说，所谓的 1.0 模式就是仅将保单受益人变更为信托的受托人，而 2.0 模式就是在这一基础上，再将保单的投保人也变更为信托的受托人。也就是说，变更后可以由信托受托人完成后续缴纳保费的操作，同时保单的现金价值也不再是信托委托人，也就是原投保人的财产，而变成了信托财产。不过在 2.0 模式的开展中，部分保险机构的操作方式是将信托受托人设定为第二投保人，原保单投保人的地位并未发生变化，此时虽然信托受托人可以代为缴纳保费，但并不代表保单的现金价值的所有人发生了变更，实际上与 1.0 模式相比在法律层面差异并不大。部分机构也将这种操作方式称为保险金信托 1.5 模式，一般作为 1.0 模式向 2.0 模式的过渡，目前正在逐步被 2.0 模式所替代。从目前的市场情况看，1.0 模式依然占据保险金信托业务方式的大多数，也并非所有保险机构或信托机构均能开展 2.0 模式。一个原因是部分金融机构对于相关法律及监管规定仍有疑虑，在内部合规风控的层面存在阻碍。另一个较为现实的原因在于信托受托人变更为保险投保人之后将承担更为繁重的事务管理工作，且漏缴保费可能产生比较重大的法律责任，这对于现阶段一些相关从业人员不足以及系统难以匹配业务需求的信托机构来说，也是一种抉择和挑战。在 2.0 模式之后，还存在保险金信托 3.0 模式，但由于目前在法律及监管层面均存在较大的阻碍，所以仅存在于理论之中。简单来说，3.0 模式就是允许信托受托人直接为信托受益人投保。这样的操作方式其实在境外信托中较为常见，且确实能在信托层面赋予保险更大的意义，同时通过不同险种的配置可以为受益人提供更为全面的生活保障，也是更为符合信托本身的设立目的和需求的。例如，可以为受益人投保重疾或医疗险，来对冲受益人的疾病风险，在受益人患病时降低信托财产在这类不可控风险上的损耗；也可以为受益人投保年金险，通过保险层面的定期生存金支付，保障受益人的日常生活费用，减轻受托人繁重的事务管理工作，使得信托层面的投资配置可以选择更为长期化和稳定化的配置方案，不用再考虑是否需要在投资配置的过程中预留足够的现金流。可以想见，3.0 模式的实现将为保险金信托，甚至说整个民事信托增添一种全新的色彩，希望未来保险金信托的模式能够更为完善。

保险与信托结合为保险金信托会为两者带来一些原先自身不具备的优势。首先对于信托来说，通过前端保险的设立，实际上通过保险的杠杆功能，使得原本直接设立信托的资金得到了放大。例如，通过三百万元保费，实际上撬动了一千万元的保险赔付，用一种相对稳定的方式增加了传承资金的总量。另一个比较容易让人忽视的功能在于，通过保险金信托的设立实际上极为简单地实现了一部分类似于遗嘱信托的功能。一方面，保险受益权虽然已经装入信托，但由于 1.0 模式下保单依然由投保人控制，所以在实际赔付发生之前，投保人依然可以进行保单质押或是减保等操作，也就是在其死亡之前保留了对保单的控制权。类似于遗嘱信托生效之前，财产始终是信托委托人的个人财产，并未向信托发生转移；另一方面，保险金信托实际上解决了遗嘱信托目前难以解决的一个问题，也就是委托人死亡后遗产如何交付受托人的问题。由于在保险金信托的结构下，被保险人死亡后保险金会由保险人直接向信托受托人支付，也就不会存在信托受托人在委托人死亡后难以获得信托财产的情况。

而对于保险来说，通过后端信托的嫁接，使得信托委托人也就是保险投保人获得了对保险所赔付的保险金的控制和规划的能力，甚至这种控制和规划可以在其死亡后依然发挥一定作用。当然这种作用是有局限性的，本身通过信托对受益人进行“无微不至”的控制就是不可行也是不现实的。不过保险金信托确实为保险金的使用提供了更加丰富的设计空间和可能性，这一点可以依靠信托分配的丰富设计来实现，可以从生活需要、医疗需要、教育就业以及生育婚嫁等方面进行全面的考量。另外，虽然很难说是一种优势，但在2.0模式下，由于保单投保人进行了变更，确实在司法实践层面大大增加了获取保单相关财产信息的难度。但要重申的是，这并不代表保单本身不再存在被执行的风险，保险金信托2.0模式不应该被作为一种转移财产的手段，对于这一问题还是需要理性对待，并作出合理合法的运用。

当然保险金信托也同样存在问题，最根本的问题在于大量保险金信托，特别是保险金信托2.0模式的存在实际上还是较为考验受托人的运营管理能力的。目前保险金信托设立较为简单，日后在大量保单开始赔付之后将极为考验受托人在面对海量流程事物时的客观承受极限。另外，在目前1.0模式甚至是2.0模式下，年金险装入保险金信托的价值并没有被充分体现。一则信托层面通过年金险生存金支付获得的资金极为有限，难以进行有效的投资规划，甚至很难说具备真正的投资价值。二则相较于受益人的实际需求和委托人的具体规划而言，少量的生存金又很难满足信托规划的整体需求，反而极大地增加了信托受托人的运营管理成本，难以发挥实际的作用。所以目前部分信托机构并不同意将年金险的生存金装入信托，而仅接受年金险的死亡赔偿金，但事实上如果年金险的被保险人存活时间足够长，最终在信托层面获得的死亡赔偿金可能相当有限甚至为零。可以说，在目前的情况下，将年金险装入民事信托产生的作用极为有限，年金险对于民事信托的规划价值较为鸡肋。目前的保险金信托业务模式极大地限制了年金险功能的发挥，可能只有等到保险金信托 3.0 模式实现后，年金险才能完全发挥其价值和作用。

所以总的来说，虽然保险金信托的结构较为简单，也存在一定的问题，但瑕不掩瑜的是，仅是民事信托与保险进行结合就为民事信托本身提供了更为广阔的设计空间和现实功能。同时也是因为其简单，所以保险金信托在实务中的运用基本不存在障碍，可以确保委托人具体的想法能够在法律层面较为妥善的落实。可以说，不论在金融层面，还是法律层面，保险金信托都是一种评价较高的工具。

二、遗嘱信托

《信托法》中认可以遗嘱设立信托的模式[①],《民法典》中虽然并无细节内容，但也有遗嘱信托相关的规定[②]。其实遗嘱信托在婚姻家事领域一直有适用空间，当然这与其能够满足的客观需求密不可分。一方面，从功能的角度来看，遗嘱信托无需委托人身故前将

① 《中华人民共和国信托法》第八条第一、二款规定："设立信托，应当采取书面形式。书面形式包括信托合同、遗嘱或者法律、行政法规规定的其他书面文件等。"

② 《中华人民共和国民法典》第一千一百三十三条第四款规定："自然人可以依法设立遗嘱信托。"

财产转交给受托人，可以保持委托人对财产的绝对控制，减少提前丧失财产控制对应的未知风险和内心不安；另一方面，在委托人身故后，相较于传统的遗嘱继承或是法定继承，遗嘱信托可以实现更多个性化的设计，确保遗愿的落实。委托人对于财产的控制也可以通过遗嘱信托在其身故后在一定程度上获得延续。这些看似都很美好，但事实情况是，目前境内真正存在的遗嘱信托数量基本为零。当然这里的遗嘱信托仅探讨那些根据被继承人个人意志主动推动设立的情况，并不包括一些在司法实践中，将被继承人的遗嘱被动地认定为设立遗嘱信托的特殊情况①，因为这样被动设立遗嘱信托的情况在设计上过于简单缺乏借鉴意义，诉讼也无法作为一种设立遗嘱信托的常规路径。总而言之，目前遗嘱信托确实因为种种问题难以被真正使用，这些问题可能存在于法律规定、实操以及信托机构自身限制等各个方面。

（一）遗嘱信托存在的问题

所谓真正的遗嘱信托，简单来说，就是指通过遗嘱设立的信托。自然人通过生前与受托人订立信托合同，以其死亡为条件或为起始的信托，不是遗嘱信托。自然人死后，自然人的继承人继承财产后根据委托人遗愿与受托人订立信托合同设立的信托，实质上与以继承人为委托人的信托无异，也不是遗嘱信托。也就是说，凡是通过委托人与受托人双方合意后订立合同设立的信托均非真正的遗嘱信托。当然遗嘱信托的设立虽然没有委托人与受托人的合意，却

① 上海市第二中级人民法院（2020）沪 0106 民初 30894 号。

并不意味着不需要受托人的同意，而受托人同意与否则又是另一个问题了。

1. *法律层面*

遗嘱信托目前在法律规定层面就存在一些不明确之处。根据《信托法》的规定，以遗嘱设立信托时，受托人承诺时信托成立。①虽然《信托法》第十三条对受托人拒绝时的处理方式作出了规定②，但先不论由受益人选定受托人是否合理，在《信托法》中并未明确受益人无法选任受托人或是对选任受托人存在争议时应当如何处理。这就导致了在受托人明确之前，遗嘱信托始终处于未生效的状态，此时被继承人也就是委托人用于设立遗嘱信托的财产理论上依然是其遗产，而非信托财产，可以通过继承程序进行继承。当然在实务中可能并不会存在这样的情况，理由在于设立遗嘱信托一般都是委托人自发的主动行为，在订立遗嘱之前应当已与预备选任的受托人进行了充分的沟通，达成了一定的合意。另外，委托人也可以通过信托文件对受托人选任和出现上述情况时的处理方式进行约定，但确实将遗嘱信托生效的时间点规定在遗嘱生效之时更为合理。

在《信托法》与《民法典》继承篇的衔接问题上，同样存在一些模糊之处。例如，因为《信托法》第八条要求遗嘱信托也必须由

① 《中华人民共和国信托法》第八条第三款规定："采取信托合同形式设立信托的，信托合同签订时，信托成立。采取其他书面形式设立信托的，受托人承诺信托时，信托成立。"

② 《中华人民共和国信托法》第十三条第二款规定："遗嘱指定的人拒绝或者无能力担任受托人的，由受益人另行选任受托人；受益人为无民事行为能力人或者限制民事行为能力人的，依法由其监护人代行选任。遗嘱对选任受托人另有规定的，从其规定。"

书面形式设立，那么口头遗嘱可否设立遗嘱信托，可能目前的答案是否定的。而录音录像遗嘱是否属于“书面形式”也会在实务中出现争议。其他再比如，对于在信托财产全部或部分灭失的情况下，遗嘱信托本身的有效性问题。又或是，遗嘱信托的受益人在遗嘱生效时均已死亡，遗嘱信托如何处理的问题，遗嘱信托设立时是否需要考虑特留份的问题①，以及遗嘱信托的相关税制问题等，存在若干值得在未来研究和探讨的地方。不过总体来说，虽然在法律层面遗嘱信托的相关规定依然存在着一些有待完善之处，但实际上并不会影响遗嘱信托的实际落地，大部分类似问题也都可以通过信托文件规定加以化解。

2. 实务阻碍

要使得遗嘱信托顺利实现，并不是只要被继承人跟受托人进行协商，然后订立遗嘱就可以完成的。从被继承人产生这样一个想法，到信托财产顺利转移给受托人后信托顺利生效，其中会存在很多的问题和阻碍。

其中最重要的问题就是信托财产如何交付给受托人。不同于合同信托，遗嘱信托的委托人死亡后，此时的财产已经不在委托人的控制之下，用于设立信托的这部分财产首先会成为遗产，理论上在分割之前由全体继承人共同共有②，实际上处于“无人控制”的状

①《中华人民共和国民法典》第一千一百四十一条规定：“遗嘱应当为缺乏劳动能力又没有生活来源的继承人保留必要的遗产份额。”

②《最高人民法院第八次全国法院民事商事审判工作会议（民事部分）纪要》第二十五条中规定，“被继承人死亡后遗产未分割，各继承人均未表示放弃继承，依据继承法第二十五条规定应视为均已接受继承，遗产属各继承人共同共有”。

态。这里的控制是指可以进行处分，或者说可以进行权属状态的变更，因为一般情况下，除了直接由委托人自己保管的动产，其他包括银行存款、金融产品、不动产等财产的交付都需要相关机构的配合。对于遗产来说，在继承人通过继承程序将遗产的所有人变更为继承人之前，包括不动产登记中心及银行等在内的相关机构是不可能仅凭继承人意愿，在所有人死亡的情况下对财产进行权属变更，交付受托人的。虽然目前遗产管理人制度已经开始了在实践中的探索，但遗产管理人的功能依然主要体现在继承的程序，而非实体方面，希望通过遗产管理人制度实现遗产向受托人的直接交付，在目前的法律实践中依然是极为困难的状态。后文也会对这一问题作一定介绍。

在这种情况下，遗嘱信托只能通过两种方式完成交付：其一是继承人完成继承之后，或是在继承程序之中，将信托财产对应的这部分遗产交付受托人。其二是在委托人死亡之前，先将信托财产交给第三人保管，其死亡后再由保管人交付受托人。

第二种方案存在的意义并不大，因为如果委托人身故前愿意将财产交由第三人保管，其实完全可以通过合同信托的方式直接设立信托，也就无需使用遗嘱信托了。当然并不能排除因为一些特殊原因出现交由第三人保管或是其他类似情况的可能性，例如现金交由第三人理财、一些动产交由第三人暂时使用或是高价的珠宝艺术品本就由第三方机构保管等，此时就需要通过具体合同对第三方进行约束，并明确向受托人交付的事由。但这些情况存在的可能性不大，而且完全可以在委托人在世时，直接用这些债权设立合同信托。这里需要注意的是受托人是否接受第三方代为交付的财产的问题，目前信托机构出于对监管和风险合规的考虑，大部分情况下都仅接受委托人本人的交付，不过这个问题相对来说还是较为容易解决的。此外，还有困难在于第三人代为交付的方案中存在极大的纠纷隐患，例如在第三人不履行义务时，受托人是否有权利通过诉讼的方式进行救济；再比如继承人如果也要求继承这部分财产时，第三方也将处于两难的境地等。对于这些问题在理论上可能可以讨论出一个明确的结论，但在实务中很难处理，目前实践中存在空白，同时也极易导致诉讼。

至于第一种方案，暂且不论继承人获得遗产后，再交付受托人，这样的模式是否还能称为遗嘱信托。这种方案中其实存在一种理性上的悖论，即使继承人是遗嘱信托的受益人，他会愿意将遗产交付信托么，特别是在其已经继承了遗产之后？在情感上，非受益人的继承人肯定希望能够额外地继承到这部分设立信托后就不可能属于他的财产，而即使继承人本身是信托的受益人，相较于设立信托后受到委托人设置的诸多条件的限制，可能作为继承人一次性获得所有可以继承的遗产才更具吸引力，所以可以说继承人是天生缺乏配合受托人的动力的。除非继承人本身对于遗产的继承就存在极大的纠纷和僵局，而通过遗嘱信托的方式反而可以化解继承人之间的矛盾，遗嘱信托的方案才能够成为继承人都能够接受的方案。如果继承人并不配合受托人，那么受托人要如何主张权利，如何确保信托财产的顺利交付，实践中是空白的。另外，在继承程序之中能否直接实现信托财产的交付，从现有的继承公证与继承诉讼程序来看，或许通过诉讼程序实现交付的可能性更大。但在具体实务中法院会如何处理、受托人能否参与到继承诉讼之中以及最终能否获得法院的支持，存在太多的不确定性，目前确实也不存在任何实例。而不论如何，通过诉讼程序实现信托财产的交付，同样需要至少一位继承人配合以发起诉讼，在没有继承人配合的情况下，信托受托人或遗产管理人是否有权利发起诉讼，要求履行被继承人遗嘱中明确的财产交付安排，目前也是存疑的。

信托财产如何交付的问题还是后话，在此之前，受托人如何能够知晓委托人已经过世这一问题，可能是需要优先解决的。在目前的法律实践中，继承和信托完全可以是两条并行的路线。也就是说，如果继承人之间协商一致，决定直接继承委托人的遗产，而非遵照其意愿设立遗嘱信托，是完全可以做到在信托受托人不知情的情况下完成整个继承程序的。在这一继承过程中，受托人完全无需参与，也没有可能获知相关情况，一方面，因为受托人不具有任何获知相关信息的手段；另一方面，可能对于很多金融机构受托人来说，也没有主动去了解的动力。当然，即使受托人知晓了继承人已经开始通过继承程序继承委托人用于设立信托的财产，受托人如何介入继承程序、如何主张权利也是存在疑问的。诸如此类在实务中存在的阻碍，其实对于遗嘱信托业务实现的影响要远大于法律层面的缺漏，也是直接造成遗嘱信托在实务中不可行的原因。

3. 信托机构的自身限制

一方面，信托机构对于涉诉风险存在天然的排斥，不论最终诉讼结果为何，诉讼本身对于信托机构都属于负面舆情，都是信托机构希望回避的。这就为遗嘱信托创设了一个客观障碍。因为遗嘱信托涉诉的可能性远大于合同信托业务，甚至可能不通过诉讼都无法促使其实际落地。就像前面已经提及的，信托财产的转移问题、受托人与继承人之间的矛盾以及继承人本身对于遗产的争议等都会极大地增加信托机构的涉诉风险。而参与到这样实际的诉讼过程之中，不论胜负，对于信托机构都是一种负担。另外，遗嘱信托意味着更为个性化的信托条款设计，同时由于信托生效时委托人已经过世，对于信托中受托人的自由裁量权的行使就会有更高的需求，与之相对的，对受托人权利的监督与限制和赋予其自由裁量权之间的平衡，可能也需要更为专业的考量和设计。从这个角度来说，相较于目前大量存在的标准化的民事信托业务，遗嘱信托业务将会加重受托人的负担，对受托人提出更高的要求，同时也意味着受托人更大的违约风险。

另一方面，由于监管机构对于境内民事信托业务并未单独划定监管的范围及要求，这就导致信托机构对于民事信托业务的开展一直处于一种极为谨慎的状态。而在其中，遗嘱信托相较于一般民事信托可能更具有特殊性，类似于之前提到的打款账户非委托人账户的问题、非通过合同而是委托人单方遗嘱设立信托的问题、无法对委托人进行双录以及中信登如何报备的问题等，更可能触及一些信托机构不愿意触及的监管层面而非法律层面的限制，往往也会给信托机构带来更多的麻烦，提高与监管机构沟通的成本。这些问题就造成了信托机构实际上对于遗嘱信托业务也缺乏兴趣，对于个案的兴趣可能也仅是基于自己声誉的考虑，而非从业务长期开展的角度进行考量。但目前想要绕开信托机构开展遗嘱信托业务也确实较为困难，信托机构较其他民事主体确实具有先天的优势。

（二）关于遗产管理人

鉴于设立遗嘱信托的种种困难，所以在保险金信托这一部分内容中讨论了保险金信托可以极为简单的实现一部分类似遗嘱信托功能的问题。虽然简单，但相较于目前遗嘱信托面对的困境，可能保险金信托是更为合理的方案。而从遗嘱信托本身来说，这一单一的制度，在目前的大环境下很难找到破局的方案，但通过遗嘱信托与其他法律工具相结合的方式，或许可以找到一条落实遗嘱信托的曲径，实现一部分甚至全部实现遗嘱信托的功能。这就必须要提及遗产管理人制度了，这一制度与遗嘱信托一样，目前想要真正发挥作用也存在重重困难，但两者结合确实可能为信托业务带来更多的可能性。

1. 遗产管理人对遗产缺乏控制

遗产管理人制度是《民法典》中一项新的制度①，但有意思的是，在法律层面“遗产管理人”这一表述最早却是出现在《信托法》之中②。信托与遗产管理人的缘分也并不止于此，对于遗产管理人的法律地位，在英美法系中存在“信托受托人说”的理论，简单来说就是可以将遗产管理人看作信托的受托人，原因在于在普通法系的遗嘱继承中，遗产不直接转让给继承人，而是首先转让给遗嘱执行人，由他负责清偿遗产债务以及收取债权，因此他在诸多方面具有与受托人相同的地位。③当然在我国，遗产管理人可能可以说其负有信义义务，但与信托受托人差别颇大。因为我国采取直接继承制度，

①《中华人民共和国民法典》第一千一百四十五条规定：“继承开始后，遗嘱执行人为遗产管理人；没有遗嘱执行人的，继承人应当及时推选遗产管理人；继承人未推选的，由继承人共同担任遗产管理人；没有继承人或者继承人均放弃继承的，由被继承人生前住所地的民政部门或者村民委员会担任遗产管理人。”

②《中华人民共和国信托法》第三十九条第二款规定：“受托人职责终止时，其继承人或者遗产管理人、监护人、清算人应当妥善保管信托财产，协助新受托人接管信托事务。”

③［德］海因·克茨：《英美信托与德国信托的比较法研究》，白媛媛译，法律出版社 2021 年版，第 16 页。

也就是在被继承人死亡后，遗产实际已属于全体继承人所有，只是未经分割，所以遗产管理人是无法获得遗产的财产权和控制权的，也就谈不上是不是受托人的问题。事实上，也正是因此，使得遗产管理人制度在现实中遇到的问题，远远多过信托制度。另外，遗产管理人与继承人之间的利害关系也并不是完全一致的，在一定情况下，甚至存在冲突。继承人对于遗产整体的继承，在继承份额和继承效率上都有着显而易见的诉求，也就是尽可能多且快得获得遗产。在这两个方面，如果被继承人对继承份额作出特殊安排，或是对继承人的继承设置条件，遗产管理人的职责就会与继承人的利益诉求产生冲突，这其实与遗嘱信托极为类似，遗嘱信托或是遗产管理人的设立可能符合被继承人的需要但并不符合受益人或是继承人的利益诉求。所以同样可能在继承人利益一致但与遗产管理人的设置相悖时，出现继承人共同隐瞒遗嘱或是伪造遗嘱完成继承的极端情况，而遗产管理人对于继承的发生却可能长期处于不知情的状态。

遗产管理人对遗产控制力的缺乏主要体现在两个方面：其一是遗产一般不在遗产管理人的直接管控之下。对于遗产我国尚未有制度为遗产管理人设置特定的权利外观，遗产管理人对于遗产的控制只能基于被继承人的现实“交付”。先不论被继承人将遗产“交付”遗产管理人这一行为是一种保管还是权利的转移，这种“交付”行为由于存在较大的法律风险，被继承人一般不会作出这样的选择，而不动产以及部分特殊动产在现实中遗产管理人也难以真正地控制。其二是遗产管理人本身也缺乏介入继承程序的手段。被继承人死亡时，对于遗产管理人的通知规则并不完善，而在相应的继承公证或继承诉讼之中，遗产管理人是否必要参与、以什么身份参与以及具有什么权利等问题也均未明确。

2. 遗产管理人的诉讼地位尚未明确

学术界对于遗产管理人诉讼地位的问题有诸多讨论，而在继承人违背被继承人意志时，遗产管理人是否可以通过诉讼手段进行救济，显得尤为重要。在遗产管理人缺乏对遗产有效控制的情况下，诉讼就成了其履行职责最后也是唯一具有强制力的手段。在目前的司法实践中，虽然存在类似的判例[①]认定遗嘱执行人作为原告的诉讼主体适格，却并未在司法层面形成惯例或是获得广泛的认可，更不要说在立法层面进行明确，这就为非继承人的遗产管理人是否能够真的履行其职责带来了太多疑问和不确定性。

先不论遗产管理人是否可以作为原告，有资格通过诉讼对遗产继承过程中产生的问题进行救济，在诉讼的过程中，相关的取证和执行实际上也都存在着显而易见的困难。即使最后遗产管理人通过诉讼将遗产继承的结果引导回被继承人设定的轨道上，最终的结果可能也不再符合被继承人当初设计继承方案的初衷了。同时还要考虑到，遗产管理人进行相关的诉讼，其自身未必能从中获利，在要求其投入巨大的时间和经济成本的同时，如果仅从道德角度对其进行约束，在没有经济回报的情况下，可能并不能保证其履行职责的主观意愿。

3. 遗产管理人制度在实务中的现状

虽然在《民法典》第一千一百四十七条中规定了遗产管理人的如下功能：（一）清理遗产并制作遗产清单；（二）向继承人报告遗

---

① 广西壮族自治区高级人民法院（2018）桂民再 54 号；吉林省乾安县人民法院（2021）吉 0723 民初 354 号等。

产情况；（三）采取必要措施防止遗产毁损、灭失；（四）处理被继承人的债权债务；（五）按照遗嘱或者依照法律规定分割遗产；（六）实施与管理遗产有关的其他必要行为。但这些功能能否实现，或是实现多少是不确定的。在全体继承人配合的情况下，遗产管理人确实可以开展相关工作，但涉及遗产实际权利处分的事项，例如遗产的变现、继承程序的发起或是相关信息的申请等依然需要由继承人操作，当然其中遗产管理人可以作为代理人参与。但在继承人不配合的情况下，实际上遗产管理人很难发挥真正的作用，甚至很多时候连顺利清点遗产、制作遗产清单都难以完成。这也是为什么前面提到想通过遗产管理人在遗嘱信托中交付信托财产的想法可能并不容易实现，虽然不同财产处置方法不同，但除非本来就由遗产管理人保管，否则交付信托财产一般情况下均需要继承人的配合，遗产管理人并不可能独立完成。至于遗产管理人可否通过诉讼实现信托财产的交付，又仅停留在理论层面，而且即使是遗产管理人保管的遗产，在继承人不接受的情况下，很难判断遗产管理人是否敢于不顾继承人的意愿，将此财产交付受托人设立信托，因为这样做在很大程度上就意味着后续的麻烦和纠纷，在无偿或是收费较低的情况下，遗产管理人可能也缺乏这方面的动力，甚至可能直接解除合同放弃工作。

所以遗产管理人在目前的实务中，价值更多体现在被继承人死亡前协助其进行的传承规划上，但这部分工作其实并不是遗产管理人专属的职责。在目前的实务和相关判例中，大部分情况下指定遗产管理人的原因在于债务人死亡时，债务人无继承人或是其继承人放弃继承，为了实现债权，保护债权人的利益，指定村委会或民政局等相关部门担任债务人的遗产管理人，协助债权人执行债务人的遗产。此时遗产管理人其实更类似于法人破产程序中的破产管理人，与我们原来想象中的遗产管理人所应发挥的功能相差甚远。

所以对于遗产管理人能否实际履行职能、被继承人的意志能否充分被落实，遗产管理人对遗产的控制力起到决定作用，而遗产管理人的诉讼地位决定了是否存在有效的救济措施。这两点在我国目前遗产管理人制度中都存在较大空白等待我们去填补，这样就造成了遗产管理人制度被束之高阁，因为设置遗产管理人的初衷，也就是被继承人对于遗产继承本身的意思表示，看起来并不能通过遗产管理人的设置被有效落实。即使实际设置了遗产管理人，对于遗产管理人而言也同样没有清晰的路径去履行其职责，反而会背负较大的风险。

（三）针对遗嘱信托的一些变通和尝试

针对遗嘱信托，或是遗产管理人，目前想通过原有的模式在现阶段单独实现被继承人的需求并非完全不可行，但困难和问题都极多，甚至能否成功设立相关的结构都是存疑的。但针对这两者，或许通过一定的变通或组合，反而可能增加实务中的可行性，以解决被继承人一部分甚至全部的需求。

1. 双受托人模式

双受托人模式也就是由专业人士与信托机构共同担任受托人的模式。这一模式无法解决上面提到的任何问题，但是之所以存在是因为双受托人模式可以解决一部分信托机构的烦恼和顾虑。在信托文件中，双受托人模式可以约定由信托机构负责财产管理，由另一位专业受托人例如律师、税务师等负责事务管理，此时之前提到需要受托人通过诉讼解决的例如信托财产的交付问题或是信托财产的权利维护，以及受托人因遗嘱信托的设立发生的相关诉讼风险等都可以由专业受托人处理，信托机构无需投入时间和精力。在极端情况下，即使遗嘱信托未能设立成功，信托机构也没有损失。同时，双受托人模式也可以享受在受托人一节中提到过的共同受托人的种种优势。所以虽然双受托人模式基本没有解决实务中的阻碍和问题，但是加大了信托机构对于遗嘱信托尝试的主观意愿，而专业受托人的引入也会增加具体问题解决的可能性，以及遗嘱信托设立成功的概率。

2.“遗产管理人＋信托”模式与遗嘱追加模式

“遗产管理人＋信托”模式，实际上就是在遗嘱中设置遗产管理人，并由其负责实现和监督信托的设立。而遗嘱追加模式与“遗产管理人＋信托”模式类似，只不过更进一步将遗嘱信托变成了合同信托，在委托人死亡之前使信托处于成立甚至生效的状态，后续信托财产在信托委托人死亡后，通过其遗嘱追加入合同信托，在这个过程中也可以加入遗产管理人以增加遗嘱追加成功的概率。实际上遗嘱追加模式相较于“遗产管理人＋信托”模式，在设立环节更进一步地省去了各种麻烦和要求，但在其他方面并无太大区别。当然遗嘱追加模式已经无法称为遗嘱信托了，但在功能上与遗嘱信托并无区别。

而“遗产管理人＋信托”模式，与双受托人类似，依然是将信托财产交付之前的种种问题交由遗产管理人解决，受托人无需介入和参与，同时即使受托人未能收到遗产以设立信托也不存在任何损失。由于遗产管理人可以在继承规划时进行提前设计，以安排妥善的遗产交付路径，或许可以提高两种模式中后续遗产交付受托人的可能性。而在目前境内的司法环境下，这个过程可能也少不了公证机构的配合。不过要承认的是，如上文所述，即使加入了遗产管理人，也不能确保遗嘱信托或是遗嘱追加一定能够实现，实际上在实务中，这个过程可能是一个漫长的博弈，极为考验遗产管理人的专业能力和职业道德。另外，遗产管理人由于其身份特殊，一般情况下更为被继承人所信任且其对被继承人的遗愿也会了解得更为清晰，所以在信托中遗产管理人也可以继续担任保护人的角色，以监督受托人的工作，并在失去委托人监督的情况下，尽可能确保委托人的遗愿也就是信托目的能够被妥善地落实。

3. 遗嘱替用信托

所谓遗嘱替用信托，简单来说，是被继承人作为信托的委托人，在其身故前将需要通过设立遗嘱信托处分的遗产交付受托人也就是信托机构设立自益信托，受益人仅为委托人本人。此时的信托实际上是在委托人身故前设立的合同信托，之后在委托人死亡时，受托人根据信托文件的约定，将信托的受益人由委托人变更为委托人所指定的家庭成员。

从结构来看，遗嘱替用信托实际上是合同信托而非遗嘱信托。但确实可以实现遗嘱信托的大部分功能，可以绕开目前在实务中遗嘱信托设立的一些障碍。遗嘱替用信托第一阶段是以一种自益信托的模式设立的，这就意味着，其设立的过程不用担心目前遗嘱信托设立在法律和实务层面存在的种种问题。但同时，由于是自益信托，相对于一般的他益合同信托而言，委托人实际上可以保留对信托财产极大的控制权，甚至接近于委托人自己直接持有财产的效果，当然为了实现这一效果，也就相当于放弃了信托的隔离功能。在第二阶段，也就是委托人死亡后，遗嘱替用信托实际上对于信托财产的管理、适用和处分方面的设计可以做到与遗嘱信托完全一致，相较于遗嘱信托只多了一个变更受益人的过程。所以可以看出，遗嘱替用信托虽然并非遗嘱信托，但确实与遗嘱信托极为相近。当然这并不意味着遗嘱替用信托的实现不存在障碍，信托机构的接受程度是一方面。而在法律层面，由于我国信托法中没有遗嘱替用信托的规定，当事人如果作出这样的安排，则无法根据信托法来判断这种安排到底是生前信托（合同信托）还是死后信托（遗嘱信托）。该安排可能会被解释为违反原《合同法》第 52 条第 3 款[①]的“以合法的形式掩盖非法的目的”而无效；还可能会因不符合原《继承法》[②]的形式要求和其他实质性要求而被宣布无效[③]。当然这种可能性仅是存在于理论层面，在实际的继承案件实务中，基于委托人个人的真实意愿以及信托灵活性的特点，出现此类无效情况的可能性一般很小。在大部分情况下，只要信托受益人认可了这样的遗产安排，也不会出现类似的纠纷和诉讼，当然侵犯债权人利益的另当别论。所以可以说，现阶段遗嘱替用信托是可能性最高的，最接近遗嘱信托功能的一种信托模式。

①《中华人民共和国民法典》生效后，此处现为《中华人民共和国民法典》第一百四十六条规定“行为人与相对人以虚假的意思表示实施的民事法律行为无效。以虚假的意思表示隐藏的民事法律行为的效力，依照有关法律规定处理”。

②《中华人民共和国民法典》生效后，此处现为《中华人民共和国民法典》继承编。

③ 赵廉慧：《信托法解释论》，中国法制出版社 2015 年版，第 128 页。

4. “信托 + 遗产管理人”模式

“信托 + 遗产管理人”模式，就是在遗嘱替用信托的基础上进一步增加遗产管理人的角色设置。在自益信托设立完毕后，可以由委托人订立遗嘱，设置遗产管理人，并在遗嘱中对相应信托受益权的安排设置具体方案，该遗嘱副本交信托受托人留存。同时在信托中，设置遗产管理人为信托保护人，并通过信托文件明确信托财产在委托人死亡后，受益权的归属，也就是新的受益人由遗产管理人根据遗嘱安排确定，并告知受托人执行，后续信托具体分配亦根据遗产管理人指示进行。也可以安排遗产管理人根据遗嘱或是信托文件的要求，判断向指定受益人分配的条件是否达成，并向受托人出具包含分配对象、金额等清晰要素的分配指令，必要时可以附以证明材料。受托人对照遗嘱内容，对遗产管理人发出的指令进行形式审查，确认无误的，则根据分配指令向指定受益人进行分配。所以简单来说，“信托 + 遗产管理人”模式，实际上就是使遗产管理人成为遗嘱替用信托中的保护人，以通过信托实现遗产管理人的功能。当然比较无奈的是，此处的信托不是遗嘱信托，遗产管理人也不是真正的遗产管理人，遗产管理人虽然依然有执行遗嘱安排的作用存在，但实际角色上发挥功能的是信托的保护人。而“信托 + 遗产管理人”模式，相较于现阶段的遗产管理人及遗嘱信托具有如下优势：

（1）确保了遗产管理人对“遗产”的控制力

在委托人设立信托之后，由于信托财产独立于委托人的个人资产，所以信托财产也就不会再作为委托人的遗产被处分。这就意味着，在委托人过世后，委托人的继承人实质上无法通过继承程序获得信托财产权。而委托人同时也是信托的受益人，其受益权确实是其遗产，但委托人可以通过遗嘱的方式对受益权进行处置，由遗产管理人确保其实现。而对于信托受益权的继承，继承人也难以绕过信托受托人私自进行处分。一方面，信托受益权的继承涉及信托合同的实质约定，所以信托受托人一般需要以第三人的身份参与继承程序；另一方面，即使继承人绕开信托受托人继承了信托的受益权，也需要信托受托人配合变更信托文件，不可能对受托人保密。受托人甚至可以自行根据信托文件的约定，或是遗产管理人的指示直接变更受益人，无需受到继承人的制约。而在受托人对于继承的情况知情后，可以选择由受托人或遗产管理人在法律层面进行主动的应对。而在这个过程中，继承人是无法获得分配的，即使获得了受益人的身份，信托分配依然要根据信托文件的约定进行，受益人是不具备略过受托人强制获取信托财产分配的手段的。

（2）降低了诉讼风险

由于信托设立的要求是委托人将财产变更至受托人名下，这就使得委托人的继承人无法直接针对信托财产发起继承诉讼。当然相对地，继承人可能针对受托人发起信托无效之诉，但相较于普通的民事信托模式，“信托＋遗产管理人”模式实质上是在委托人死亡时将自益信托变更成了他益信托，且在委托人死亡之后，信托的分配权利实质交于遗产管理人之手，这种结构抛开缺少明确法律规定的问题，相较于普通的民事信托，因为具备更为清晰的设立过程和信托目的反而更加稳定。而继承人更可能选择的方式还是对信托受益权发起继承之诉，这时继承人可否继承信托受益权实质上还是取决于信托文件以及遗嘱的具体内容，不会有太大的变数。由于信托财产由受托人控制，而信托分配由遗产管理人控制，在这种情况下，基本不会存在受托人或是遗产管理人主动发起诉讼的需要。将可能涉及诉讼的情况限制于上述特定的情况之中，且都是信托层面的问题，不涉及遗产管理人，也就不需要去解决遗产管理人的诉讼地位问题。

（3）提高信托机构的接受度

一方面，初期设立的自益信托的性质使得信托项目更易于符合监管以及信托机构内部风险把控的要求。“信托 + 遗产管理人”模式的信托层面的运营与投资类信托产品的运营模式并无太大差异，在后续具体分配等事项的事务管理过程中也是以遗产管理人的指令为准，不需要受托人将资源投入其不熟悉的领域之中，原有的人员和职能设置就完全可以完成“信托 + 遗产管理人”业务模式的设立和运营，无需额外成本。另一方面，虽然受托人依然存在涉诉风险，但具体可能发生的涉诉情况实质是固定的，也可以通过对信托文件和具体设立流程的设计，在设立信托时就作出完善的应对方案，最大程度上杜绝败诉的可能性，将涉诉风险变成一种可以评估的状态交由信托机构进行权衡。“信托 + 遗产管理人”模式实质上就是将信托的“灵活性”交由遗产管理人完成，这就使得信托层面的业务变成一种标准化的、可复制的以及可推广的业务，更符合信托机构的需求。

（4）易于建立有效的监督机制

遗产管理人可以通过成为信托保护人对信托的日常运营进行监督，遗产管理人也可以作为信托保护人在履行职责期间持续性地获得报酬，以增加遗产管理人的积极性。同时，信托的受益人虽然不能决定信托的分配，但拥有作为受益人的权利，也可以发挥对受托人的监督作用。遗产管理人作出的分配指令，可以由受托人进行形式审查，也可以在信托层面设计受益人的申诉机制，在受益人对遗产管理人作出的分配决定存有异议时交由受托人进行评判，也可以在遗产管理人之外，委任其他的机构或人员专门负责对此类异议进行评审。类似可以进行的设计其实很多，也不存在限制，主要取决于委托人本身的需求，但确实让我们看到了在建立有效的监督机制上更多的可能性。

上述内容在信托层面并非必要，相应的设计实质上依然是信托“灵活性”的体现，但相对于繁杂的分配事务，其实设置起来也并不麻烦，完全可以进行标准化的设计和推广，却能在更大程度上确保委托人意志的落实。

三、民事信托中慈善目的的实现

由于本书并不主要讨论慈善信托的问题，但在实务中确实存在部分委托人在为私益设立民事信托的同时怀有慈善的愿景，所以这里在简单介绍慈善信托的基础上，仅对慈善信托与民事信托的结合问题进行一定探讨。在实务中，存在公益信托与慈善信托两种说法，但这两者在大部分情况下并没有区分的必要，可以简单地理解为公益信托等于慈善信托。当然如果需要在法律层面进行辨析的话，公益信托出现在《信托法》之中，而慈善信托出现于《中华人民共和国慈善法》(以下简称《慈善法》)之中。关于公益和慈善的概念的区别，基于《慈善法》的规定，似乎是公益信托的概念包含了慈善信托的概念[①]。不过在实务层面这样区分的意义并不大，后

①《中华人民共和国慈善法》第四十四条规定：“本法所称慈善信托属于公益信托，是指委托人基于慈善目的，依法将其财产委托给受托人，由受托人按照委托人意愿以受托人名义进行管理和处分，开展慈善活动的行为。”

文主要采用《慈善法》中的概念，将此类信托称为慈善信托。自2016年9月1日，《慈善法》施行开始，可以说大大地放开了民间慈善事业的限制，也促进了我国慈善事业的发展，但同时出现了很多新的问题，不过大部分问题并不在本书的讨论范围之内。《慈善法》中有关于慈善信托的特殊规定，可以将《慈善法》视为《信托法》的特别法，予以优先适用①。其中存在区别，例如《慈善法》将慈善信托在《信托法》中关于设立的批准制变更为备案制②，将《信托法》中应当设置监察人，变更为可以设置监察人③等，实际上都是对原来慈善信托设立条件的放松，更有利于慈善信托业务在总量上的提升。但这也并不表示慈善信托整体在法律层面的规划已经梳理清楚，事实上慈善信托在实务中依然存在诸多问题亟待解决。

慈善信托在理论中可以探讨的问题很多，例如关于慈善信托受益人的问题，一般认为从慈善信托实施中实际获得利益的人，是慈善信托"公益性"的反射效果，这些人一般而言并不能强制执行慈善信托，并非真正意义上的受益人。④所以传统观点认为慈善信托没有受益人，也有观点认为慈善信托并非没有受益人，只是没有特定的受益人。再比如对于慈善信托公益性的认定问题，以及信托终

---

①《中华人民共和国慈善法》第五十一条规定："慈善信托的设立、信托财产的管理、信托当事人、信托的终止和清算等事项，本章未规定的，适用本法其他有关规定；本法未规定的，适用《中华人民共和国信托法》的有关规定。"

②《中华人民共和国慈善法》第四十五条第一款规定："设立慈善信托、确定受托人和监察人，应当采取书面形式。受托人应当在慈善信托文件签订之日起七日内，将相关文件向受托人所在地县级以上人民政府民政部门备案。"

③《中华人民共和国慈善法》第五十条第一款规定："慈善信托的委托人根据需要，可以确定信托监察人。"

④ 赵廉慧：《中国慈善信托法基本原理》，中国社会科学出版社2020年版，第44页。

止时近似原则的应用问题等，这些问题在我国理论层面多有讨论和争议，但也不代表在得到统一的结论之前，我国的慈善信托业务无法发展，事实上在我国设立的慈善信托总量已不在少数。想要从实践的层面讨论慈善信托与民事信托结合的问题，就必须要对慈善信托本身有一定了解，但本书受限于篇幅无法带领大家体系化地领略慈善信托的魅力，仅能选取其中极小一部分的交叉点，着重于探讨部分民事信托委托人并不“纯粹”的慈善信托需求。当然所谓“不纯粹”并不是指慈善的目的本身是虚假，而是指慈善目的与财富传承等私益目的并存的情况，或希望能在实现慈善目的的同时进行一定税务筹划的情况，这两者都是普遍存在且无可厚非的正当需求。当然如果委托人设立信托的目的只在于纯粹的慈善，不需要享有相应的税务优惠，这种信托甚至在实务中更容易操作，在法律上的阻碍也会更少。

（一）慈善信托与慈善组织的区别

由于无法对慈善信托作体系化的介绍，且业务中也常出现将慈善信托与慈善组织认定混淆的情况，所以这里通过分析慈善信托与慈善组织的区别，从侧面对慈善信托进行一定介绍。慈善信托与慈善组织的本质区别在于，慈善组织一般以法人的形式存在[①]，而慈善信托与民事信托一样，仅是一种法律结构，信托结构本身并不具有法人人格。这也导致了无论从设立的角度来看还是后续运营的

---

①《中华人民共和国慈善法》第八条第二款规定：“慈善组织可以采取基金会、社会团体、社会服务机构等组织形式。”

角度来看，慈善信托的成本会远低于慈善组织。因为法人就需要独立的组织、人员和场地，而慈善信托并不需要，理论上可以完全由受托人自己的工作人员完成相关工作。同样地，由于法人需要进行登记，特别是慈善组织的登记还具有特殊要求，而对于慈善信托而言，虽然《慈善法》规定了备案制度，但在实务中备案相对于登记还是更为容易的，且在对税务优惠政策没有需求的情况下，慈善信托甚至可以无需进行备案，所以慈善信托的设立也会更加便捷。而对于第三人而言，慈善组织作为法人，其管理人员实际上无需为法人的债务承担责任，但信托受托人则需要承担无限责任。

同时，理论上在设立慈善信托后，除非信托中约定保留一定权利，否则委托人对信托并不具有控制力，但在用私人财产设立非公募基金会时，可以保留人数不超过三分之一的有近亲属关系的基金会理事[①]，但这也仅限于以私人财产设立非公募基金的情况。由此看似委托人对于慈善信托的控制力相较于非公募基金会的出资人更低，但是在实务中实际上需要分情况讨论这一问题。在很多情况下，慈善信托一般是被设置成募集资金并投向慈善项目的渠道，这类慈善信托委托人只是信托结构的参与者，这类慈善信托的设立方式实际上类似于商事信托委托人认购信托份额，使用的都是固定的格式合同，委托人也无法进行修改，自然也就不涉及控制力的问题。但在特定委托人主动地、自发地设立慈善信托时，信托文件中

① 《中华人民共和国基金会管理条例》第二十条第二款规定："用私人财产设立的非公募基金会，相互间有近亲属关系的基金会理事，总数不得超过理事总人数的 1/3；其他基金会，具有近亲属关系的不得同时在理事会任职。"

经常会对慈善信托财产的运用管理作特殊的设置，或是建立类似决策委员会的机制对慈善信托进行管理，此时委托人在大部分情况下都会直接或间接地保留一定权利。所以对于控制力这一问题，慈善信托相对于慈善组织在设计上更为灵活。另外，法律层面对于慈善组织的设立在资金运用上有一定限制，对慈善基金会的设立设置门槛，在全国性公募、地方性公募及非公募基金会在原始基金数额上分别设置了 800 万、400 万及 200 万的门槛①。对于公募基金会开展慈善活动的年度支出要求不低于上一年总收入的百分之七十或者前三年收入平均数额的百分之七十②，非公募基金会则不得低于上一年余额的百分之八③。而对于慈善信托就不存在类似的限制，当然为了确保信托财产的合理使用，委托人也可以在信托文件中进行类似的规定。

所以总体上可以看出，慈善信托相较于慈善组织更为灵活，慈

①《中华人民共和国基金会管理条例》第八条中规定，“（二）全国性公募基金会的原始基金不低于 800 万元人民币，地方性公募基金会的原始基金不低于 400 万元人民币，非公募基金会的原始基金不低于 200 万元人民币；原始基金必须为到账货币资金”。

②《中华人民共和国慈善法》第六十一条第一款规定：“慈善组织应当积极开展慈善活动，遵循管理费用、募捐成本等最必要原则，厉行节约，减少不必要的开支，充分、高效运用慈善财产。具有公开募捐资格的基金会开展慈善活动的年度支出，不得低于上一年总收入的百分之七十或者前三年收入平均数额的百分之七十；年度管理费用不得超过当年总支出的百分之十；特殊情况下，年度支出和管理费用难以符合前述规定的，应当报告办理其登记的民政部门并向社会公开说明情况。”

③《中华人民共和国基金会管理条例》第二十九条规定：“公募基金会每年用于从事章程规定的公益事业支出，不得低于上一年总收入的 70%；非公募基金会每年用于从事章程规定的公益事业支出，不得低于上一年基金余额的 8%。基金会工作人员工资福利和行政办公支出不得超过当年总支出的 10%。”

善信托并非法人，慈善信托本质上依然是信托，只不过是为了公益目的所设立的一种特殊的法律关系。在实务中，虽然慈善信托的受托人可以由慈善组织担任，或者由慈善组织和信托机构共同担任，但目前来看慈善信托的受托人依然以信托机构担任为主。而相较于信托机构，专门为慈善事业设立的慈善组织，自然会在慈善项目的设立、运作以及管理上具备更为丰富的经验和更为优秀的专业能力。这也是目前很多慈善信托即使由信托机构担任受托人，也会另外委托慈善组织担任项目执行人的原因。慈善信托与慈善组织作为两种完全不同的慈善制度，是很难评判出优劣的，更多的还是合适与否以及如何选择的问题，当然在实践中两种制度也同样存在着各自的问题。

（二）慈善信托的税收优惠困境与解决方法

慈善信托在实务中存在的问题其实与民事信托并无区别，主要在于登记制度与税收制度的缺位。不过慈善信托的问题也具有其特殊性，目前在实务中推动慈善信托最大的障碍在于以信托机构作为受托人的慈善信托无法享受税收优惠，无法享受到税收优惠的原因是我国本身就缺少慈善信托领域的税收优惠政策。虽然《慈善法》第四十五条规定不备案的慈善信托不享受税收优惠[①]，但实际上即使备案也基本没有税收优惠可以享受，信托管理和运营阶段的税收优惠政策基本为零。现有的税收优惠政策主要集中在捐赠方面，在

①《中华人民共和国慈善法》第四十五条第二款规定："未按照前款规定将相关文件报民政部门备案的，不享受税收优惠。"

个人所得税层面[1]以及企业所得税层面[2]有所体现，捐赠的金额均可以根据相关法律规定在应纳税所得额中予以扣除。但这一税收优惠，在信托机构作为慈善信托受托人的情况下，信托委托人往往却享受不到，理由在于信托机构并非慈善组织理论上不能接受慈善捐赠，更不能开具“公益事业捐赠票据”，也就是我们常说的捐款发票。所以目前实务中常见的慈善信托模式，往往会在信托结构中引入慈善组织，以此来解决开具捐款发票的问题。这样操作的原因也有一部分在于，慈善组织单独作为慈善信托受托人时，也存在难以在商业银行开设信托专户的问题。当然这样的操作虽然是为了应对这些问题的无奈之举，却并不意味着在效力上一定存在问题，而且这种结合除了实现解决慈善税收优惠问题的目的，本身也具有其他的现实价值和积极意义。但是如果不尽快确立慈善信托税制、不对信托设立行为和捐赠行为的关系进行梳理，即使慈善组织作受托人或者作“通道”开具捐赠票据，之后也可能存在合法性问题[3]。所以完善我国的慈善税收制度，依然是确保未来慈善事业良性发展的当务之急。目前除去以慈善组织直接担任单一受托人的慈善信托，常见的以信托机构担任受托人并引入慈善组织的具体结构有以下几种：

---

①《中华人民共和国个人所得税法》第六条第三款规定：“个人将其所得对教育、扶贫、济困等公益慈善事业进行捐赠，捐赠额未超过纳税人申报的应纳税所得额百分之三十的部分，可以从其应纳税所得额中扣除；国务院规定对公益慈善事业捐赠实行全额税前扣除的，从其规定。”

②《中华人民共和国企业所得税法》第九条规定：“企业发生的公益性捐赠支出，在年度利润总额 12% 以内的部分，准予在计算应纳税所得额时扣除；超过年度利润总额 12% 的部分，准予结转以后三年内在计算应纳税所得额时扣除。”

③ 赵廉慧：《中国慈善信托法基本原理》，中国社会科学出版社 2020 年版，第 243 页。

1. 信托机构为受托人，慈善组织为项目执行人

这一模式是在慈善信托设立后，将慈善组织作为慈善项目执行人引入信托。在这种模式中，委托人设立慈善信托后，受托人在管理慈善信托的过程中，会将信托财产汇入慈善组织的账户，这里的委托人当然也可以为多个。后续慈善组织作为项目执行人会向慈善信托委托人开具慈善发票，同时将获得的信托财产在具体的慈善项目中加以运用。这样的设计在利用慈善组织开具捐赠发票的同时，也可以发挥慈善组织对于慈善项目专业的管理能力。不过慈善组织开具捐赠发票，只能在实际资金进入慈善组织账户时开具，同时也只能针对进入账户的具体金额开具。所以实际上委托人在设立慈善信托的当下，根据慈善信托项目设计的具体资金使用的方案，并不能马上获得全额的捐赠发票。不过这也为一部分委托人进行税收规划提供了一定空间，可以将具体捐赠的数额和时间点与自身的年度收入的情况结合进行综合考虑，利用慈善捐赠的税收优惠，优化自身当年的所得税。但事实上在目前大部分案例中，慈善信托往往只是承担通道作用，在收到委托人交付的慈善信托财产之后，会立刻一次性地汇入慈善组织账户，并由慈善组织开具发票。当然，若需要慈善组织以委托人名义开具捐赠发票，则要提前与慈善组织进行沟通，不过从目前实务中的具体案例来看，这一模式已不存在阻碍。

2. 信托机构作为受托人，慈善组织作为委托人和项目执行人

这种模式与上一种模式的区别主要在于，慈善组织同时担任了慈善信托委托人和项目执行人，也就是由慈善组织在获得捐赠人的善款之后，以自己名义作为委托人设立慈善信托，而在慈善信托设

立后，具体的操作则与第一种模式完全相同。这样设计的慈善信托结构将会产生几点变化：其一是捐赠发票的开具可以选择在捐赠人向慈善组织捐款时开具，也可以像第一种模式一样，在后端开具。当然很多时候这一选择权并不在捐赠人手中，因为何时开具捐赠发票在具体慈善信托项目设计时就已经确定。其二是可以利用公募慈善基金会进行公开募集，虽然慈善信托可以增加委托人[①]，但对于慈善信托可否公开募集尚存争议，一般情况下信托机构也倾向于规避这一风险，而不去进行公开募集的操作。其三是慈善组织可以通过设立慈善信托，实现慈善资金的“出表”[②]，缓解公益事业支出的压力。当然此时的慈善信托设立的目的应当是真实的，而非单纯为了“出表”而设立慈善信托。出于合理的出表压力设立慈善信托并不能一律认为违法[③]。在将慈善资金设立慈善信托后，也就是“出表”后，由信托机构对信托财产进行投资管理，再由慈善组织将其运用于慈善目的，并无不妥。在具体实务中，也已存在不少类似的案例。

3. 信托机构与慈善组织作为共同受托人

这一结构较为容易理解，之前也多次提到信托机构与其他专业的个人或机构担任共同受托人的模式及其优势。信托机构与慈善基金会担任共同受托人与之具有相似的优势。一方面，该模式可以解决开具捐赠发票的问题，共同受托模式与上一模式一样，提供了前

---

①《慈善信托管理办法》第三十八条中规定，“根据信托文件约定或者经原委托人同意，可以变更以下事项：(一)增加新的委托人”。

② 出表指资产从资产负债表中剥离。

③ 赵廉慧：《中国慈善信托法基本原理》，中国社会科学出版社 2020 年版，第 120 页。

端开具与后端开具两种可能性，存在的问题和优势也与上一模式相同，除了可以解决捐赠发票的开具问题，共同受托模式可以充分利用信托机构专业的投资管理能力与慈善机构慈善项目的运营管理能力，以保证慈善信托目的的实现。另一方面，在慈善信托中，两个受托人之间也可以互相监督，甚至可以在慈善信托文件中规划具体的监督形式和要求。其实除了前端开具捐赠发票的问题，双受托人模式与慈善组织担任项目执行人的模式是极为类似的，项目执行人在慈善信托中的角色实质上来自受托人对于专业性事务的转委托，所以本质上项目执行人可以看作是另一位受托人。对于项目执行人的行为，受托人一般情况下也是需要承担连带责任的，这点与双受托人模式也存在部分相同，因为根据《信托法》第三十二条规定，双受托人模式中两位受托人互相之间是需要承担连带责任的。

上述三种模式，最初出现的目的可能在于解决慈善信托无法开具捐赠发票的问题，或者是解决慈善组织无法开立信托专户的问题。但客观上可以说，慈善组织与信托机构的结合也确实具有两者分别独立开展慈善业务所不具备的优势。在资金方面，后端开票的模式确实给委托人提供了一定的税务筹划的可能性，而对于慈善组织来说，通过与信托机构合作设立慈善信托也可以在慈善资金的使用规划上获得一定的空间。在事务管理上，信托机构的投资管理能力与慈善组织的慈善项目管理能力都是对方所缺少的，但在具体慈善信托运作过程中是不可或缺的，两者之间可以很好地形成优势互补。同时，信托机构与慈善组织之间也可以通过信托文件的安排形成有效的监督，或是通过组建决策委员会的方式，以确保慈善资金的妥善使用。

（三）慈善目的在民事信托中的实现

对于大部分委托人来说，慈善目的的实现并不需要专门设立慈善信托，只需要通过将慈善组织作为信托受益人之一，设置具体的分配方案并进行分配，或是直接将捐赠事宜规定在信托文件之中由受托人执行即可，甚至于可以较为笼统地设定慈善的目的和范围，由受托人根据具体条件筛选具体接受善款的慈善组织并进行捐赠。但这样的设计实际上在《关于规范信托公司信托业务分类的通知》出台之前并不容易实现，理由在于之前作为家族信托业务唯一指导的 37 号文中，将家族信托的受益人限定在了“委托人在内的家庭成员”的范围内，这就造成了信托机构不愿意承担将慈善组织设置为信托受益人的监管风险。这也是前文提及的，行政监管的相关规定虽然对民事信托业务的发展存在促进作用，但相对地，在未明确行政权力边界的情况下，我国强监管的环境下也会形成对民事信托业务灵活性发挥的巨大限制。而《关于规范信托公司信托业务分类的通知》明确将“公益慈善信托或者慈善组织”纳入家族信托受益人的范围，也就打消了机构受托人的顾虑，在障碍消除之后可以预见类似的设置将在家族信托业务中陆续出现。当然民事信托完全可以直接将部分财产用于慈善用途，设定在特定条件或时间向慈善组织捐赠，不论是直接捐赠还是将慈善组织作为受益人，实际上都可以与慈善组织沟通，与其配合开具捐赠发票。民事信托向慈善组织捐赠也并不是实现慈善目的的唯一手段，民事信托完全可以自行开展慈善事业，进行慈善活动。不过由于此类民事信托属于慈善和民事信托的混合，在目前的情况下，可能无法获得慈善信托的认定，无法开具捐赠发票，未来也可能无法享受到具体的税收优惠。但即使无法被认定为慈善信托，也不代表此类民事信托无效，如果委托人的慈善目的是纯粹的，本身也不在意相应的税收优惠，完全可以按照部分私益、部分公益的信托目的设立信托。

实际上，在美国存在剩余公益信托（Charitable Remainder Trust）与公益先行信托（Charitable Lead Trust）两种公益与私益混合的信托模式，能够享受慈善信托相关的税收优惠待遇。所谓剩余公益信托，就是在信托设立后，先有受益人领受一定比例或是固定金额的信托财产，在受益人死亡时或是一定时间之后，将剩余的信托财产用于公益目的。而公益先行信托正好相反，是在一定期间内将一定比例或是固定金额的信托财产用于公益目的，在到期后将剩余信托财产交付受益人。这两种模式，目前在我国民事信托的实务之中都是可以实现的。而对于信托财产之中，多少是用于私益目的，多少是用于公益目的，也可以在税收层面较为清晰地区分。所以基于促进慈善事业发展的目的，类似这样的结构安排，对其是否可以享受慈善信托税收优待的认定，在我国未来的具体实践中，或许应当适当地放宽。不过仅从现在的情况来看，信托机构无法开具捐赠发票的问题，导致在民事信托中不得不引入慈善组织接受信托财产的捐赠，在慈善信托尚无其他税收优惠的情况下，对于公益与私益目的混合的特殊民事信托是否可以享受慈善信托税收优待的探讨，或许显得并不那么重要了。所以在我们的实务中其实形成了相较美国更为简便的公益与私益目的混合的特殊民事信托的处理模式，但这是建立在慈善信托税收制度缺失之上的，是不利于慈善信托业务的长远发展的。

另一种实现慈善目的的方式，是将民事信托与慈善信托进行结构上的组合。可以由民事信托的受益人将一部分受益权作为信托财产另行设立慈善信托。也可以同时设立民事信托和慈善信托，将慈善信托设置为民事信托的受益人之一。当然具体慈善信托开具捐款发票的问题，还是需要引入慈善组织来解决。这两种方案最终呈现出来的结果，都是上层为民事信托，下层为慈善信托的双层信托结构。相较于直接通过民事信托捐赠善款或开展慈善事业，双层结构使得民事信托和慈善信托的部分相对独立和纯粹。可以将信托财产的投资管理事宜留在民事信托层面，而将慈善事务的管理完全交由慈善信托层面解决。在监管层面，在慈善信托符合要求的情况下也可以获得相应的备案。同时这种模式使得民事信托成为“水闸”，往慈善信托的“池子”里放多少的水，完全可以由民事信托根据实际情况和信托文件的规定来决定。两个信托可以分别设计成完全不同的管理模式和监督程序，以针对不尽相同的信托目的。另外，民事信托作为双层结构的主体，也可以根据实际情况的需要和信托文件的规定随时进行调整，也可以对这种双层结构进行拆解，使民事信托与慈善信托成为两个完全独立、互不关联的信托。在实务中，2017 年在杭州民政局备案的“幸福传承慈善信托”就采用了类似的双层结构。从功能性的角度来看，双层结构模式相较部分私益、部分公益目的的信托模式，更能有效地运营和开展复杂的慈善项目，也更符合在慈善上有明确目标和规划的客户的需要。当然两种模式的优劣其实无从谈起，更多的还是从委托人实际需求和客观情况的角度进行考虑，作出更合适的选择。希望未来民事信托的发展能与慈善信托的发展互相促进，互相成就。

第六章　境内民事信托中存在的问题

对于目前我国民事信托实务中存在的问题，上文已经有所提及，本章也并不打算对这些问题在理论层面再作更为深入地探讨，毕竟这样的探讨虽然可以为未来指明方向，但并不代表能解决眼前的问题。所以本章更倾向于作出总结，让大家对境内民事信托目前能做到什么、不能做到什么有一个大致的认识。

对于民事信托，首先要认识到的是，信托并非万能。在目前能够接触到的宣传之中，对于信托可以用于避税、用于隔离债务甚至于可以实现委托人的精神传承等话术不一而足。但我们要清楚的是，对于这些内容，有些的实现是需要客观条件的，有些甚至是根本无法实现的。就如之前提到的，对于信托隔离功能的理解，并非生效的信托就一定具备隔离功能，而不具备隔离功能的信托也不一定无效。信托隔离功能的实现是建立在客观的条件之上的，当信托财产的独立性受到挑战时，具体信托项目的信托财产具有独立性的主张也是需要事实和证据作支撑的。再比如避税就不应该成为设立信托所追求的主要目的，因为除了合法正当的税务筹划之外，避税和逃税其实也并无区别。甚至很多时候，我们所谓的税务筹划是不是合法是很难辨析的，以少交或是不交税的目的作出的操作，其实或多或少都是存在一定风险的。毕竟信托制度仅是一个财产制度而已，其极限是较为明显的，我们所期望的家业长青也绝不是只靠信托就能够实现的，甚至信托也并不是筹划的重点。而在所有的法律工具之中，信托自然有其特点，但并不是说信托就优于其他法律工具。就以传承规划为例，看似信托具有更多的功能，可以使得委托人对信托财产的控制在其死亡之后得到延续，但这并不代表信托就优于遗嘱。与信托相比，遗嘱具有简单、便捷以及低成本的优势。在对财产安排没有特殊需求、设立信托成本过高，以及被继承人没有设立信托的时间和能力等情况下，遗嘱依然是传承规划的首选工具，或者说信托与遗嘱等传统法律工具结合可能会起到更好的效果。而所谓的委托人死亡后对信托财产的控制，我们也应该理性地看待，因为没有什么是能够真正永恒的。

目前境内民事信托存在的问题很多，虽然从结论上看并没有实际影响民事信托业务的发展，但仿佛是对民事信托整体进行了极不规则的裁剪，使其能够发挥的功能在不同领域受到了大小不一的限制。在法律层面，税收制度的缺失可能是在实务中影响最大的问题，税收制度的缺失导致信托所得税纳税主体的界定模糊、双重征税与利用信托避税的现象并存、对公益信托缺乏税法上的激励等①问题。虽然也有部分人在这个过程中受益，但并不代表在未来这样的错误不会被追溯和纠正，更不代表因避税而产生的风险会因为设立信托而烟消云散。总体来看，对于民事信托业务整体的发展而

① 郝琳琳：《信托所得课税法律问题研究》，法律出版社 2013 年版，第 51 页。

言，这样的制度缺失是百害而无一利的。其他问题比如之前多处提及的目前《信托法》中的疏漏和模糊之处、受托人义务的缺失、受益人权利未获得重视以及委托人角色定位的偏差等问题，使得目前《信托法》并不足以完整地、合理地以及体系化地展现信托各当事人的关系以及其权利义务的全貌。再比如民事信托与其他民事法律领域实际发生的重叠之处，在立法上也缺乏梳理和明确；以及在司法中，对于民事信托的相关问题，缺乏重视和研究等。这一切其实对于民事信托的业务发展来说都是负面的，虽然部分问题我们可以通过设计信托文件的方式进行解决，但这无疑也为委托人和受益人平添了更多的争议和风险，也对信托的设计提出了更高的技术要求。在行政层面，信托登记制度的缺失一直是一个老生常谈的问题，之前也已经作过详细的介绍。但我们要看到的是，真正的问题绝不仅是登记制度的缺失，事实上在信托的设立与运营过程中，可能涉及其他组织或机构的配合，这就需要具体的行政文件能够指导相关的操作。否则类似于遗嘱信托之类，在法律中看似美好的设计，在实践中也只能成为僵尸条款。而与之相对的，在商事信托上形成的监管方式和惯性已经开始逐步对民事信托产生负面的影响。一方面行政机关缺乏对民事信托管理的能力和经验，另一方面民事信托又无法挣脱商事信托的监管枷锁。民事信托庞大的数量，对于信托机构自然是一个挑战，而对于监管机构的监管流程又何尝不是一种冲击。虽然我们也看到监管部门在37号文以及《关于规范信托公司信托业务分类的通知》中的进步和努力，但从客观上来说任何对于民事信托的分类和罗列作用都不大，甚至由监管部门完成这样的工作反而会成为民事信托“灵活性”的限制，增加信托机构的合规顾虑。所以行政部门对于民事信托监管的范围和边界可能也是未来需要研究和明确的一个问题。

当然上述问题的存在，可能都不涉及民事信托业务的根本。信托具备的“独立性”和“灵活性”的特征，以及我们在第二章中所介绍的信托功能，可以在目前现有的条件下得到实现。但基于这些问题的存在，使得我们在民事信托更为符合当事人需求的情况下，可能依然不得不在民事信托和其他法律工具之间作出权衡，因为通过民事信托的方式可能增加无端的成本和风险。所以针对设立民事信托的需求，或许我们的第一个问题不应该是怎么做，而是能不能设立，以及值不值得设立民事信托。对于一种制度来说，如果仅用好坏来评价是没有意义的，我们的工作是如何在现阶段的客观条件下对民事信托制度进行筛选，以及在适用的过程中不断完善使其更好满足我们的需求。这就比如笔者之前提到的，以股权或是不动产作为信托财产所设立的民事信托，虽然目前需要通过交易的方式来进行信托财产的交付，可能会产生大量的税收成本，但客观上并非不能设立。这时候就需要我们厘清委托人设立信托的目的是什么，是不是有必要通过信托的方式来实现，而设立完毕后装在 SPV 结构内的股权或是不动产将给委托人带来什么样的成本，又会带来什么新的问题，以及在信托层面是否存在成本更低但同样有效的变通方案等。或许只有在一个项目中厘清这些问题，才能使民事信托的设立真正具有价值。

通过上编，笔者对境内民事信托的现状进行了一定的介绍。目前我国的民事信托有好的方面也有不足的地方，但我们已经可以看到民事信托在实务中的具体应用和光明前景。作为自由之产物，民事信托的灵活性带来了无限的可能性。我们并不能简单地把它当作传统法律工具的替代品，就像它与保险的结合一样，通过民事信托与传统法律工具的结合也可能给我们在各个领域的法律问题带来新的解题思路，其中就包含我们下编将会探讨的内容——婚姻家事领域中民事信托的应用。

下编
婚姻家事中的民事信托

即使在没有任何矛盾的情况下，民事信托本身就可以作为一种安排和处置家庭财产的理想工具。对于人身关系，虽然民事信托没有办法直接进行调整，但是通过对财产关系的设计，也有可能间接对人身关系产生影响，以实现相应的目的。婚姻家事关系涉及面较广，除了婚姻关系，还有家庭关系如常见的父母子女关系、祖孙关系及兄弟姐妹之间的关系等。而除了客观层面的问题之外，婚姻家事关系中往往也会牵扯很多感情层面的问题。而婚姻家事的相关法律，其实调整的范围是有限的，生活中存在很多法律难管或者无法管的问题，我们常说的“清官难断家务事”其实就是这个道理。然而，民事信托利用其灵活性特征或许可以针对这类问题提供一种全新的解决思路，在利益和情感上寻求某种平衡，以化解情感上的矛盾。另外，其实在婚姻家事的相关关系中，真正的弱势群体往往是未成年子女。由于其在纠纷中并非主角，加之缺乏保护自身利益的能力和途径，导致未成年子女的诉求有时会被忽视。更有甚者，部分父母会主动逃避未成年子女的抚养义务，或是将未成年子女的利益作为一种可以轻易放弃的谈判筹码。由于事实上的人身关系的从属性，使得未成年子女在法律上也处于被代表的状态，在很多时候可能不能作为一个鲜活的生命被认知。对于未成年人权益的保护，在实务中确实远远不够，当然这一问题可能需要在更高的层面去审视，并不在我们现在讨论的范畴中。但民事信托的介入或许可以在某些时点提前对未成年子女的利益进行一定的固定和保护，或是通过民事信托的设计为未成年子女争取到一些更为有利的条件，甚至在一定程度上间接满足未成年子女一部分的情感需求。

下编的目的并不是对婚姻家事中的法律问题和实务处理作出分析，而是着重探讨对于婚姻家事中的法律问题，是否可以结合民事信托提出不一样的解决方案，以及传统的法律工具该如何与民事信托进行衔接的问题。婚姻家事相关的法律关系，基本分为人身关系和财产关系两个部分。民事信托作为一种灵活的、调整财产关系的手段，或许能在婚姻家事的相关法律关系中起到意想不到的作用。当然现实情况是，这些探讨大部分可能都还停留在理论和想象的层面，实务中可能很难应用，甚至付诸实务应用的希望渺茫。造成这种情况的原因可能是多种多样的，民事信托的应用在不同婚姻家事问题中可能遇到的阻碍也不尽相同，但这可能也正是我们需要去探讨和想象的理由所在。

第一章 婚姻家事中的婚姻关系

在过去很长的一段时间内，婚姻关系是家庭关系中最为基础的形态和结构，甚至不存在婚姻关系就不会存在合法的家庭关系。当然随着时代的发展和人们认知的变化，对婚姻关系的定位和理解也都在发生改变。甚至对一部分人来说，婚姻关系原有的人身和财产制度已经难以满足现代男女双方对于婚姻的理解和需求，甚至对他们来说，婚姻关系已经不是一种生活的必需品。不过这样的个体在社会中毕竟只是少数，婚姻关系对绝大部分人来说依然是生命中最为重要的主题之一。一般情况下，婚姻关系的特殊之处在于，在建立法律关系的同时需要男女双方在情感上也做出极大的投入。这就导致了婚姻关系所牵扯的矛盾往往相较普通的民事法律关系更难化解和处理，也更容易发生极端情况。而民事信托或许可以为化解婚姻关系中的情感问题提供一定可能的解决办法，也可以为社会变化中婚姻关系产生的一些新兴思想提供实现工具和平台。

一、婚姻关系的建立

婚姻关系在建立之前，因为习俗或是生活模式等原因，实际上可能已经在准夫妻双方之间建立了一定的财产关系。这些财产关系有的受到《民法典》婚姻编的调整，有的只能作为普通民事法律关系进行处理。这其中因为婚姻问题的复杂性和情感因素的介入，有时候得到的处理结果可能与我们自发的认知不符，甚至存在激化男女双方矛盾的可能。

（一）可撤销婚姻

婚姻的撤销是一种对于夫妻双方人身关系的调整，很难与民事信托产生联系。信托不可能被用来直接调整人身关系，但能通过对财产关系的调整，对人身关系施加一定影响。此处撤销婚姻并不是我们讨论的重点，申请撤销婚姻的情况在现实中也并不常见。根据《民法典》第一千零五十二条[①]与一千零五十三条[②]的规定，申请撤销婚姻主要有以下两种情形：一是因胁迫结婚的，受胁迫一方可以向人民法院请求撤销婚姻；二是一方患有重大疾病且在结婚登

①《中华人民共和国民法典》第一千零五十二条规定："因胁迫结婚的，受胁迫的一方可以向人民法院请求撤销婚姻。请求撤销婚姻的，应当自胁迫行为终止之日起一年内提出。被非法限制人身自由的当事人请求撤销婚姻的，应当自恢复人身自由之日起一年内提出。"

②《中华人民共和国民法典》第一千零五十三条规定："一方患有重大疾病的，应当在结婚登记前如实告知另一方；不如实告知的，另一方可以向人民法院请求撤销婚姻。请求撤销婚姻的，应当自知道或者应当知道撤销事由之日起一年内提出。"

记前没有如实告知的，另一方可以向人民法院请求撤销婚姻。一旦婚姻被撤销，被撤销的婚姻则自始没有法律约束力，也就是男女双方之间视为从未结过婚。对于财产问题，如果可以协商的按协商解决，协商不成的，由人民法院根据照顾无过错方的原则判决①。所以在《民法典》中，撤销婚姻的相关规定实际上是对因胁迫或是一方隐瞒重大疾病而缔结婚姻的受害方的补救措施。特别是对于因胁迫而缔结婚姻的情况，虽然实践中并不常见，但对于特定的受害者，撤销婚姻是具有社会和精神的双重意义的。而对于因一方隐瞒重大疾病而缔结婚姻关系的问题，可能需要的其实并不仅是出现问题后，撤销婚姻的手段，更重要的是预防这类情况的发生。

在这里其实就可以思考民事信托的介入方案。当然，对于因胁迫而缔结婚姻的情形与信托很难产生联系。不过对于因隐瞒重大疾病而缔结婚姻的问题，虽然不能强制检查，但完全可以将受益人配偶需要进行婚前医学检查作为民事信托对受益人分配婚姻祝福金的条件，甚至可以对婚前医学检查的项目和标准作出明确，或是将婚前医学检查的结果是否合格作为受益人配偶可否申请成为民事信托受益人的衡量标准。对于受益人配偶进行婚前医学检查的要求是非强制的，并不是对受益人婚姻自由的干涉，同时进行婚前医学检查也是一项合理合法的要求，所以类似的条款设置在有效性上并不存在问题。当然这样的设置并不能百分之百保证受益人会在其婚配对

---

①《中华人民共和国民法典》第一千零五十四条规定："无效的或者被撤销的婚姻自始没有法律约束力，当事人不具有夫妻的权利和义务。同居期间所得的财产，由当事人协议处理；协议不成的，由人民法院根据照顾无过错方的原则判决。对重婚导致的无效婚姻的财产处理，不得侵害合法婚姻当事人的财产权益。当事人所生的子女，适用本法关于父母子女的规定。婚姻无效或者被撤销的，无过错方有权请求损害赔偿。"

象进行婚前医学检查的前提下与之成婚，但至少可以给受益人要求婚配对象进行婚前医学检查提供一个合理的理由和契机，其婚配对象的拒绝本身对于受益人也是一个提醒，对受益人的知情权也是一种保障。所以在实务中，这样的设计可以在较大程度上降低民事信托受益人在婚后才发现其配偶存在相关疾病的风险。

这也是可撤销婚姻并不是讨论的重点，却依然值得一谈的原因。从民事信托对于婚前医学检查相关的分配设计之中，可以看到，虽然民事信托并不具有直接调整婚姻家事法律关系中的人身关系的可能，但从财产关系层面，我们可以进行一定设置，从而对人身关系产生一定的影响，当然这些都要建立在不违反公序良俗的基础之上。而婚姻关系中其他类似的问题，自然也可以使用类似的方法进行规划，当然这并不是说通过传统法律工具无法作出类似的设计，但相较来说，通过民事信托来进行这类操作可能会更为简便并更容易为当事人的情感所接受。

（二）彩礼与嫁妆

彩礼的问题在现今社会依然是一个热点问题，能够引起很多年轻人的共鸣。可以说彩礼不单是一个法律问题，也是一个家庭问题，更是一个社会问题。在实务中，彩礼有着强烈的地区属性，不一样的地区有不一样的习俗和文化，对彩礼也可能有不一样的要求甚至是说法，例如礼金、聘礼、聘金以及改口费等。不论贫富都会面临彩礼的问题，相关案件中彩礼有几万元的，也有几百万元的。而实务中彩礼的复杂性也源于此，正是因为不同地区对于彩礼有不一样的习俗或是安排，导致认定彩礼本身就较为麻烦。另外，除了现金之外，彩礼的形式还有实物，例如不动产、车辆、首饰、家电甚至是对婚房的装修等。给付彩礼的一方一般是男方，但不一定是男方本人，也有可能是男方的父母或其他亲属。同样地，收取彩礼的也不一定是女方本人，也可能是女方的父母或是其他亲属。收取彩礼的时间往往是在婚前，而一般婚后一方长辈对于自己子女或是对方子女的给付，在没有明确意思表示的情况下，倾向于认定为对夫妻双方的赠与。但是同样是婚前的给付，也需要区分是以结婚为目的给付的彩礼还是恋爱交往期间的一般财物赠与。所以在实务中，也存在收取彩礼一方主张所收取的财物是交往过程中的一般赠与而非彩礼的情况，如果认定为一般的赠与，就不再涉及返还彩礼的问题，当然即使认定为赠与也不代表一定不能要求财物返还。

在如此复杂多样的情况下，法官一般会根据案件的客观证据和事实，并结合日常生活经验以及当地的相关习俗进行综合判断，以明确相应的给付是否可以被认定为彩礼。其中财物给付的时间点是否接近于谈婚论嫁之时、给付财物是否可以明显看出以结婚为目的等都是判断财物是否为彩礼的考量因素。不过实践中的类似裁量往往不一定具有明确的标准，这也是婚姻案件的特点之一，因为婚姻案件中财产问题的处理往往会涉及两个家庭的多个成员，在法理之外，法官也会注重情理。例如，在男女双方家庭经济条件相对较好的情况下，几万元的金额可能并不一定会被认定为彩礼。但同样的案情下，如果男方家庭经济条件比较差，几万元可能是男方父母大半辈子的积蓄，那么就有可能倾向于将给付的财物认定为彩礼。

根据法律规定，发生双方未办理结婚登记手续、双方办理结婚登记手续但确未共同生活或婚前给付并导致给付人生活困难[①]这三种情况之一时，可以请求返还彩礼。所以一般情况下，如果男女双方已经登记结婚且共同生活，就很难主张彩礼的返还。但是对于是否共同生活的认定同样取决于法官的自由裁量，比如可能仅是短期的共同生活，类似于半年甚至几个月，或是因为工作原因，导致男女双方长期分居生活的特殊情况等，不同法官结合具体案件及两个家庭的客观情况，对于是否返还彩礼，都有可能存在自己不同的判断。同样对于是否导致给付人生活困难的判断亦是如此，都依靠法官的自由裁量，具有不确定性。不过实务中对于生活困难的认定一般较为严格，要求给付人一方家庭生活实际发生困难，而不是降低了生活标准。2024 年 2 月 1 日，《最高人民法院关于审理涉彩礼纠纷案件适用法律若干问题的规定》施行，其中对于“共同生活时间较短且彩礼数额过高的”[②]以及“双方未办理结婚登记但已共同生活”[③]两种情况的裁判标准，进行一定的明确，但依然为实务中的

①《最高人民法院关于适用〈中华人民共和国民法典〉婚姻家庭编的解释（一）》第五条规定：“当事人请求返还按照习俗给付的彩礼的，如果查明属于以下情形，人民法院应当予以支持：（一）双方未办理结婚登记手续；（二）双方办理结婚登记手续但确未共同生活；（三）婚前给付并导致给付人生活困难。适用前款第二项、第三项的规定，应当以双方离婚为条件。”

②《最高人民法院关于审理涉彩礼纠纷案件适用法律若干问题的规定》第五条规定：“双方已办理结婚登记且共同生活，离婚时一方请求返还按照习俗给付的彩礼的，人民法院一般不予支持。但是，如果共同生活时间较短且彩礼数额过高的，人民法院可以根据彩礼实际使用及嫁妆情况，综合考虑彩礼数额、共同生活及孕育情况、双方过错等事实，结合当地习俗，确定是否返还以及返还的具体比例。人民法院认定彩礼数额是否过高，应当综合考虑彩礼给付方所在地居民人均可支配收入、给付方家庭经济情况以及当地习俗等因素。”

③《最高人民法院关于审理涉彩礼纠纷案件适用法律若干问题的规定》第六条规定：“双方未办理结婚登记但已共同生活，一方请求返还按照习俗给付的彩礼的，人民法院应当根据彩礼实际使用及嫁妆情况，综合考虑共同生活及孕育情况、双方过错等事实，结合当地习俗，确定是否返还以及返还的具体比例。”

法官保留了很大的自由裁量权。这也是符合彩礼问题在司法实践中一贯的处理方式的。最后即使法官认定应当返还彩礼，也并不代表彩礼会全额返还。根据案件具体情况，法官可能仅判决返还一定比例。一般情况下，如果彩礼给付金钱的，就返还金钱。如果给付实物的，就返还实物，如果是部分返还的，可能会判决返还一定比例金额的折价款。如果实物已经无法返还或是不宜返还，法院一般会在原来价格的基础上进行一定折旧，再确定返还金额。

相较于彩礼，嫁妆的问题可能更为简单。传统习俗认为，嫁妆一般是女方父母给予自己子女的陪嫁，对于这部分财产是否属于夫妻共同财产的认定要考虑父母赠与时是否有明确赠与自己一方子女的意思表示。在没有明确表示的基础上，则要考虑赠与的时间点是在结婚前还是在结婚后。一般情况下，嫁妆倾向于认定为女方的个人财产，除非在部分女方父母没有明确表示且赠与时间在男女双方婚后的特殊情况中，可能对这一问题的认定会产生争议。当然这里的婚后指的是结婚登记之后，此时如果相关财产没有明确表示赠与个人女方的，则有可能被认定为赠与夫妻双方，成为男女双方的夫妻共同财产。当然这一问题不是一概而论的，依然要交由法官结合实际情况进行自由裁量，实务中仅能看到认定概率。例如，男女双方虽然登记结婚，但是尚未开始共同生活，那么即使是女方婚后接受的赠与，也有可能被认定为个人财产。

彩礼与嫁妆，如果不考虑法律上的区别，仅从习俗的角度来看，最大的区别在于彩礼是男方向女方或是女方家庭给付的财物，而嫁妆是女方自己的或是女方父母给予女方的财物。而正是这法律之外习俗上的认知，决定了民事信托在嫁妆上可以发挥一定的作用，但在彩礼上可能作用不大。当然我们并非不可以将整个彩礼的给付体系安置到信托之中，再由信托文件设置一定条件，但这样的操作是违反习俗习惯、违反女方甚至是婚姻双方的认知的，即使构思得再完美也只能处于空谈的状态，大概率是不会被婚嫁双方所接受的。强硬地将彩礼转化为信托层面带条件的分配，除非男女一方在婚嫁关系中极为强势，否则女方或是女方家属在情感和习俗上可能都难以接受。即使女方勉强或是在男方的欺瞒下接受了相应的条件，也在未来的婚姻生活中埋下了纠纷和不信任的隐患，这反而可能会因小失大了。而设立信托的目的不应当仅考虑经济上的风险，更应该考虑对婚姻美满以及家庭和谐的期待，毕竟“家和万事兴”。

对于嫁妆而言，由于传统习俗中本身就将嫁妆当作女方的财产，所以在嫁妆如何给付女方可以减少相应的法律风险的问题上，给女方和女方父母留下了足够的设计空间，而这种空间的前提是男方对嫁妆归属于女方没有异议，使得类似规划不至于导致男女双方情感和家庭关系的不和谐。当然这种规划不一定需要通过信托进行，例如女方父母在婚前直接为女方全款购买房屋登记在女方一人名下。再比如可以通过赠与的方式，同时办理公证的赠与协议，明确将财产赠与女方个人而非夫妻双方。但类似的方式，虽然可以明确该笔财产为女方的个人财产，却都会存在相同的问题，就是一旦财产归于女方名下就难以避免日后出现与夫妻共同财产混同的风险，除非在婚姻存续期间对这部分财产的管理和使用格外注意。最简单的例子在于，如果女方的嫁妆是一笔婚前得到的现金，婚后女方相应账户因为投资和日常支出经常有账目变动，那么在若干年后，通过相应的银行流水已经无法明确辨别账户内的财产是否为女方的婚前个人财产，此时法院会将账户内财产认定为夫妻共同财产。即使女方对该笔个人财产有明确的使用规划，也就是我们说的

“专卡专用”，可以通过银行流水明确辨别该账户内款项就是当时女方的个人财产，但根据《民法典》司法解释的规定，除非男女双方对于这部分财产存在约定，否则其投资收益依然属于夫妻共同财产。[①]而随着婚姻存续时间的增长，投资收益超过本金可能只是时间问题。同样地，即使是夫妻一方婚前全款购买的房屋，在婚后也存在出售或是置换的可能，并且其后不动产所转化的财产在投资和使用的过程中，也有一定风险与夫妻共同财产发生混同。另外，虽然法律对于夫妻共同财产和个人财产的范围有较为明确的规定，但并不代表不会出现争议。例如夫妻一方婚前房屋的租金收益，是夫妻共同财产还是一方的个人财产，在实务案例中就存在不一样的判决结果，主要取决于法院是不是将购买这一房屋认定为投资，房租是否认定为投资收益。

而民事信托解决这一问题的方法很简单，就是将这些财产置于信托之中，也就是受托人名下，而非女方的个人名下。一方面，信托账户中的财产并非女方也就是受益人的财产，在婚姻发生变故时无需分割；另一方面，信托账户中的财产投资运作所产生的收益，依然是信托财产[②]，同样不会受到女方婚姻状况的影响。而在分配方案中，可以在信托文件中明确向女方分配的财产为其个人财产，而非夫妻共同财产。同时可以为女方的大额支取设置一定的条件，从而降低女方

---

①《最高人民法院关于适用〈中华人民共和国民法典〉婚姻家庭编的解释（一）》第二十五条规定：“婚姻关系存续期间，下列财产属于民法典第一千零六十二条规定的‘其他应当归共同所有的财产’：（一）一方以个人财产投资取得的收益；（二）男女双方实际取得或者应当取得的住房补贴、住房公积金；（三）男女双方实际取得或者应当取得的基本养老金、破产安置补偿费。”

②《中华人民共和国信托法》第十四条第二款规定：“受托人因信托财产的管理运用、处分或者其他情形而取得的财产，也归入信托财产。”

获得大额财产分配后，长期自行管理使用造成财产混同的可能。

事实上通过设立民事信托的方式给女方“置办嫁妆”，可以将财产的管理完全留在信托之中，在女方需要时才从信托中支取，这样在一般情况下，女方支取财产的目的就是消费，而消费已经转变成实物或是服务，自然就不用担心后续与夫妻共同财产混同的问题。即使女方获得的分配购买了其他实物，由于购置实物所用的金钱是属于女方个人的，该实物也可以认定为女方的个人财产。例如，使用信托分配的现金购买了不动产，由于该分配属于女方个人财产，在女方使用该分配所得资金全额出资购买不动产的情况下，该不动产就是女方的个人财产，在部分出资的情况下，该部分出资也可以认定为女方的个人财产出资。总而言之，一方面，民事信托通过信托文件的规定，对女方所获分配属于其个人财产进行了明确；另一方面由于女方在交易流水上，存在极其明确的从信托获得现金，再到现金支出的路径，所以现金所转化成的实物也有更大的可能在全额出资的情况下被认定为个人财产，在部分出资的情况下被认定为个人财产的部分出资。所以可以看到，民事信托的运营可以大大减少嫁妆被认定为夫妻共同财产或是转化为夫妻共同财产的风险。当然除了这一功能，对于一些不善理财的女性来说，通过民事信托的设立也可以实现协助其理财的功能。

在家庭的层面上，信托财产中也可以预留一部分财产或是一定比例的财产给予男方，或者在信托文件中规定男方在一定情况下可以申请信托财产中的分配，以示对于男方的一视同仁，以及女方长辈对于男女双方婚姻和谐的祝福。这样留有余地但又有人情味的设置，是目前信托所能实现且独有的了。当然相对来看，虽然不建议但如果一定要将彩礼纳入民事信托之中，也并非不可以通过一样的方式去缓和女方与其家庭可能对男方产生的不满情绪。如果在信托层面的设计能够体现对于女方以及其家庭的足够尊重，同时将信托提升到为整个家庭而不仅是为一份彩礼计算的层面，或许通过信托来解决彩礼的问题也不失为一个可行的方案。

可以看到，至少在嫁妆的问题上，民事信托可以带来一种全新的处理方式，并且能够解决一些以往难以解决的问题。同样地，通过嫁妆和彩礼的比较，两者虽然同为婚姻关系建立之前的财产给付，但由于习俗和认知理念的不同，在民事信托层面就有了完全不同的结果。这也在提醒我们，设立民事信托不应当仅考虑经济的问题，更多地要顾及夫妻双方的情感和家庭和谐，再作出合适的判断。

（三）婚前财产约定

婚前财产约定，简单来说就是男女双方在婚前通过协议的方式对婚前及婚后财产的归属进行约定，《民法典》中也确认了约定财产制的效力①。值得注意的是，《民法典》将原《婚姻法》第十九条关于约定财产制的相关规定中的“夫妻”二字改为“男女双方”，实际上是为了回避“夫妻”二字暗含的已经登记结婚的含义。当然这并不是说《民法典》生效之前的婚前财产约定无效，而是更进一步说明了法律对婚前财产约定效力的认可。

①《中华人民共和国民法典》第一千零六十五条规定：“男女双方可以约定婚姻关系存续期间所得的财产以及婚前财产归各自所有、共同所有或者部分各自所有、部分共同所有。约定应当采用书面形式。没有约定或者约定不明确的，适用本法第一千零六十二条、第一千零六十三条的规定。夫妻对婚姻关系存续期间所得的财产以及婚前财产的约定，对双方具有法律约束力。夫妻对婚姻关系存续期间所得的财产约定归各自所有，夫或者妻一方对外所负的债务，相对人知道该约定的，以夫或者妻一方的个人财产清偿。”

在实务中，婚前财产约定的内容并不限于对现有财产所有权归属的约定。在约定的具体内容方面，可以延伸到对财产的占有、使用、收益以及处分问题的约定。例如一部分人比较关心的，法律规定婚前个人财产在婚内投资收益属于夫妻共同财产的问题，就可以通过婚前财产约定的方式，将其投资收益部分约定为婚内夫妻一方的个人财产。在时间维度方面，婚前财产约定不但可以对现有的财产进行约定，也可以对未来可能获得的财产进行约定。除了未来将获得的工资、奖金及生产经营收益等常见的财产外，未来可能获得的遗产、知识产权、动迁安置利益、公积金甚至射幸孳息等都是可以进行约定的。而在财产范围方面，婚前财产约定不但可以对物权，还可以对股权、债权甚至债务归属进行约定。当然通过婚前财产约定对债务进行的提前安排，一般情况下不得对抗善意第三人，也就是夫妻一方在婚前财产约定中对夫妻共同债务免于承担的约定，对善意的债权人是无效的，在债务为夫妻共同债务的情况下，债权人依然可以要求夫妻双方共同偿还。不过，在事后夫妻一方可以根据财产约定的内容向另一方追偿。而在部分案例中，婚前财产约定中出现的对于人身关系的约定，类似离婚后子女抚养权的约定，或是对日后一方不得提出离婚的约定等，在一般情况下都是无效的。对于子女抚养权的问题，在离婚时法院依然会站在最大程度保障未成年子女利益的角度上进行考量，而对于婚姻自由的限制直接侵犯了自然人的基本权利，会因违反公序良俗而无效。当然此处关于人身权利的约定，实际上已经脱离了“财产约定”的范畴，一般会出现在夫妻之间另一种形式的协议之中，之后会另作讨论。

婚前财产约定，实际上是在法定财产制度之外给男女双方提供了约定财产制的适用方法。理论上可以增加婚姻财产关系的灵活性和设计性，是较为实用的法律工具，但在现实中却少有应用。有人将原因归结于我国是人情社会，男女双方碍于面子难以订立婚前财产约定。但事实上，我国的法定婚姻财产制度本就倾向于将婚内财产认定为夫妻共同财产，所以婚前财产约定这类对于婚姻关系存续期间财产关系的约定，大部分在订立时目的就是走向夫妻共同财产制的相反面，也就是夫妻分别财产制。而这样一种分别的财产所有模式，本身不符合我国大部分家庭的生活模式和习惯，甚至可能给家庭的日常生活造成麻烦和矛盾。所以婚前财产约定存在的初衷，就是为存在特殊需要的夫妻提供确立分别财产制的法律工具，本就不可能被普遍使用，所以婚前财产约定应用较少是正常情况。不过，也不能否认在真正需要订立婚前财产约定时，情感因素也会成为不能忽视的阻碍。

根据实践经验，客观上建议男女双方订立婚前财产约定的情况有以下几种：其一，本身就不愿意接受婚后共同财产制度的男女双方，自然可以通过婚前财产约定对婚后财产进行安排。其二，所持财产的实际归属特别复杂，甚至部分财产并非自己所有，而是为他人代持。例如，为父母或亲属理财或是为他人代持股权及不动产等情况。这类人群因为部分财产并非为自己所有，为了避免未来婚姻发生变故，影响这部分财产以及实际财产所有人的利益，给财产实际所有人增加不必要的法律风险，建议提前通过婚前财产约定对这部分财产的权利归属和相关问题进行明确。其三，再婚家庭中由于男女一方或是双方本身可能有各自的子女以及财产，甚至可能存在上一段婚姻的遗留问题，故此也建议在婚前先对财产进行约定，以免后续产生麻烦。其四，如果男女一方经营公司或是在创业阶段的，那么考虑未来企业经营管理的稳定性，其他股东的利益以及公司未来融资及上市的具体安排，也建议通过婚前财产约定提前对股权问题作出约定。目前一些公司在融资阶段也会要求主要创始人的配偶签署配偶承诺函或是同意函等法律文件，实际上也可以看作是一种婚姻财产约定。而对于因创业或是企业经营有较大可能负债的人，签订婚前财产约定也是对于另一方以及整个家庭的保护。

还有一些情况订立婚前财产约定的必要性不强，例如男女双方的经济条件差距极大，或是经济条件优越一方的大部分财产如婚房等，主要来自长辈的赠与或是出资。与之相对的是，男女一方在婚前就有数额较大或是数量较多的负债，或是存在对外债权债务关系纷乱复杂的问题，此时另一方出于保护自身的目的建议订立婚前财产约定。实际上，对有必要订立婚前财产约定的情况可以作简单的归纳，但肯定是无法完全列举的，不同家庭有不同的需求和问题。不过婚前财产约定本身也并不能将所有财产问题都放在一个协议中一次性解决，有时候可以仅针对一些特殊的或是重点的问题进行约定，例如公司股权、负债以及对长辈财产的继承或是赠与等问题，就足以满足需要，更有利于男女双方的沟通和接受。

总体来说，虽然依然可能出现婚内财产混同等导致婚内个人财产被认定为夫妻共同财产的情况，间接使得婚前财产约定的内容失效，但婚前财产约定仍然是最为简便、有效地针对婚姻内财产处置安排的手段。如果希望能够成功订立一份婚前财产约定，则需要注意两个重点，即公平与尊重。对于将要步入婚姻的人来说，在婚前财产约定中充分获取更有优势的约定内容看起来是更加有利的，但这毕竟只是步入婚姻的第一步而非婚姻的最后一步，婚前财产约定应当充分考量未来夫妻双方在婚姻中的付出和贡献，特别要对在非经济上付出和投入的一方给予充分的认可和尊重。同时这种尊重也不应该限于夫妻双方，对于两个家庭也应同样如此，只有这样才能使当事者更加容易接受婚前财产约定的安排和意义。但不能否认的是，婚前财产约定不可避免地会对离婚时的夫妻财产分割产生影响，所以不论如何，在目前的客观环境下，除了存在特殊的原因和需要，可能大部分准夫妇对这一工具的接受程度都是有限的，而对于签署婚前财产约定的男女双方来说，这样一份法律文件的生效除非有特殊的约定，否则并不需要特殊的条件，仅需要双方的签字。所以无论是婚姻的哪一方，面对这样一份财产约定，都需要抱有认真和谨慎的态度。

在婚前设立民事信托无需未来配偶的同意，自己可以对婚前财产以及这部分财产在婚后的状态提前作出安排。不过这样安排的效果依然是有限的，因为在婚后所获得的大部分财产，根据《民法典》及相关司法解释的规定依然属于夫妻共同财产。实际上婚前设立民事信托只能将婚前财产与婚后财产进行明确的切割，如果能够保证婚前财产的投资运作都在信托中进行，那么基本可以确保婚前的个人财产不会受到婚姻的影响而被认定为夫妻共同财产，也不会与婚后夫妻共同财产产生混同。同时由于从信托中得到的分配所得是个人财产，就像上文已经阐述过的，如果能够保证获得分配之后的财产转化过程是清晰的，那么基本也可以保证获得信托分配后转化所得的财产依然是婚内个人财产。例如，从信托获得现金分配后，再使用这部分现金全款购买不动产，就能确保该不动产是婚内个人财产。但由于始终缺少对婚内财产制度的特殊约定，如果使用这部分现金进行投资，虽然这部现金对应的投资本金依然是个人财产，但是投资收益可能就会成为夫妻共同财产。所以可以看到，民事信托实际上并不像很多机构宣传的那样，对于婚前财产约定具有替代性。简单来说，婚前民事信托理论上仅可以用于替代和实现婚前财产约定中对婚前财产部分的规划。在没有婚前财产约定的情况下，民事信托理论上所能起到最大的作用，就是确保婚前个人财产以及其在婚后产生的收益能够与婚内共同财产进行完全的切割，不用担心出现婚后混同被认定为夫妻共同财产的情况。

而要实现这一理论上的目的，也需要尽可能地保证财产在信托中运作，否则一旦分配到个人名下就有可能产生混同的风险。所以除非是极为特殊的场景，民事信托在婚前的使用空间和意义并没有想象中的大。这些特殊的场景主要集中在一种情况下，就是男女一方或双方在婚后所可能产生的经济价值主要依赖于婚前已经存在的客观条件和因素。例如，一方的主要收入是婚前创办的公司，那么婚前就可以将公司股权置入信托之中，这样婚后公司不论是出售、增资、并购甚至融资上市，也不论公司能够带来多少分红，都可以确保其不会成为夫妻共同财产。而经营公司的一方也可以通过民事信托将夫妻双方都设置为信托受益人，享受公司经营带来的利益，却可以将股权隔离在夫妻共同财产之外，同时也可以在婚姻发生变故时随时终止对方的受益人身份以保护自身。再如，一方的收入主要来自自己的投资收入，那么在婚前可以将本金装入信托，婚后通过信托的结构进行投资，以确保投资的本金和收益都在信托的结构之中，将其隔离在夫妻共同财产之外，如此就算未来婚姻发生变故也不用担心自身利益受到超出预计的损失。当然，如果一方的主要财产来源依靠父母或是其他亲属的赠与，而非婚后自己创造的财富，同样也可以通过民事信托来解决，只不过这里信托的委托人就不再是男女一方而是亲属，这个问题在后文赠与一章会作详细阐释。从这些例子来看，实际上这部分民事信托所能解决的问题，与上述订立婚前财产约定所要解决的问题是相似的。

从相反角度来看，在没有婚前财产约定的情况下，如果主要的财富都是在结婚后创造出来的，或是婚前没有值得规划的财产，那么婚前设立民事信托就没有太大作用。当然这并不是说婚后不能设立民事信托，只是说婚后设立民事信托的财产大概率已经是夫妻共同财产了，此时设立信托就需要夫妻双方共同设立，或是一方设立、另一方同意。这也提醒我们任何法律工具都有其价值和不可替代的作用，如果能够在设立婚前民事信托的同时配合设立婚前财产约定，可能会取得更好的效果。不过很多时候这种方案只存在于理想的状态之中，单一的婚前民事信托对于很多人来说就成为退而求其次的选择。所以民事信托虽然不能完全替代婚前财产约定，但通过婚前民事信托的设立，男女一方可以解决部分原本需要通过婚前财产约定进行安排的婚前个人财产的部分规划问题，且无需经过另一方的同意。而这一部分问题，本身也与建议订立婚前财产约定的一部分主要需求相吻合。所以婚前财产约定虽然不能被完全替代，但如果粗略地说民事信托可以实现一部分婚前财产约定的功能，似乎也并无不可。

（四）忠诚协议

忠诚协议，简单来说就是男女双方在婚前或是婚后，以保证双方的婚姻忠诚为目的订立的协议。在实务中，订立忠诚协议的方式，并不局限于男女双方协商一致签字订立，还可以由一方作出单方承诺。订立忠诚协议的诱因有很多，例如婚前男女双方为了保证婚后对婚姻的忠诚而订立，或是在一方已经出轨的情况下，为了挽回婚姻，表示悔过而订立等。而对于违反忠诚协议一方的“惩罚”，主要集中在人身关系和财产关系两个方面。在人身关系方面，主要有类似于出轨一方不得离婚，或是出轨一方丧失子女抚养权等。这类约定与婚前财产约定中提到的人身约定类似，基本上都处于无效的状态。而在财产关系方面，常见的有“罚金”“净身出户”以及“少分财产”等。对于财产关系方面约定的效力，目前实务中的认识并不统一。

夫妻之间签订忠诚协议，应由当事人本着诚信原则自觉自愿履行，法律并不禁止夫妻之间签订此类协议，但也不赋予此类协议强制执行力。如果法院受理此类忠诚协议纠纷，主张按忠诚协议赔偿的一方当事人，既要证明协议内容是真实的，没有欺诈、胁迫的情形，又要证明对方具有违反忠诚协议的行为，可能导致当事人为获取证据窃听电话、私拆信件，甚至发生更为恶劣的对个人隐私权的侵犯情形，夫妻之间的感情纠葛可能演变为刑事犯罪案件，其负面效应不可低估。因此，从整体社会效果考虑，法院对夫妻之间的忠诚协议纠纷以不受理为宜。另外，赋予忠诚协议法律强制力的后果之一，就是鼓励当事人在婚前签订一个可以“拴住”对方的忠诚协议，这不仅会加大婚姻成本，也会导致建立在双方情感和信任基础上的婚姻关系变质。从法律不保护婚约的情况看，当事人双方如果约定一旦订婚必须结婚，否则违约方就要支付若干违约金等，对如此主张，法院一般不会予以支持。同样道理，忠诚协议实质上属于情感、道德范畴，当事人能够自觉自愿履行当然很好，如违反忠诚协议一方心甘情愿净身出户或赔偿若干金钱，为自己的出轨行为付出经济上的代价。但是如果一方不愿履行，也无法强迫其履行忠诚协议，就如同超过诉讼时效的债权债务是否履行全凭债务人的自愿。① 而从目前上海市高级人民法院和江苏省高级人民法院的相关

① 最高人民法院民法典贯彻实施工作领导小组主编：《中华人民共和国民法典婚姻家庭编继承编理解与适用》，人民法院出版社 2020 年版，第 39 页。

规定来看，对有关忠诚协议问题均倾向于法院不予受理，已经受理的裁定驳回起诉。事实上大部分法院对于仅以违反忠诚协议为由提起诉讼，不涉及离婚的，一般都会作不予立案的处理。当然如果是在提起离婚诉讼的同时主张忠诚协议的内容的则另当别论，不过此时是否能得到支持依然不明确。

不过实务中也存在支持忠诚协议的情况，深圳市中级人民法院 2014 年 5 月 21 日发布的《深圳市中级人民法院关于婚姻家庭纠纷案件的裁判指引（2014 修订）》第三十七条明确了，“一方当事人以另一方当事人违反忠诚协议导致离婚为由请求另一方当事人在离婚时履行其在忠诚协议中所作损害赔偿承诺的，人民法院应予支持，但该忠诚协议约定的损害赔偿数额过高时，人民法院可以适当调整”。在实务中也不乏支持忠诚协议的判例[①]，从总体来看，排除法院在离婚案件中回避处理忠诚协议有效性问题的情况后，判例中虽然不支持忠诚协议的情况依然占多数，但并不具有压倒性的数量优势。

可以看到，忠诚协议的效力是否会被认可这一问题，在不同地区，甚至相同地区的不同法院可能都会有不一样的解答。一般情况下，对于违反忠诚协议行为的具体化和明确化，以及将违反一方所受处罚限定在一个较为合理的金额之内，可以在一定程度上增加忠诚协议有效的概率。相反类似于“净身出户”等完全剥夺过错方财产和权利的约定，是明显超过违约方所能负担的合理范围的，一般情况下都不会被法院所采纳。

---

① 四川省成都市中级人民法院（2019）川 01 民终 1078 号；贵州省贵阳市中级人民法院（2018）黔 01 民终 5882 号等。

尽管忠诚协议在效力上存在不确定性，但其本身的存在确实具有一定现实价值。一方面，某些情况下忠诚协议是过错方悔过的表现，对于修复和稳定婚姻具有一定积极意义。男女一方已经根据忠诚协议履行的财产约定，也会被法院所认可，一般情况下不会撤销。所以在出现类似情况时，订立忠诚协议的同时直接完成相关的财产交付，也不失为一种有效的手段。另一方面，在离婚案件中，为了挽回婚姻所作出的忠诚协议本身也可以作为另一方出轨或是存在其他过错的证据。而在法院对夫妻共同财产进行分割时，法官即使最终未认可忠诚协议的效力，往往也会考虑忠诚协议的存在以及夫妻一方的过错，酌情对无过错方予以照顾。

相较于在司法实务中忠诚协议的不确定性，民事信托可以赋予忠诚协议在应用层面的确定性。简单来说，就是男女双方设立民事信托，并将夫妻之间的忠诚义务以及具体要求，也就是不违背忠诚协议的内容，作为享有信托受益权的条件，而违反的一方将丧失全部或是部分的受益权。当然这一切假设是建立在男女双方愿意签订忠诚协议的基础之上，但在这个过程中也会存在一些问题，其中最重要的是如何以及由谁来评判受益人是否违反了忠诚协议的义务。设置过于严苛或容易的标准，都可能导致最终结果难以符合设立信托的初衷。同时，如果缺少中立公正的第三人作出评判，也有可能导致这一信托的设立既无法达到忠诚协议的效果，还有可能成为一方侵害另一方权益的手段。或许在这一问题上，将判决中法院对相关事实的认定作为判断标准，相对来说是较为客观可行的。但这样操作也会存在法院判断标准过高，或是法院对出轨的相关事实在法律文书中没有进行明确的问题。所以依然需要结合其他的方式，以确保忠诚协议的目的能够在信托中真正实现。另外对于实际操作过程中的细节问题，例如出现一方违反忠诚义务的情况时，是否需要暂停或减少其信托分配，以及男女双方都违反了相关忠诚义务时如何处理等问题，都需要进行细致且全面的考量。可以说，作为一种全新的尝试，通过民事信托实现忠诚协议方案，在相关信托的设计和落地上具有较高的难度，也几乎仅停留在理论的层面，但确实能够在较大程度上实现忠诚协议的效果。

二、婚姻关系的存续

婚姻关系存续期间，夫妻双方的人身关系以及财产关系都趋于稳定，在社会中，也存在以家庭为整体的外在形象，这也使得夫妻一方的法律行为及其效果会及于夫妻双方。同时，夫妻双方在婚姻上的结合，往往也是两个家庭的结合，此时夫妻双方要面对和处理的也不仅是两个人之间的问题，还是两个家庭的问题，这也为婚姻关系的存续带来了很多的问题和变数。两个家庭的结合，就像男女之间的恋爱一样，也需要尊重、忍让与换位思考，一旦处理不当，最终也可能导致婚姻走向解体。在这个过程中，民事信托是否可以为软化纠纷、化解矛盾起到一定作用，也是值得我们探讨的内容。

（一）婚内分割夫妻共同财产

婚内请求分割夫妻共同财产是一种极为少见的特殊情况。根据《民法典》的相关规定，仅在一方有隐藏、转移、变卖、毁损、挥霍夫妻共同财产或者伪造夫妻共同债务等严重损害夫妻共同财产利益的行为，或一方负有法定抚养义务的人患重大疾病需要医治，另一方不同意支付相关医疗费用时，夫妻一方才可在婚姻关系存续期间请求分割共同财产[①]，并且在相关司法解释中也进一步明确了，配偶一方非基于法定事由请求婚内分割共同财产的，人民法院不予支持[②]。可见法律对于婚内分割夫妻共同财产的问题秉持限制和谨慎的立场，这一点也同样体现在司法实践之中。例如配偶一方本人患重大疾病需要医治，另一方不同意支付相关医疗费用的情形，并非婚内分割夫妻共同财产的法定事由，以此理由提起诉讼无法获得法院的支持。不过，夫妻之间本身就存在扶养义务，所以完全可以基于此提起诉讼要求另一方支付医疗费用[③]，而无需分割夫妻共同财产。

在实务中，由于离婚案件中提出分割夫妻共同财产的诉请，以及涉及夫妻一方存在的隐藏、转移、变卖、毁损、挥霍夫妻共同财产的问题，法院只有在判决离婚的前提下才会进行处理。但在首次提起离婚诉讼时，获得法院支持并判决离婚是很不容易的。所以在一些紧急情况下，即使最终诉请未获法院支持，但通过起诉要求分割婚内共同财产的方式，也可以在诉讼过程中通过申请法院调查或是向法院申请调查令以取得并保存相关证据，以备后续在离婚案件

---

①《中华人民共和国民法典》第一千零六十六条规定："婚姻关系存续期间，有下列情形之一的，夫妻一方可以向人民法院请求分割共同财产：（一）一方有隐藏、转移、变卖、毁损、挥霍夫妻共同财产或者伪造夫妻共同债务等严重损害夫妻共同财产利益的行为；（二）一方负有法定扶养义务的人患重大疾病需要医治，另一方不同意支付相关医疗费用。"

②《最高人民法院关于适用〈中华人民共和国民法典〉婚姻家庭编的解释（一）》第三十八条规定："婚姻关系存续期间，除民法典第一千零六十六条规定情形以外，夫妻一方请求分割共同财产的，人民法院不予支持。"

③《中华人民共和国民法典》第一千零五十九条规定："夫妻有相互扶养的义务。需要扶养的一方，在另一方不履行扶养义务时，有要求其给付扶养费的权利。"

中主张并保护自身权利。

民事信托对于婚内共同财产分割的问题，特别是夫妻一方隐藏、转移、变卖、毁损、挥霍夫妻共同财产的问题，并不能提供更好的解决方案。但在条件允许的情况下，为了自身家庭或是双方父母的养老及医疗等基本需求，专门设立信托或是将原有信托中的一部分财产为此目的进行预留，可能可以减少婚姻关系中出现矛盾的概率，为弱势群体在特殊情况下提供保障。

（二）婚内财产约定

婚内财产约定与婚前财产约定的区别基本上只在于协议订立的时间，前者订立在婚前，后者订立在婚后，其他方面并无明显区别，甚至于两者签订的原因有时候也颇为相似，这里就不再赘述。当然由于订立的时间并不相同，婚内财产约定订立时往往已经存在较为明确的夫妻共同财产，所以婚内财产约定一般情况下更注重现有财产的分割，但这也并不代表婚内财产约定不可以对未来获得财产的归属进行约定。同样也是因为订立的时间不同，婚内财产约定中也更可能出现对于离婚时财产处分的相关约定，此时应当注意相应的表述，避免在内容上因与离婚协议产生混淆而适用离婚协议的相关要求。具体内容，笔者将在离婚协议部分进行分析。

在实务中，订立婚内财产约定的起因有时与忠诚协议是相同的，也就是婚内夫妻一方已经出现了出轨等违背忠诚义务的行为，为挽回婚姻，表示悔过而订立。此时理智地使用婚内财产约定代替忠诚协议，可以较好地回避忠诚协议有效性的问题，促使约定中对于夫妻财产的处分得到法院的认可。相反，如果将婚内财产约定与忠诚协议混为一谈，特别是出现类似于“净身出户”等对一方负担过重的不合理处分时，婚内财产约定同样容易在约定效力的认定上出现问题。

订立婚内财产约定时，也要注意相关的操作和手段，避免出现因胁迫订立而导致约定被撤销的情形。例如通过所谓的“捉奸”行为，在现场依靠己方的人数优势和暴力威胁逼迫对方签订的协议，就极有可能最终被法院撤销。不过在实务中，更多的是本身就存在家暴的情况，而一方在另一方的暴力威胁之下签订了婚内财产约定。在重庆市高级人民法院发布的《重庆法院2022年度民事审判十大典型案例》中就有这样一则案例。李某（女）、韩某某（男）系夫妻关系。2020年9月22日，李某在提起离婚诉讼前因害怕受到韩某某伤害离开重庆前往成都躲避。9月26日，韩某某在成都某酒店找到李某，并强行将其带回重庆。9月27日，李某到某医院就诊，病历载明李某头胸部软组织挫伤等内容。当日，李某律师报警称其当事人李某在2020年9月26日遭到韩某某殴打，致李某额头、全身多处软组织挫伤。公安部门向李某、韩某某作了询问笔录。李某在询问笔录中称，2020年9月27日凌晨1时许，韩某某在家中让李某签协议，并威胁李某不签要打死李某，李某害怕，便于凌晨4时许在协议上签字。9月28日，李某申请人身保护令，法院经审查后核发了人身保护令，禁止韩某某对李某实施家庭暴力。李某向人民法院提起诉讼，以受胁迫为由，请求撤销落款时间为2020年9月8日、9月15日的两份协议。重庆市高级人民法院审理认为，认定夫妻财产协议是否系受胁迫签订，应当根据是否存在实施胁迫行为的初步证据、夫妻感情状况、双方日常生活表现等事实，运用日常生活法则进行综合认定，而不能苛求当事人必须举示直接证据加以证明。故最终根据相关证据判决撤销落款时间为2020年9月8日、9月15日的两份协议。

另外，在婚内财产约定涉及夫妻一方个人财产的处分时，该处分有可能被认定为一方对于另一方的赠与。这种赠与在涉及动产，例如车辆、珠宝首饰或是艺术藏品等时，一般不存在问题。原因在于动产的物权变更以交付为生效要件，所以只要接受财产的一方占有了财产，就可以视为赠与已经完成，不可以轻易撤销。但在涉及不动产时，由于房产的物权变动以登记为生效要件，而在实践中又有诸如存在银行贷款无法办理产权的变更登记或是夫妻一方拖延，或是没有想到办理变更登记等的原因，导致在夫妻双方对于房产归属作出约定后，却没有及时办理登记的情况，这就会使得赠与行为本身并没有实际完成，赠与的一方就有机会行使撤销权以撤销赠与。当然目前在实务中，大部分情况下，特别是夫妻一方对于夫妻共有房屋作出全部或是部分产权归另一方所有的约定时，即使认为这种处分实为赠与，法院一般也不会允许赠与人任意撤销。但在小部分情况下，特别是在房屋完全为赠与人个人财产时，则有可能适用《民法典》第六百五十八条，允许赠与人在赠与财产的权利转移之前撤销赠与①。但未来司法实践是否会发生变化，以及会向着哪个方向变化无法预料。所以为了使赠与人无法轻易撤销赠与，在签订婚内财产约定后，动产应当尽早完成财产的交付，而不动产则需要及时办理相关的变更登记。同时，也可以充分利用公证手段，以

① 《最高人民法院关于适用〈中华人民共和国民法典〉婚姻家庭编的解释（一）》第三十二条规定："婚前或者婚姻关系存续期间，当事人约定将一方所有的房产赠与另一方或者共有，赠与方在赠与房产变更登记之前撤销赠与，另一方请求判令继续履行的，人民法院可以按照民法典第六百五十八条的规定处理。"

确保婚内财产约定的效力。①

民事信托对于婚内财产约定的适用性要大于婚前财产约定，这主要是因为婚内财产约定更加偏重于对婚内已有财产的处分和分割，此时这些财产理论上都可以通过信托进行管理和处置，婚内财产约定的内容也可以转化入信托文件之中。当然，如果仅是单纯对婚内财产进行分割，使用民事信托似乎有多此一举之嫌。而信托相较普通婚内财产约定的优势其实在于其灵活性和可变性，类似于民事信托在忠诚协议上的应用。如果夫妻双方对于财产的分割约定需要在满足一定条件后才能生效，或是在满足一定条件时将发生变化，那么通过民事信托进行相应的设计，相较于签订新的婚内财产约定或是多次变更财产的归属将更为简便，也更加具有稳定性，不用担心一方的反悔给另一方造成损失。而在夫妻双方接受婚内财产约定安排的前提下，民事信托的结构也更便于引入第三方对约定中所设置的条件是否实现进行判断和评估，如此设计可能也更能解决夫妻双方订立婚内财产约定的后顾之忧。对于一些特殊夫妻共同财产的处置，民事信托也可以提供不一样的解决方案，例如将股权置于信托之中，将配偶设置为信托受益人的模式，实际上就是利用了信托分离控制权和受益权的功能将股权进行了拆分。使得配偶在享受股权收益的情况下，不会因为一些特殊情况的发生，对公司的管理运作产生负面影响。配偶作为实际上的受益人，在可以享受股权带来的收益的情况下，也更容易理解和接受这样的安排。当然类似安排并不一定需要通过民事信托来进行，但民事信托确实提供了一

①《中华人民共和国民法典》第六百五十八条规定："赠与人在赠与财产的权利转移之前可以撤销赠与。经过公证的赠与合同或者依法不得撤销的具有救灾、扶贫、助残等公益、道德义务性质的赠与合同，不适用前款规定。"

种较为简便的新的备选方案。

而婚内财产约定与民事信托的关联也不止于此。前文提过目前境内设立家族信托时，如果委托人是夫妻一方的，一般会要求另一方作出相应的财产声明，或者签署配偶同意函之类的法律文件。这类文件在目前的实务中，起到的效果与婚内财产约定无异。在大部分情况下，是在对预备设立信托的财产进行约定，明确这部分财产为委托人个人所有，再由委托人个人设立信托。不过在小部分情况下也存在仅由委托人配偶同意以夫妻共同财产设立信托的情形，此类情形下的同意函就不再具有婚内财产约定的性质了。但不论如何，一旦通过财产声明对夫妻共同财产的归属进行了约定，那么实质上都可以归入婚内财产约定的范畴，也同样需要符合上述婚内财产约定的相关要求，否则可能因为财产约定无效间接影响到信托的效力。相对地，签署文件的配偶一方，也应当有充分的注意，因为这不是在简单地购买信托产品，而是在约定夫妻共同财产的归属。如果对相关文件中的内容处理不当，先不论设立信托后自身权益能否获得保障，在信托未成功设立的情况下，也并不代表相关文件中对于夫妻共同财产的约定就一定无效了，此时签署文件的配偶一方，将陷入极为尴尬的境地，会面对较大的风险隐患。

（三）生育权

生育权，简单来说就是决定生育自由的权利。随着社会的进步，目前对于生育权的争议也慢慢增多。不论是婚后一方拒绝生育，或是怀孕后堕胎并未告知配偶的情形，从目前的实务来看，虽然夫妻双方都有选择生育与不生育的自由，但由于妊娠过程与妇女的健康权和身体权息息相关，所以女性对于生育权实际上享有最终的决定权。《最高人民法院关于适用〈中华人民共和国民法典〉婚姻家庭编的解释（一）》中的相关规定，实际上也支持了这一观点。①

虽然法律对于生育权已经有了较为明确的判断，但是在现实生活中，生育问题往往会成为夫妻之间，甚至于两个家庭之间矛盾的导火索。毕竟在我国的传统观念之中，生育可能是家庭的头等大事，甚至于长辈对于生育的关注程度远超夫妻自身。所以在生育意愿消退，保障生育自由的大背景下，部分长辈开始采取生育激励的手段，希望以此使得晚辈能够早生多生。而生育激励相关的分配条款，在民事信托中也已经被广泛地接受和应用。在过往案例中，部分委托人通过为子女及其配偶设立民事信托的方式，在保障其日常生活需求之外，对其生育下一代进行奖励。在相关设计中，常见的有每一位后代的诞生都能使其父母从信托中获得分配以作奖励，更有甚者，会直接通过信托负担所有诞生后代的教育及生活支出，并向其父母定期分配抚养费用以减轻父母养育子女的经济负担，减少其顾虑，增加其生育意愿。当然激励始终并非强制手段，当代青年生育热情的降低也并不仅是因为经济原因，所以相关生育激励是否有效可能也是因人而异的。不过民事信托的特性，也确实使得生育激励从一种口头承诺，成了一种夫妻双方能够识别和衡量的并确保

---

①《最高人民法院关于适用〈中华人民共和国民法典〉婚姻家庭编的解释（一）》第二十三条规定："夫以妻擅自中止妊娠侵犯其生育权为由请求损害赔偿的，人民法院不予支持；夫妻双方因是否生育发生纠纷，致使感情确已破裂，一方请求离婚的，人民法院经调解无效，应依照民法典第一千零七十九条第三款第五项的规定处理。"

能够落实的纸面承诺，从中也足以见到长辈的诚意和美好的期待。

（四）婚内的继承与受赠

在现实生活中，对于普通人来说，可能有一大部分的财产都来自长辈的传承和赠与，这是目前社会各方面存在的客观情况所决定的。这部分财产如果是在婚前取得的，一般情况下则毋庸置疑地属于个人财产。但是如果是在婚内取得的，在没有特殊约定的情况下，则属于夫妻共同财产。① 这里的特殊约定是指，在遗嘱或是赠与合同中明确表示该部分财产只属于夫妻一方。② 这看似是很简单的要求，但在相关案例中往往却看不到类似的约定。这可能存在很多原因，一部分原因是相关人在订立遗嘱或是赠与时对这一要求并不了解，或者根本上没有意识到财产将成为夫妻共同财产的可能性，所以忽略了相关操作。另外也存在基于人情和情感的因素，部分长辈并没有排斥财产成为子女夫妻共同财产的情况出现。不过相较来说，可能更多的原因还是在于，大部分人根本没有订立遗嘱的意向，对于自己的赠与行为也没有相应的意识。实务中最常见的纠纷情形，就是婚内夫妻双方或是一方的父母出资为夫妻双方购房的

---

①《中华人民共和国民法典》第一千零六十二条第一款规定："夫妻在婚姻关系存续期间所得的下列财产，为夫妻的共同财产，归夫妻共同所有：（一）工资、奖金、劳务报酬；（二）生产、经营、投资的收益；（三）知识产权的收益；（四）继承或者受赠的财产，但是本法第一千零六十三条第三项规定的除外；（五）其他应当归共同所有的财产。夫妻对共同财产，有平等的处理权。"

②《中华人民共和国民法典》第一千零六十三条规定："下列财产为夫妻一方的个人财产：（一）一方的婚前财产；（二）一方因受到人身损害获得的赔偿或者补偿；（三）遗嘱或者赠与合同中确定只归一方的财产；（四）一方专用的生活用品；（五）其他应当归一方的财产。"

情况。大部分人可能都没有意识到，在没有签订借款协议或是设立其他法律关系的情况下，这一行为在法律上很有可能被认定为对夫妻双方的赠与。

一般情况下，父母在子女婚内为子女购房的，不动产将被认定为子女的夫妻共同财产。当然这里也存在一些差异和特例，如果一方父母支付不动产首付，不论不动产登记在自己方子女名下还是夫妻双方名下，其后由夫妻双方共同还贷，该不动产一般都会被认定为夫妻共同财产。登记的区别在于如果不动产登记在子女与配偶双方名下的，则父母的出资将被认定为对夫妻双方的赠与。而如果登记在自己子女名下，虽然不动产依然是夫妻共同财产，但父母出资的客观情况，将在夫妻离婚时被法官作为影响分割比例的因素予以考虑，对最终的不动产分割产生有利于出资一方子女的影响。《北京市高级人民法院关于审理婚姻纠纷案件若干疑难问题的参考意见》中就存在类似意见："婚后由一方父母支付首付款为子女购买的不动产，产权登记在出资人子女名下，由夫妻共同偿还余款的，该不动产应作为夫妻共有财产，在离婚时综合考虑出资来源、装修情况等因素予以公平分割"。

当然这里还存在，一方父母在子女婚内全额出资购买不动产的情况，若登记在子女与配偶双方或是对方子女名下的，在无特殊证据证明具有其他意思表示的情况下，一般也同样认定为对夫妻双方的赠与，不动产也属于夫妻共同财产。而如果仅登记在自己子女名下，虽然目前依然有大部分观点认为这一登记方式是父母将不动产赠与自己子女一方的明确意思表示，所以会将婚内一方父母全额出资且登记在己方子女名下的不动产认定为对己方子女个人的赠与，也就是将不动产认定为己方子女的婚内个人财产。但这一裁判规则，由于涉及法律的理解和适用问题，目前也出现了明显的松动，具体将在后文涉及离婚的问题时再作详述。

而关于子女在婚内传承长辈财富的问题，其实对于很多家庭来说，也是一个两难的问题。很多人会觉得在为子女买房之类的事情上，如果对于自己子女的“偏袒”表现得过于刻意和明显，可能会影响子女夫妻之间以及大家庭的成员之间的和谐关系。但同时长辈们又会忍不住为自己子女未来婚姻最坏的情况作好打算。所以在实务中，为解决这一类问题，民事信托有着极高的利用率，在设立民事信托的委托人里，或多或少都会带有预防子女婚姻风险的主要或次要目的。而民事信托对于类似问题的处理极为简单，父母可以作为委托人设立信托，将子女或是子女与其配偶共同作为受益人列入信托即可。此时由于信托财产的独立性，一般情况下信托财产不存在被认定为子女夫妻共同财产的可能性。

另外，对于信托存续过程中向受益人的分配，可以提前在信托文件中明确该部分分配是受益人的夫妻共同财产还是婚内个人财产。虽然在法律上对于如此约定的效力并无明确规定，但从信托的本质可以看作是委托人向受益人的赠与来看，信托文件中的类似约定是符合《民法典》关于赠与合同中确定只归夫妻一方的财产属于一方个人财产的规定的。不论是通过赠与还是继承，处分财产时对财产仅归属夫妻一方的确定，也就是决定这部分财产是属于夫妻共同财产还是一方个人财产的权利，体现的都是权利人对于自己所有财产的处分自由，委托人将自己所有的财产设立信托自然也是相同的性质。当然如果始终对法律中无明文规定这一点存有疑虑的话，也可以通过另行订立遗嘱或是赠与合同的方式对民事信托的具体安排进行补强。所以一般情况下，民事信托的相关设置，可以使得子女从信托中获得的分配以及后续由分配所得财产转化而来的财产成为明确的婚内个人财产。

这就给我们提供了一定的设计空间，例如将自己子女所获分配设定为个人财产，但将子女配偶所获分配设置为夫妻共同财产，如此在婚姻关系正常存续期间两种不同性质的财产分配设置其实并无太大差异，而一旦婚姻发生变故，己方子女就有可能通过诉讼，来分割配偶从信托中所获利益，以挽回一定损失。当然也可以选择对子女的配偶成为受益人的条件及所获分配的要求和限额进行具体的设置，如此也可以在一定程度上解决父母对子女婚姻以及对子女传承财产的顾虑。基于信托的灵活性，类似设置根据客观情况，只要符合委托人需求，完全可以存在多种形式的安排。在这个过程中，整体信托分配的设计也可以与上文提及的生育激励等内容进行结合，使得委托人具体的、带有一定“偏袒”的传承安排能够以更为柔性化的样态向子女及其配偶展示。不过，信托本身其实不宜作为类似于“零钱包”的随时取用现金的工具。在整体信托的设计过程中，也建议站在更长远的视角，对信托财产进行统一的使用规划，尽量将信托财产留在信托中进行管理和运用，如此一方面更有利于财富的积累，另一方面也可以大大避免信托财产分配后出现的与夫妻共同财产混同的风险。

民事信托在解决长辈向晚辈传承财富的问题时的另一个优势是保密性高。这里可能与夫妻共同财产的问题关系不大，但同样有一定的讨论价值。简单来说，由于信托财产在受托人名下进行管理，所以财产不会出现在受益人名下的账户中，如此一来信托的存在对于受益人的配偶就可以形成一种保密的状态。这种保密状态，其实也可以有效降低产生相应矛盾的可能性。在实务中，也存在委托人在有多子女的情况时，分别为其每一个子女单独设立民事信托的案例。如此设计的目的也是让子女们互相之间对信托获益一事形成一种保密的状态，以此减少子女之间产生矛盾的可能性。相对于其他的应用方式，使用民事信托来解决长辈向晚辈的财富传承问题，已经是较为成熟且被广泛应用的模式。虽然在不动产及股权等特殊财产方面依然会受到一定的限制和阻碍，但对于部分家庭来说，信托依然是一种相对来说更具有可行性的选择。

（五）夫妻共同债务

所谓夫妻共同债务，就是夫妻同意共同负担的债务，或是夫妻关系存续期间为家庭生活所需负担的债务。对夫妻共同债务的界定虽然看似并无争议，但在实务中不一样的举证责任与证明要求将带来完全不一样的审判结果。在 2018 年《最高人民法院关于审理涉及夫妻债务纠纷案件适用法律有关问题的解释》实施以前，夫妻一方在外的负债通常被认定为夫妻共同债务。即使配偶中的一方对于债务的存在并不知情，但只要其对于该债务并未用于家庭生活的主张无法提供有利证据予以证明，该债务就极有可能被认定为夫妻共同债务。但在《最高人民法院关于审理涉及夫妻债务纠纷案件适用法律有关问题的解释》实施以后，这一情况则发生了根本性的变化。配偶一方未签字的债务已不能再当然地作为夫妻共同债务进行处理，也就是确认了“共签共债”原则。债务是否应被认定为夫妻共同债务，取决于债务本身是否超出夫妻日常生活所需，对于明显超出家庭日常生活所需的债务，要求债权人承担举证责任，债权人证据不足的，法院对债权人的请求将不予支持。就是这一变化，使得夫妻共同债务，特别是大额夫妻共同债务被认定的概率大大降低。而在《民法典》出台之后，《最高人民法院关于审理涉及夫妻债务纠纷案件适用法律有关问题的解释》的相关规定，也转化为《民法典》第一千零六十四条的相关规定①。当然在司法实务中也存在一些细节问题和特殊情况，例如，夫妻一方如果仅以证明人身份签字的，该债务并不能被认定为夫妻共同债务。再比如虽然借贷超出了日常家庭生活所需，但借款用于投资经营且所获利润用于夫妻共同生活的，那么该债务应当被认定为夫妻共同债务②等。而针对这一立法变化，借贷机构在实务中也很快作出了反应，最明显的就是目前的民间借贷也好，或是向银行贷款也好，一般情况下都会要求借款人的配偶一并签字确认借款。这也催生出现实中另外一种导致离婚的理由，就是夫妻一方为了公司经营或是其他非日常家庭生活的理由需要办理贷款，而配偶并不配合，所以有借贷需求的一方就希望尽快离婚以申请贷款。这一点虽然不能成为感情破裂的理由，但在一部分案件中，也已经成了离婚谈判的筹码。

虽然对于夫妻共同债务的认定，在司法环境中已经有了极大地改变，但夫妻一方以个人名义借债的，如果借款用于投资经营且配偶亦从中获利的，该债务依然有很大风险被认定为夫妻共同债务。所以在现实中夫妻共同债务依然是不少夫妻最为顾虑的问题，甚至

---

①《中华人民共和国民法典》第一千零六十四条规定："夫妻双方共同签名或者夫妻一方事后追认等共同意思表示所负的债务，以及夫妻一方在婚姻关系存续期间以个人名义为家庭日常生活需要所负的债务，属于夫妻共同债务。夫妻一方在婚姻关系存续期间以个人名义超出家庭日常生活需要所负的债务，不属于夫妻共同债务；但是，债权人能够证明该债务用于夫妻共同生活、共同生产经营或者基于夫妻双方共同意思表示的除外。"

② 最高人民法院（2018）最高法民申 634 号。

为了规避这一风险，不少创业者选择了“离婚不离家”的生活方式，通过“假离婚”将创业的债务风险放在自己身上，将财产放在配偶和子女名下，在创业构成中也会将企业的利润通过一定“手段”转移给亲属。先不去讨论此类操作是否有效的问题，这样的处理方式本身就会为背负债务风险的一方带来极大的婚姻风险。因为其婚姻关系在法律上已经不复存在，其离婚时对于财产的约定，除非存在极为明确的相反证据，否则是并不容易推翻的。此时对于夫妻双方来说，虽然已经不存在婚姻关系无需对外共担风险，但是同样也无法得到婚姻关系的保护，最坏情况下一方可能会经历事业和家庭的双重打击。

民事信托并不能解决债务问题，虽然信托财产具有独立性，信托财产一般不会被法院保全和执行，但在自然人个人负债的情况下，个人名下的财产依然会被法院执行。在婚姻关系存续期间，一旦债务被认定为夫妻共同债务，那么夫妻双方都将成为相关案件的被执行人。法院可以依法进行查询、冻结、划拨被执行人的存款，扣留、提取被执行人的收入，查封、扣押、拍卖、变卖被执行人的财产等。很多时候这将直接导致债务人的财产被全方位地监控，家庭生活质量也将荡然无存。而如果存在一个有效的且未被撤销的民事信托，虽然无法解决整个家庭的债务问题，但可以通过一定方式，将信托内的财产分配给自己的长辈或是子女以供维持一定水平的家庭日常生活，如果信托财产足够的话，也可以向家庭成员提供其他方面如教育或爱好上更进一步的支持。

民事信托对于债务处理的另一种应用方式，就是将“假离婚”与民事信托进行结合。简单来说，就是将“假离婚”中置于配偶名下管理的财产，移置民事信托中进行管理，并设置好相应的管理规则与分配模式。相较于传统的“假离婚”而言，一方面，民事信托提供了资产保护和破产隔离功能且相较于“假离婚”这种实质上是转移夫妻共同财产避债的操作（当然在司法实践中并不一定无效，还需要结合个案的具体情况进行判断），更多了一层法律上有效性的保障；另一方面，由于财产置于信托之中，受到信托规则的约束，也无需担心因为配偶的心态和想法出现变化导致自己人财两空的局面。在民事信托设立的过程中，也要充分尊重男女双方对于家庭的付出，充分考量男女双方的公平问题，此时由于已经不存在法律上的婚姻关系，实际上民事信托已经替代了婚姻关系，发挥了调节男女双方财产关系的作用，所以民事信托的设立就更应该考虑其对整个家庭的正向作用，要让男女双方在信托的设立过程中都能够获得足够的安全感。

而相较于债务的执行问题，还有另一个与夫妻共同债务相关且对家庭生活影响颇大的问题，即保全。保全是指在提起诉讼时，或是进入诉讼程序之后，原告基于被告的行为或其他原因认为被告的某些行为可能导致最终判决难以执行的，可以向法院申请对被告包括银行账户、不动产、车辆等在内的财产进行查封、冻结和扣押等操作，以避免对方转移、隐藏或毁弃财产造成最终执行困难的局面[①]。当然在法律上，有诉前保全和诉中保全两种方式。一般情况

①《中华人民共和国民事诉讼法》第一百零三条规定：“人民法院对于可能因当事人一方的行为或者其他原因，使判决难以执行或者造成当事人其他损害的案件，根据对方当事人的申请，可以裁定对其财产进行保全、责令其作出一定行为或者禁止其作出一定行为；当事人没有提出申请的，人民法院在必要时也可以裁定采取保全措施。人民法院采取保全措施，可以责令申请人提供担保，申请人不提供担保的，裁定驳回申请。人民法院接受申请后，对情况紧急的，必须在四十八小时内作出裁定；裁定采取保全措施的，应当立即开始执行。”

下诉前保全较难获得法院的支持，而诉中保全成功的概率较高。在实务中，涉及诉前保全的情况很少，即使是在起诉同时申请保全也是诉中保全而非诉前保全，只不过在法院收到案件后，法官一般会根据具体案件情况优先审核是否同意保全并在同意后予以办理，实际效果与诉前保全差异不大，都可以在被告未获知诉讼存在时保全被告财产。

保全与执行最大的区别在于，保全无需依据生效判决，也就是无论最终诉讼的结果是否对自己有利，都可以在起诉时或是诉讼过程中保全对方财产。所以在很多情况下，即使被告存在充分的抗辩理由依然有可能被保全财产。同时，保全具有突然性，由于保全可能发生在被告获知诉讼存在之前，当事人完全有可能在尚不知晓自己被起诉的情况下，突然发现自己银行账户被冻结，无法进行交易，其后才接到法院相关的材料和通知。所以在很多情况下，对于夫妻共同债务来说，保全的威胁要远大于执行。因为即使最终的判决结果并未认定夫妻共同债务的存在，在案件审理过程中债权人依然可以保全夫妻双方的财产，冻结双方的银行账户。而在漫长的诉讼程序之中，有时候意味着在几个月、半年甚至一年多的时间内，夫妻双方财产的自由使用都将受到极大地限制，这也会对整个家庭生活带来巨大的麻烦。当然保全的金额必须与起诉的债务相当，所以并非所有被保全的情况都会影响个人全部财产的支配，但这只是程度的问题，对应的麻烦也可大可小，并不能在诉讼未发生之前进行预料和评估。事实上，通过保全财产的方式使得对方陷入生活或是经营的麻烦之中，以此获得谈判中的优势地位，也是一种常用的谈判手段。而在个人名下财产被保全的情况下，如果存在有效的民事信托，从中可以获取家庭日常生活甚至公司经营所需的资金，其效果可以说是“雪中送炭”了。

三、婚姻关系的终止

婚姻关系的终止也就是离婚是很多人不愿意面对，但不得不面对的问题。婚姻关系的终止与婚姻关系的缔结一样，同样代表着人身关系与财产关系的变化和调整，由于离婚时，一般还会涉及子女抚养的问题，所以此时的人身关系和财产关系往往又会相较结婚时更为复杂。在离婚协商时，虽然常常将财产作为谈判的重点，但与其他民商事问题不同的是，在夫妻双方协商的过程中，对于财产的要求往往会掺杂着情感、过错、对家庭的责任以及子女抚养等内容，很多时候难以用绝对的理智来评判。而对于法律来说，对情感与人身关系的介入是很困难的事。而对于离婚财产分割这一非此即彼的零和博弈问题，虽然在婚姻家事领域的法律与司法工作者们作了很多的尝试，但依然难以在法律的层面上完全解决财产分割背后的情感纠葛，很多时候离婚诉讼并不能起到化解矛盾的作用，导致在婚姻关系终止之后，离婚的经历依然可能对夫妻双方以及子女造成长期的负面影响。这可能也是法律的固有属性造成的，法律本就难以细致地处理家庭和情感的问题。近年来，民事信托因其灵活性的特点，逐步开始被离婚的夫妻双方所接受，并作为一种离婚过程中代替法律上简单的财产分割，在财产和情感层面建立更为和谐关系的新型解决方案被引入离婚纠纷的解决方法中。民事信托一方面确实增加了夫妻双方对于离婚后的财产和人身关系达成一定的共识并最终获得和解的可能性，另一方面也在缓和夫妻之间的矛盾上起到了一定的良性作用。

（一）离婚纠纷

目前离婚越发常见，但从程序上看，《民法典》新增了离婚冷静期制度[①]，使得原本一次性可以完成的登记离婚，不但延长了办理的时间，同时也平添了很多变数。在诉讼离婚方面，本身对于夫妻之间感情破裂的认定就较为严格[②]，除非具有特殊情况，否则在夫妻一方不同意离婚的情况下，起诉离婚的诉请很难获得法院的支持。在法院应当准予离婚的情况中，“（一）重婚或者与他人同居；（二）实施家庭暴力或者虐待、遗弃家庭成员；（三）有赌博、吸毒等恶习屡教不改；（四）因感情不和分居满二年”，这几项都较为容易理解，但在诉讼过程中都需要提供相关证据以支持自己的主张，否则法院并不会认可相关事实的存在。同时，一方存在的上述过错一般也会有程度上的要求，例如同居要求夫妻一方与第三人长期稳定的共同居住，再比如赌博吸毒要有屡教不改的情节等。不同法官在个案中也会存在不同的裁量，例如对于家庭暴力问题，先不考虑精神暴力这类特殊情况能否被法官认可，即使最基本的身体暴力，

---

① 《中华人民共和国民法典》第一千零七十七条规定：“自婚姻登记机关收到离婚登记申请之日起三十日内，任何一方不愿意离婚的，可以向婚姻登记机关撤回离婚登记申请。前款规定期限届满后三十日内，双方应当亲自到婚姻登记机关申请发给离婚证；未申请的，视为撤回离婚登记申请。”

② 《中华人民共和国民法典》第一千零七十九条规定：“夫妻一方要求离婚的，可以由有关组织进行调解或者直接向人民法院提起离婚诉讼。人民法院审理离婚案件，应当进行调解；如果感情确已破裂，调解无效的，应当准予离婚。有下列情形之一，调解无效的，应当准予离婚：（一）重婚或者与他人同居；（二）实施家庭暴力或者虐待、遗弃家庭成员；（三）有赌博、吸毒等恶习屡教不改；（四）因感情不和分居满二年；（五）其他导致夫妻感情破裂的情形。一方被宣告失踪，另一方提起离婚诉讼的，应当准予离婚。经人民法院判决不准离婚后，双方又分居满一年，一方再次提起离婚诉讼的，应当准予离婚。”

相同情况的类似证据在不同法官的认知下可能也会产生完全不同的判决结果。另外，一方被宣告失踪，另一方提起离婚诉讼的，要求宣告失踪的程序前置，否则不能作为判决离婚的理由。而经人民法院判决不准离婚后，双方又分居满一年，一方再次提起离婚诉讼时，也要求第一次离婚必须经过实体审理且分居一年的时间自第一次判决生效之日起算。其他还有很多认定夫妻感情破裂的情形，例如一方存在生理缺陷或是患有不适合夫妻共同生活的疾病，或是因为刑事犯罪被长期关押等情况，这些情况是否会被法院认定并判决离婚要依据相关证据的充分程度以及法官的自由裁量。

所以从离婚的程序来说，不论是通过登记离婚，还是通过诉讼离婚，在一方不配合，不愿意离婚的情况下，另一方是极难达到离婚的目的的，对于不存在上述法定离婚事由的案件来说，在夫妻一方不同意离婚的情况下，实务中不乏第二次起诉离婚依然不被法院支持的情况，甚至一小部分极端情况会出现第四次离婚诉讼。另外，由于法律对于离婚诉讼的提起也作了限制，也就是判决不准予离婚的案件，六个月内不得再次起诉[①]，导致离婚诉讼的时间周期可能极长。在特殊情况下，也就是女方在怀孕期间、分娩后一年内或者终止妊娠后六个月内，男方亦不得起诉离婚。[②]所以在夫妻双方无法达成调解的情况下，两年内能获得最终得以离婚的结果已经

---

①《中华人民共和国民事诉讼法》第一百二十七条规定：“人民法院对下列起诉，分别情形，予以处理：……（七）判决不准离婚和调解和好的离婚案件，判决、调解维持收养关系的案件，没有新情况、新理由，原告在六个月内又起诉的，不予受理。”当然，该限制规定仅适用于原告，被告不受此限。

②《中华人民共和国民法典》第一千零八十二条规定：“女方在怀孕期间、分娩后一年内或者终止妊娠后六个月内，男方不得提出离婚；但是，女方提出离婚或者人民法院认为确有必要受理男方离婚请求的除外。”

是一个较为乐观的估计。

其实对于希望离婚的一方来说，如果能与配偶达成一致意见，通过登记离婚的方式，或是通过诉讼之后在法院达成调解的方式实现离婚的目的，可能是一种最为便利的婚姻终止方式。然而由于离婚纠纷极为烦琐，除了财产问题之外，还会涉及子女抚养、一方过错等人身和情感问题，导致通过夫妻之间达成一致意向从而离婚的可能性并不算高。

例如子女的抚养权问题，就涵盖了子女抚养权的归属、抚养费以及探望权的问题，这些都需要夫妻之间能够达成一致，甚至有些时候还要考虑双方家庭的意见。在财产方面，也会出现在财产的获取上是否有父母的出资、对出资性质如何认定、是否认定为夫妻共同财产以及财产如何分割等争议。对不同财产的处理方式也不相同，例如同样为保险，理财性质的保险和人寿险在具体分割的方式上就不相同，是补偿另一方保费，还是补偿现金价值或退保，或是作为对子女的赠与，在不同情况下又会有不一样的处理方式。再比如公司股权分割的问题就更为复杂，上市公司股票的分割还较为简单，因为股价是公开可查询的，股票价值较好确认。而有限责任公司的股票则需要按照夫妻双方是否均为股东的不同情况进行区分。在夫妻一方不是公司股东时，作为股东的一方同意让其配偶成为股东，直接获得公司股权的，还需要面对公司其他股东优先购买权的问题。而在作为股东的一方不同意时，则只能分割股权的现金价值，此时就要面对股权现金价值如何确定的问题。在实践中，公司股权价值难以评估的情况较多，个人独资企业、一人公司、合伙企业等不同主体的股权或者合伙份额的分割都有不同的处理方式，但相较有限责任公司的股权分割也并不复杂，如一人公司或个人独资企业就不存在其他股东优先购买权的问题。而在情感方面，一方对另一方的出轨、恶习或对家庭关心不够等情形，往往也会产生不满。相反，也存在有家暴、吸毒、遗弃等过错的一方坚持不同意离婚，但另一方又缺少相关证据的无奈情形。相应地，也有很多人希望通过证明配偶存在过错以达到多分财产的目的，这种情况在夫妻一方出轨的案件中较为常见。虽然在《民法典》的规定中，加入了财产分割时照顾无过错方的原则，但是否适用，以及在多大比例上予以照顾，在不同案件情况以及不同法官的自由裁量下会出现较大的区别。虽然有少量案例对于夫妻共同财产按照三比七的比例分割，但从大多数案例来看，一方过错实际上对财产分割比例影响并不大，更不可能达到"净身出户"的目的。

由此可见，对于大部分家庭来说，离婚并不是一件容易的事情。很多时候夫妻一方不同意离婚的理由并不是对婚姻本身依然抱有期待，而是在子女抚养以及财产分割等问题上难以与对方达成一致，故而不同意离婚。对于这些问题的解决，民事信托并不能起到决定性的作用，但是确实可以作为一种工具增加夫妻双方对于离婚问题谈判成功的可能性。民事信托可以提供三个功能：其一，为夫妻共同财产离婚分割时非此即彼的情况提供第三种中立状态的选择。具体表现为可以将财产置入信托，对于财产的归属和使用通过信托文件进行约定，使得财产在时间上可以先属于一方再属于另一方，或是在财产使用上设置一定条件和目的，在财产归属上设置一定要求等。例如将不动产装入信托，后续租金收入交由女方用于子女的日常生活和教育，在子女大学毕业后，出售不动产，所得价款由男方与子女平分。如此可以使得具体财产不在离婚的节点就属于夫妻一方，而是在某一时间节点或是在某种条件下才会对一部分信托财产按照夫妻双方的约定进行处分，以此增加夫妻双方关于财产归属的谈判空间。其二，信托受托人或监察人的存在，为离婚协议内容的执行天然地提供了中立的第三方监督，大大增加了双方对于约定内容能够被履行的信心。其三，在信托中可以通过金钱给付的调整，保障一些非金钱权利的实现，例如将探望权的实现与信托分配进行挂钩等。虽然民事信托本身带来的变化无法直接解决任何离婚中的矛盾和对立，但确实可以给相关谈判和协商带来更多空间，在一些情况下通过协商方式而非诉讼方式使达成离婚的结果成为可能。通过夫妻双方达成一致离婚而非判决离婚的方式解决离婚纠纷时，夫妻之间的矛盾在离婚后也往往会相对缓和一些。所以通过协商离婚的夫妻，对于协商约定的内容相较无法协商最终判决离婚的判决内容，会有更好的履行情况，同时对于子女也更能提供一个相对温和的成长环境。这类在情感上的价值和作用，可能才是民事信托作为一种工具介入夫妻双方离婚纠纷的意义所在。

（二）抚养权

关于子女抚养权的问题，就涉及抚养权的归属、抚养费及探望权三个方面。首先面对抚养权的归属，要明确抚养权不等于监护权。父母是子女的法定监护人[①]，即使父母已经离异，离异父母对子女依然具有监护权。当然基于权利行使的便利以及有利于被监护人的原则，实践中如果父母离异的，一般情况下子女的人身监护、财产监护等，主要由直接抚养子女的父母一方行使，但这并不意味着另一方的

①《中华人民共和国民法典》第二十七条第一款规定：“父母是未成年子女的监护人。”

监护权被剥夺。相反，只有在发生损害被监护人权益的极端情况时，才能向法院申请撤销一方父母的监护权。[①]所以在离婚纠纷中，夫妻双方争取的是子女的抚养权。由于夫妻双方离婚之后，一般情况下夫妻双方未来在空间上已经不可能共同生活，所以离婚之后子女由夫妻的哪一方抚养并跟随其生活就是离婚案件中不得不处理的问题。对于两周岁以下的婴儿，除非母亲存在一定特殊情况，否则按照《民法典》第一千零八十四条规定，也就是以母亲直接抚养为原则。[②]而两周岁以上子女的抚养权，以父母双方协商决定。[③]当然如果父母双方协商一致且对子女成长无不良影响的，法院也可能会支持由父亲抚养两周岁以下子女。对于两周岁以上的子女，则协商的结果不论是子女由父亲抚养还是由母亲抚养，或是由父母轮流抚养，都是可以的。而在协商不成须由法院判决的情况下，一般都会判决由夫妻一方抚养

---

①《中华人民共和国民法典》第三十六条规定："监护人有下列情形之一的，人民法院根据有关个人或者组织的申请，撤销其监护人资格，安排必要的临时监护措施，并按照最有利于被监护人的原则依法指定监护人：（一）实施严重损害被监护人身心健康的行为；（二）怠于履行监护职责，或者无法履行监护职责且拒绝将监护职责部分或者全部委托给他人，导致被监护人处于危困状态；（三）实施严重侵害被监护人合法权益的其他行为。"

②《最高人民法院关于适用〈中华人民共和国民法典〉婚姻家庭编的解释（一）》第四十四条规定："离婚案件涉及未成年子女抚养的，对不满两周岁的子女，按照民法典第一千零八十四条第三款规定的原则处理。母亲有下列情形之一，父亲请求直接抚养的，人民法院应予支持：（一）患有久治不愈的传染性疾病或者其他严重疾病，子女不宜与其共同生活；（二）有抚养条件不尽抚养义务，而父亲要求子女随其生活；（三）因其他原因，子女确不宜随母亲生活。"

③《中华人民共和国民法典》第一千零八十四条规定："父母与子女间的关系，不因父母离婚而消除。离婚后，子女无论由父或者母直接抚养，仍是父母双方的子女。离婚后，父母对于子女仍有抚养、教育、保护的权利和义务。离婚后，不满两周岁的子女，以由母亲直接抚养为原则。已满两周岁的子女，父母双方对抚养问题协议不成的，由人民法院根据双方的具体情况，按照最有利于未成年子女的原则判决。子女已满八周岁的，应当尊重其真实意愿。"

子女，不过此时法院将基于“最有利于未成年子女的原则”作出判断，在这个过程中，法院会结合夫妻双方个人及家庭的客观情况进行综合考量[①]。而在双方都争取抚养权且都能给未成年子女提供稳定健康的成长条件时，八岁以上未成年子女的个人意愿也是法院判决抚养权的关键参考。另外，在未成年子女单独随祖父母或者外祖父母共同生活多年，且祖父母或者外祖父母要求并且有能力帮助子女照顾孙子女或者外孙子女的，可以作为父或者母直接抚养子女的优先条件予以考虑。[②]对于多孩家庭，虽然在目前父母同争抚养权的情况下，依然存在判决各自抚养一个的倾向，但也出现了为了未成年子女身心健康成长的目的，在父母一方条件允许的情况下，判决由其全部抚养的情形。另外，根据最高人民法院《第八次全国法院民事商事审判工作会议（民事部分）纪要》中的规定，在审理婚姻家庭案件时，应注重对未成年人权益的保护，特别是涉及家庭暴力的离婚案件，从未成年子女利益最大化的原则出发，对于实施家庭暴力的父母一方，一般不宜判决其直接抚养未成年子女。

在夫妻双方不能协商一致且不适用上述部分特殊原则时，一般

---

①《最高人民法院关于适用〈中华人民共和国民法典〉婚姻家庭编的解释（一）》第四十六条规定：“对已满两周岁的未成年子女，父母均要求直接抚养，一方有下列情形之一的，可予优先考虑：（一）已做绝育手术或者因其他原因丧失生育能力；（二）子女随其生活时间较长，改变生活环境对子女健康成长明显不利；（三）无其他子女，而另一方有其他子女；（四）子女随其生活，对子女成长有利，而另一方患有久治不愈的传染性疾病或者其他严重疾病，或者有其他不利于子女身心健康的情形，不宜与子女共同生活。”

②《最高人民法院关于适用〈中华人民共和国民法典〉婚姻家庭编的解释（一）》第四十七条规定：“父母抚养子女的条件基本相同，双方均要求直接抚养子女，但子女单独随祖父母或者外祖父母共同生活多年，且祖父母或者外祖父母要求并且有能力帮助子女照顾孙子女或者外孙子女的，可以作为父或者母直接抚养子女的优先条件予以考虑。”

情况下，夫妻双方哪一方能举证未成年子女随其生活更有利于身心健康成长，将有更大概率获得子女的抚养权。在实践中，一些常见的证明事项有父母双方的学历情况、工作情况、居住情况、收入情况以及子女日常照料情况等；祖父母、外祖父母或其他亲属是否愿意在离婚后协助或主要照料未成年子女生活，以及是否具有照料未成年子女生活的能力；子女目前的生活情况、学习情况及照料情况，以及离婚后随哪一方生活能最大程度上减少对子女日常生活的影响；子女目前生活学习主要由己方照料，以及对于子女未来学习生活的具体规划；己方具有的法律规定中可以优先考虑获得抚养权的情形；对方具有的不适宜抚养子女的情形等。总体上，这些主张和举证都是围绕着最有利于未成年子女的原则展开的。

而对于抚养费的问题，社会上存在较多争议，原因在于公众普遍认为抚养费的标准过低。即使考虑地区之间的经济差距，在发达地域法院判决抚养费的金额可能也依然不符合普通公众对抚养费的认知，事实上在上海地区的判决中，最高两三千元，低则几百元每月的抚养费确实在很多人的认知中难以满足子女抚养的需要。当然，对于抚养费问题不能单独来看，同样要考虑夫妻共同财产已经同时作出分割的客观情况。总而言之，虽然在《最高人民法院关于适用〈中华人民共和国民法典〉婚姻家庭编的解释（一）》中对抚养费给出了固定收入百分之二十至三十，一般不超过百分之五十的标准①，

①《最高人民法院关于适用〈中华人民共和国民法典〉婚姻家庭编的解释（一）》第四十九条规定："抚养费的数额，可以根据子女的实际需要、父母双方的负担能力和当地的实际生活水平确定。有固定收入的，抚养费一般可以按其月总收入的百分之二十至三十的比例给付。负担两个以上子女抚养费的，比例可以适当提高，但一般不得超过月总收入的百分之五十。无固定收入的，抚养费的数额可以依据当年总收入或者同行业平均收入，参照上述比例确定。有特殊情况的，可以适当提高或者降低上述比例。"

但这一标准在适用时往往只是为了保障抚养费的下限，而不是抚养费的上限，也就是说在非抚养子女的一方收入越高时，此标准越是作为一种参考而非判决标准存在。所以这也是在实务中建议当事人通过协商的方式离婚的原因之一，因为通过协商的方式往往可以提高抚养费的金额，以此为后续子女抚养争取更为有利的经济条件。通过协商解决抚养费的问题，不但能在金额上，更能在时间上打破判决抚养费的限制①，比较常见的情况是将抚养费停止支付的时间约定到子女二十二周岁，也就是子女大学本科毕业以后。当然在子女满十八周岁以后，再将之称为抚养费可能并不恰当，一般用生活、医疗以及教育费用代替，不过如果在夫妻双方的约定中已经约定为抚养费，倒也不必过于谨慎，只要意思表示是清晰的，一般情况下并不会影响约定的效力。

对于抚养费的支付，一般情况下支付一方很难接受一次性支付的要求，往往倾向于按固定期限支付，在司法实践中，除非存在有必要一次性支付的特殊情况，否则法院同样倾向于支持按期支付的方案。在法律上，一方支付的抚养费实际上已经包含了生活费、教育费及医疗费用②，但如果在抚养子女的过程中因子女就医等情况存在大额费用支出的，抚养子女的一方也可以在抚养费之外向对方另行主张，在关于抚养费的约定中，对类似情况一般也会作出特殊

---

①《最高人民法院关于适用〈中华人民共和国民法典〉婚姻家庭编的解释（一）》第四十一条规定："尚在校接受高中及其以下学历教育，或者丧失、部分丧失劳动能力等非因主观原因而无法维持正常生活的成年子女，可以认定为民法典第一千零六十七条规定的'不能独立生活的成年子女'。"

②《最高人民法院关于适用〈中华人民共和国民法典〉婚姻家庭编的解释（一）》第四十二条规定："民法典第一千零六十七条所称'抚养费'，包括子女生活费、教育费、医疗费等费用。"

约定。

在抚养费的问题上，有一类场景较为适合民事信托功能的发挥，就是在一方愿意一次性支付大额抚养费，但对抚养费是否能够妥善地用于子女又存在顾虑时，信托提供了一个相对中立的受托人，完全根据信托文件的规定来决定信托财产的使用，可以在一定程度上打消抚养费支付方同时也是信托委托人的顾虑。在民事信托的分配模式上，可以在每月向子女发放定额的抚养费之外，对于子女教育、就医甚至旅游等事项作出特殊安排，同时可以约定在子女成年或者某一阶段学业结束后，将剩余信托财产一次性分配给子女，或是返还给委托人以终止信托。如此基本可以在一定程度上确保相关财产用于子女本身的同时，维持子女一定的生活质量，并在突发情况发生时及时提供资金支持。而对于抚养子女的一方来说，通过民事信托解决抚养费的问题，一个显而易见的优势在于，不用担心抚养费的支付方出现延期支付、停止支付或是因为财务情况恶化导致无力支付的情况。因为抚养费已经置于信托受托人管理之下，只要妥善地订立信托文件，就能确保子女最终能够稳定地享受到这笔抚养费用，并规避一般抚养费支付过程中可能出现的风险。所以实际上简单来说民事信托在功能上就是实现了支付一方无条件的一次性支付，收取一方附条件的分期收取。民事信托提供的这样一个简单的功能，有时候就能对夫妻双方的矛盾起到很好的协调作用。

而民事信托在抚养权上的另外一种作用在夫妻双方轮流抚养子女的情况下就能体现。大部分情况下在法院的判决书或者调解书中，即使约定夫妻双方轮流抚养子女，抚养权依然会判决给夫妻一方，这也符合实际抚养过程中的客观需要，便于一方父母办理和管理子女的生活及教育等事宜。对于轮流抚养规则的具体约定，若无法在调解书中进行明确，也需要父母双方另行签订协议以作明确。一般选择轮流抚养的父母对于子女的抚养都具有足够的经济能力，所以对于具体费用的支出和使用，结合轮流抚养的具体模式，如果仅是小额支出确实无需作出过于细致的约定。但对于大额支出的需要或是可能性，夫妻双方可以各自拿出一部分财产为子女设置民事信托，以应对可能发生的特殊情况。一方面，可以通过信托文件设置具体的财产使用规则，无需担心资金被另一方使用挥霍，也无需担心在自己不知情的情况下承担了大额的支出；另一方面，民事信托可以为父母双方提供一个中立的平台，增加双方之间的信任度，通过信托文件建立的规则也可以促使父母双方进行良性沟通，减少双方矛盾。同时这一信托的设立，最关键的是可以为子女本身提供稳定的经济来源，在出现疾病或是留学等特殊需求时，都可以从信托中获得支持和帮助，而无需牵扯人情和经济方面的矛盾。

（三）探望权

探望权可以说是抚养权的另一面，同样也是离婚时需要解决的问题。在离婚纠纷中，未获得抚养权的一方，自然就具有探望权[①]。对于如何行使探望权，一般由夫妻双方进行约定，约定不成的，由法院进行判决。但是在实务中，对于夫妻双方没有在法庭上

①《中华人民共和国民法典》第一千零八十六条规定："离婚后，不直接抚养子女的父或者母，有探望子女的权利，另一方有协助的义务。行使探望权利的方式、时间由当事人协议；协议不成的，由人民法院判决。父或者母探望子女，不利于子女身心健康的，由人民法院依法中止探望；中止的事由消失后，应当恢复探望。"

明确提出要求确定探望权行使的具体方案的，法院并不一定会在生效的裁判文书中主动予以明确，特别是通过调解结案的案件，若夫妻双方在调解中对探望权问题没有涉及，法官也不一定会主动要求夫妻双方明确探望权的相关行使方案。所以在诉讼离婚的案件中，应当尽量要求法院在裁判文书中明确探望权的具体行使方案，避免离婚后产生新的矛盾。同理，在登记离婚的过程中，离婚协议也应当将行使探望权的方案作为一个重要内容进行考量，并将具体方案列入书面的离婚协议之中，以减少日后的纠纷。

在实务中，探望权方案的确认其实并非难点，真正困难的是探望权方案的执行。实际上经常可以看到抚养子女的一方拒绝对方探望的情况，阻止的理由有离婚后依然对对方心怀怨怼、对方未按时支付抚养费、认为对方的探望将给子女造成不良影响等。不论如何，即使在存在明确探望权行使方案的情况下，完全通过司法程序以保障一方探望权的行使依然是比较困难的。虽然法律规定对阻碍探望权行使的一方可以采取拘留或是罚款等措施①，却不能对子女的人身和探望行为进行强制执行，所以难以从根本上解决探望权行使的难题。相反的情况下，探望权也不仅是一种权利，父母一方不行使探望权有时也会对子女的成长造成负面影响，但法律如果要强制不行使探望权的一方行使探望权就更为困难了。另外，对于隔代长辈是否具有探望权的问题，法律尚无明确规定，虽然在一些案例中，在父母一方过世的情况下，有支持失独老

①《最高人民法院关于适用〈中华人民共和国民法典〉婚姻家庭编的解释（一）》第六十八条规定："对于拒不协助另一方行使探望权的有关个人或者组织，可以由人民法院依法采取拘留、罚款等强制措施，但是不能对子女的人身、探望行为进行强制执行。"

人对孙子女探望的相关判例，但并不代表法律认可了祖父母或外祖父母本身具有探望权。在一般情况下，特别是子女的父母健在时，法院并不一定会支持祖父母或是外祖父母对孙辈子女的探望请求。

由此可见，享有探望权的一方能否实现其探望权，在实践中处于一种不确定的状态，更不用说其父母对于探望孙辈的要求可能并不会得到法律的支持。这一问题，通过民事信托的介入可能会带来一定程度上的改变。就像之前提到的关于婚前医学检查的问题，对于这类人身权的问题，民事信托并不能强制有抚养权的一方协助另一方完成探望，但可以对相应探望权的实现设置一定激励。例如，在信托中可以设置类似生日奖励，或是压岁金之类的分配模式，只有在每年探望权人以及祖父母或外祖父母在抚养权人的配合下顺利完成探望的情况时，才会对受益人进行发放。甚至于可以设置在每次探望完成后对受益人分配一定金额的信托财产，当然具体的方案需要结合探望权的行使方案、信托整体的设立目的和信托财产总量进行设计。不过这里要注意的是，类似于此种分配，需要尽量设计为一种额外的激励，而不是对抚养费的减扣，即使这笔抚养费已经设计为通过民事信托进行支付且并未冠以抚养费的名义。虽然对于抚养费的支付，夫妻双方确实可以对于在什么条件下、什么时间点、如何支付以及支付多少进行约定，再在信托文件中予以明确表述，但一方对另一方行使探望权的阻碍并不能作为另一方减少或不支付抚养费的合理理由，这是两个完全不同的法律关系，故类似扣减抚养费的信托安排就会存在因违反相关法律规定或是违反公序良俗而导致信托全部或是部分无效的风险。同时，对于阻碍探望权行使的情况，在司法实践中并不缺少处罚的手段，并且这类处罚并不限制于罚金，甚至可以使用拘留这一更为严厉的限制人身自由的方式。所以对于此类情形，在民事信托中如果另行约定一种经济上的处罚手段，效果上就有所重复且容易激起矛盾，降低父母双方协商成功的概率，也可能对后续探望权的实际履行造成影响。故此，可以在民事信托中对法律上阻碍探望权的处罚予以明示，再另行设置相应的协助探望权行使的激励，以此在正反两个方面促使抚养权人对探望权人甚至其父母的探望行为予以配合。而正向激励的设置，也更容易被抚养权人所接受，有利于缓和抚养权人与探望权人之间的矛盾，增加抚养权人的配合度。

（四）离婚协议

离婚协议是在离婚纠纷中经常使用的一种法律工具，在离婚后财产纠纷之中，离婚协议往往也是一份极其重要的证据。从广义上来说，离婚协议不但包括登记离婚的夫妻双方通过签订协议所达成的约定，也包括在法院诉讼离婚的过程中，夫妻之间通过法院调解达成的最终以调解书的形式所确认的约定。离婚协议的主要内容，不但与夫妻之间的财产协议一样，涉及对财产的分割和处置以及债务的处理等，更会涉及与子女抚养相关的特殊问题。在一些特殊的离婚协议上，还会包含离婚后一方对另一方的经济帮助、对另一方的父母赡养等较为少见的内容。由于离婚时所涉及的法律问题的复杂程度远大于婚姻存续期间和缔结之时，所以离婚协议一般情况下的复杂性也会高于夫妻之间的财产约定。而且，离婚协议相较夫妻之间的财产约定最大的不同在于，离婚协议的生效是以离婚完成为条件的。[①] 也就是说，双方即使签署了离婚协议，但最终并未登记离婚，或是另行诉讼离婚的，只要一方对离婚协议的内容不予认可，离婚协议就不会发生效力。所以这也是我们要避免在订立婚内财产约定时，出现类似可能导致财产约定被认定为离婚协议的条款的原因，这可能直接导致该财产约定的最终无效。

另外，离婚协议中的相关约定的不同表述也可能出现完全不同的效果。例如，一方对另一方的财产给付并非共同财产的分割，而是涉及个人财产的处置，在离婚协议未约定清楚的情况下，这种给付的性质可能就会出现争议，在相应的给付被认定具有经济帮助、经济补偿、损害赔偿或是抚养费等性质时，一般会得到法院的支持。但如果被认定为一种简单的赠与，则可能存在赠与人行使撤销权的风险。虽然目前实务中一般会认定离婚协议是一个整体，相关赠与属于一种附条件的赠与，并不能单独撤销。但这并不能排除在个案的不同案情下，将赠与条款认定为一种普通的赠与约定，而存在允许赠与人撤销的风险。所以在订立离婚协议时，要尽量将相关支付存在的原因或者是否涉及夫妻财产分割的利益平衡加以明确，尽可能避免上述不利情况的出现。但即使相关条款获得法院的支持，也并不代表不存在其他风险。例如在离婚协议约定夫妻一方将个人名下房产赠与子女，由于离婚协议并不能对抗善意第三人，

---

①《最高人民法院关于适用〈中华人民共和国民法典〉婚姻家庭编的解释（一）》第六十九条第一款规定："当事人达成的以协议离婚或者到人民法院调解离婚为条件的财产以及债务处理协议，如果双方离婚未成，一方在离婚诉讼中反悔的，人民法院应当认定该财产以及债务处理协议没有生效，并根据实际情况依照民法典第一千零八十七条和第一千零八十九条的规定判决。"

所以一旦出现赠与人负债无力清偿的情况，该房产在过户之前依然可能会被债权人执行，使得子女的权益受到损害。所以与婚内财产约定相同，及时办理过户登记虽然并不能解决所有问题，但依然重要。另外对于类似的给付约定，还会存在法律之外的风险，最常见的就是给付人经济条件恶化，客观上无力给付的情形。类似种种在实务中都有存在，其中当然有一些问题可以依靠相关技巧和法律处理加以避免，但另一些问题可能就无法通过法律简单解决。对于离婚协议中处理的财产，在存在信托受益权、期权或是其他有一定封闭期限的投资产品时，由于最终能够获得的收益在离婚时并不能确定，可以考虑在离婚协议约定时，放弃相关权利的主张以要求固定金额的补偿，甚至在一些情况下，可以为此作出一定让步，毕竟实际获得的利益要比这些不确定的预期收益安全得多。

类似的问题和技巧在离婚协议中还存在很多，例如，对于房屋所有权的约定，如果涉及所有权人变更登记的，那么除了房屋归属的问题，还需要对房屋具体过户的安排作出约定，如果房屋内存在户口的，同样需要对房屋内户口的处理进行约定，否则会发生虽然签订了离婚协议，约定了财产归属，但依然会因后续一方不配合办理相关手续产生新的纠纷。有时候一份离婚协议的价值不仅在于其生效后分割财产以及处理子女抚养问题，在某些案件中，离婚协议中对于婚姻关系存续过程中某些事实的确认，使得即使最终离婚协议未生效，但依然能够成为较为有利的证据。比如，离婚协议中一方对于长期与第三人同居事实的确认，就可以为法院认定一方存在婚内过错提供一定依据。而离婚协议中对于财产的梳理和罗列，在离婚诉讼过程中也是很好的财产清单和线索。某些财产购买时的一些动机和原因，比如一方父母出资，登记在另一方名下的房产，是为了回避限购，并不是对另一方的赠与，类似事实的确认，有时也能在离婚诉讼中起到关键的证明作用。可见一份离婚协议的拟定并没有想象的那么容易，并且离婚协议始终是对于人身关系和财产关系的平衡，在不可避免地存在感情因素的介入时，又会给整个协商和拟定的过程平添不小的难度。

但如果仅需要解决财产分割和子女抚养问题，民事信托可能是离婚协议最好的形式替代和实质载体。除了之前提及的在类似抚养权、探望权之类的人身关系问题上，当事人可以通过设置激励的方式，以达到更为柔和地解决人身关系矛盾的效果。在财产问题上，信托也可以提供更多样的方案设计以供选择。同样是离婚后对财产进行处置，民事信托可以将处置的视角从简单地分割提升到规划未来的高度。对于在离婚时就会被分割的夫妻共同财产，或许无需通过信托进行处理，但可以通过装入信托的方式，减少为分割而临时处置财产造成的损失，或是针对性地设计一种更为合适的财产处置方案。例如，对于未来有较高增值空间的收藏品，在双方无法就财产分割方案达成一致的情况下，可以先装入信托，约定在达到一定市场价格时或是在夫妻双方同意时由信托出售，再由双方共分利益。再比如，某些资产分割需要变现的，可以通过装入信托的方式，由信托按部就班地变现，减少临时变现造成的损失。而车辆之类需要日常使用的财产，可以在装入信托之后，约定由一方继续使用一定年限，其后车辆出售的收入分配给另一方。这些变通的模式，可以根据不同情况进行调整和设计，也是在给离婚过程中夫妻双方在财产上的矛盾寻找一种双方可以接受的解决方案，恰巧民事信托可以提供这样斡旋的空间和可行性，也大为减少了财产存在于一方名下或在一方实际控制之下可能带来的风险。

对于离婚协议涉及的除分割夫妻共同财产以外的经济方案，如夫妻一方对于另一方在离婚后的经济帮助或补偿，给付的一方可以设置具体的条件或时限，由受托人确保方案的落实。最简单的方式，如离婚后信托中一部分财产专门用于每月支付夫妻一方一定金额的经济补助，但是如果这一方再婚的，则不再向其分配，剩余的未分配的信托财产可以留给子女，也可以一次性向其他受益人分配。而对于留给子女的财产，民事信托可以将这部分财产从夫妻双方的财产纠纷之中剥离出来，不再作为简单地分割夫妻共同财产的筹码，而是作为供子女成长的独立财产。夫妻双方通过对于设立民事信托的讨论，更容易在一个较长的时间维度上，放下离婚的成见，考虑子女抚养和未来成长的问题，而且财产给付的一方，通过信托的介入，可以减少对子女未成年时财产实际被抚养子女的一方所控制的顾虑。民事信托提供了较好的调控平台，可以在一定程度上让当事人规划子女获得财产分配的时间、频率以及原因，让给付财产的一方安心。而对于获得财产的一方，由于往往处于离婚中的弱势一方，通过使用民事信托的工具，可以缓和矛盾，获得更有利的财产分割方案。同时通过信托有计划地分割和处置财产，也能增加自身获得财产的最终价值。更为重要的是，一旦信托设立完成，就无需担心给付方反悔，可以确保另一方依据信托文件获得相应分配。

可以说，在双方协议离婚时，通过设立民事信托或是通过民事信托结合离婚协议的方式，设计离婚后的财产及人身关系处置方案，可以有效地增加夫妻双方协商一致的可能性，甚至在一定程度上能够缓和双方的矛盾，有利于离婚后子女的生活和成长需求的满足。同时，民事信托的使用也可以减少一些财产处置过程中可能遇到的风险和问题，为夫妻双方提供了一种没有副作用却有情感附加值的解决方案。

（五）隐藏、转移、变卖、毁损、挥霍夫妻共同财产

隐藏、转移、变卖、毁损、挥霍夫妻共同财产在《民法典》中除了在第一千零六十六条中作为请求婚内分割夫妻共同财产的一种条件之外，在《民法典》第一千零九十二条之中，再次作为侵害夫妻共同财产的形式出现，并明确了法律在处理这一情况时，可以判决侵害夫妻共同财产的一方承担少分或是不分夫妻共同财产的法律后果①。但是这里要注意的是，有人会认为可以将相关财产追回后再对具体财产少分或是不分。这其实是错误的，因为虽然隐藏、转移、变卖、毁损、挥霍夫妻共同财产的行为侵害了夫妻一方的权益，但是如果和案外第三人建立了法律关系，例如将相关财产赠与、出售给第三人，或是向第三人购买了服务，则并不意味着这一法律行为是当然可撤销的，事实上，在大部分情况下，这一法律行为恰恰是合法有效的。当这一法律行为确实存在一定瑕疵时，例如交易、赠与等意思表示是虚假的仅是为了转移财产，第三人对夫妻一方私自处分夫妻共同财产的事实知情，或是以不合理的低价受让财产等情况下，法官一般会要求夫妻一方离婚后另行对第三人提起诉讼，通过撤销相关法律行为或主张法律行为无效的方式追回财

① 《中华人民共和国民法典》第一千零九十二条规定："夫妻一方隐藏、转移、变卖、毁损、挥霍夫妻共同财产，或者伪造夫妻共同债务企图侵占另一方财产的，在离婚分割夫妻共同财产时，对该方可以少分或者不分。离婚后，另一方发现有上述行为的，可以向人民法院提起诉讼，请求再次分割夫妻共同财产。"

产，而不是在离婚案件中处理。当然，最终能否撤销相关的法律行为则完全取决于另案中的客观情况和法官的考量，但即使最终无法撤销相关法律行为，也不一定会影响侵害夫妻共同财产的认定，这都是需要通过个案的具体情况进行判断的。

所以一般情况下，如果财产已经被夫妻一方进行了处分，或是被隐藏、转移后难以发现的，在离婚案件中的处理方式，绝不是将财产追回后再判决行为实施一方对该财产进行少分或是不分，而是在处理全部夫妻共同财产时，对相应的财产作为一方已经获得的财产予以扣除。最高人民法院出台的《关于人民法院审理离婚案件处理财产分割问题的若干具体意见》第二十一条规定“一方将夫妻共同财产非法隐藏、转移拒不交出的，或非法变卖、毁损的，分割财产时，对隐藏、转移、变卖、毁损财产的一方，应予以少分或不分。具体处理时，应把隐藏、转移、变卖、毁损的财产作为隐藏、转移、变卖、毁损财产的一方分得的财产份额，对另一方的应得的份额应以其他夫妻共同财产折抵，不足折抵的，差额部分由隐藏、转移、变卖、毁损财产的一方折价补偿对方。对非法隐藏、转移、变卖、毁损夫妻共同财产的一方，人民法院可依照《中华人民共和国民事诉讼法》第一百零二条的规定进行处理”。对于侵害夫妻共同财产行为的具体处理方式进行了明确。

虽然法律中有明确的规定，但在实务中，关于隐藏、转移、变卖、毁损、挥霍夫妻共同财产的问题处理起来却并不容易，原因在于侵害夫妻共同财产的行为可能并不容易被发现。在目前的离婚案件中，很多时候夫妻共同财产都掌握在一人之手，这就造成了另一方很难了解夫妻共同财产的具体情况和动向。对于夫妻共同财产的调查，大多数法官一般支持追溯至第一次提起离婚之日前一年至申请之日的银行流水的调取，若具有明显的侵害夫妻共同财产或其他的特殊情形，可以追溯至两至三年前。当然这个时间并不绝对，部分法官在充分沟通之后也支持起诉离婚之日前两至三年前至申请之日的流水调取，或是支持调取从夫妻双方分居之日前一年至申请之日的流水。但无论如何，相关流水的调取在时间维度上存在一定限制。

同样，目前法院能够调查的财产范围亦有一定限度，且与另一方掌握的财产线索信息也息息相关，例如不知道对方银行卡的账号，不知道股票资金账户开户的证券机构，不知道对方是不是购买过基金、信托或是其他金融产品甚至不知道对方是否在他处有房等，在缺乏线索的情况下，往往只能进行大海捞针式的调查，甚至对某些财产无从下手，最终也不一定能取得让人满意的调查结果。虽然目前部分法院已经开始试行《夫妻共同财产申报令》制度，但由于该制度缺乏强制力和对瞒报财产的甄别手段，虽然可以对离婚双方在财产申报方面造成一定威慑，但无法杜绝隐瞒财产的情况。另外，某些财产本身就极易隐藏且难以调查，例如艺术品、首饰或贵金属等价值高昂的动产，因这些财产极其容易隐藏且在缺少相关证据的情况下，也难以在离婚案件中证明该财产的存在，若在离婚案件中不能处理的，也只能等日后获得相关证据时另行提起离婚后财产纠纷的诉讼。所以站在一个较为悲观的角度思考这一问题的话，如果夫妻一方准备妥当，对于另一方来说其实并不容易获得对方侵害夫妻共同财产的具体证据。另外，夫妻一方的相关操作也不一定会被认定为侵害夫妻共同财产，例如定期向父母支付赡养费、为子女购买保险等，除非存在突然的、频繁的或极为大额的不合理操作，否则就可能被法院认定为合理支出。即使最终认定了夫妻一方侵害夫妻共同财产的事实，在最终的处理上，法院也会根据离婚案件的客观情况来判断是否适用少分或不分财产的处理方式，在目前的实务中，最终少分财产的处理结果要远多于不分财产。

可见在目前实务中，对于侵害夫妻共同财产的事后救济是较为困难的。但从预防的角度来说，由于涉及夫妻共同财产的日常管理模式，夫妻共同财产实际上也很难作规划。在自己不管理和控制财产时，除了尽量掌握相关的财产信息以外，可能并没有什么太好的办法。当然如果能通过民事信托对一部分夫妻共同财产进行管理或许可以在一定程度上解决这一问题，一方面，财产成为信托财产之后，具体管理主要按照信托文件的约定进行，在信托文件设计合理的情况下，就可以避免一方私自处置财产的情况发生；另一方面，夫妻双方作为信托的委托人或是受益人有了解信托运营信息的权利，也可以在信托文件中规定具体信托财产的支出均需通知夫妻双方，这样也能保证信托财产对于夫妻双方的透明度，同时可以要求信托财产的大额分配需要有具体的理由，这样夫妻双方就能从分配中了解到一定的财产去向和线索，提高后续查获相关财产的可能性。当然，类似的操作只是一种理论上的设计，在夫妻一方较为强势的情况下，此种方案可能并不会被接受，而且将所有夫妻共同财产装入信托本身也并不现实，但这样的处理方式依然能给我们带来一定的灵感和启发。

（六）离婚损害赔偿、离婚经济帮助和离婚经济补偿

离婚损害赔偿是指因一方过错导致离婚的，无过错方有权要求

赔偿。①具体过错除了其他重大过错这一条款外，主要是指重婚、与他人同居、实施家庭暴力以及虐待、遗弃家庭成员四项，这四项与法定的应当判决离婚的情形是重合的，举证要求也是相似的。所以一般来说，如果证据充分，能够以此四项之一判决离婚的，就可以一并要求对方承担离婚损害赔偿。当然具体的损害后果和严重程度，因为与赔偿金额的高低挂钩，所以仍需要进一步举证。即使达成了相对困难的举证要求，离婚损害赔偿的金额可能也并不能达到大部分人的预期，因为除了一些实际造成严重人身损害的特殊情况外，一般来说离婚损害赔偿以精神损害赔偿为主。法官在确定离婚精神损害赔偿数额时，往往会参考最高人民法院《关于确定民事侵权精神损害赔偿责任若干问题的解释》第五条规定："精神损害的赔偿数额根据以下因素确定：（一）侵权人的过错程度，但是法律另有规定的除外；（二）侵权行为的目的、方式、场合等具体情节；（三）侵权行为所造成的后果；（四）侵权人的获利情况；（五）侵权人承担责任的经济能力；（六）受理诉讼法院所在地的平均生活水平。"在个案中，基于当事人的客观经济情况，不同法官的主观判断往往不尽相同。从目前的司法实践来看，大部分离婚损害赔偿的金额在几千元到五万元不等，较多集中在三至五万元左右。极少数案件会达到十万元甚至三十万元，但这些案件实际上夫妻共同财产的总额极高，几十万元的离婚损害赔偿其实占财产总额的比例很低。

---

①《中华人民共和国民法典》第一千零九十一条规定："有下列情形之一，导致离婚的，无过错方有权请求损害赔偿：（一）重婚；（二）与他人同居；（三）实施家庭暴力；（四）虐待、遗弃家庭成员；（五）有其他重大过错。"

而离婚经济补偿[①]是指夫妻一方因照顾老人、子女等负担较多义务的，离婚时可以要求另一方补偿。离婚经济帮助[②]则是指如果离婚时一方生活困难的，有能力的另一方应当给予帮助。不论是补偿还是帮助，都不以另外一方的过错为条件，但都有各自不同的要求。例如，离婚经济帮助不但要求一方离婚时处于客观上生活困难的状态，同时要求另一方有帮助的能力和条件。而生活困难一般包括缺乏或丧失劳动能力、患病且无钱医治或是离婚后无居所等。可见争取离婚经济帮助并不容易，而离婚经济补偿也与之类似，同样具有一定证明要求，且两者即使最终获得支持，判决的金额可能也并不能让人满意。当然经济帮助也并非必须通过现金实现，部分案件中将房产的居住权或是使用权作为一种帮助的方式也是可行的。虽然离婚经济补偿的金额看似相对较高，但相较于夫妻一方婚后几年甚至十几年的付出和投入，几万元的补偿金额实为“鸡肋”，即使少数情况下一方能获得十几万元甚至几十万元的补偿，但也可能远没有另一方一年的工资收入高，所获得的补偿也难以真正弥补一方在职业生涯上的断层以及与社会生活的脱轨。

所以不论是离婚损害赔偿、经济帮助还是经济补偿，实质上在婚姻关系中，法律上的事后弥补难以获得令人满意的结果，相反如果能够通过设立民事信托对这部分问题提前在信托层面进行设

①《中华人民共和国民法典》第一千零八十八条规定：“夫妻一方因抚育子女、照料老年人、协助另一方工作等负担较多义务的，离婚时有权向另一方请求补偿，另一方应当给予补偿。具体办法由双方协议；协议不成的，由人民法院判决。”

②《中华人民共和国民法典》第一千零九十条规定：“离婚时，如果一方生活困难，有负担能力的另一方应当给予适当帮助。具体办法由双方协议；协议不成的，由人民法院判决。”

计，则能在较大程度上保障婚姻中弱势一方的权益。当然专门为此设立信托一般情况下并不现实，但在婚前或是婚后，在为了家庭安定和幸福以及未来财产传承所设立的信托中，将相关问题作特殊模块进行一定的安排却是可以做到的。比如，可以设置由于一方对于家庭、子女以及父母的照料付出较多精力，一定年限后也难以回到原有的社会角色和工作定位之中，离婚后的收入和生活质量将难以得到保障，在非因其过错离婚后，定期向其分配一定金额的经济补偿，以保障其生活无忧。由于类似设置并不是在离婚过程中进行的协商，相应来说反而相较离婚时的磋商更具有可行性，因为此时双方是少有怨怼和纠纷的，也更容易能够站在对方的角度以及互相尊重的立场上进行考量，且此时双方探讨的重点并不是离婚而是如何维持一段良好的、稳定的婚姻关系。

（七）居住权

居住权是《民法典》新增的一项权利[①]。在离婚案件中，可以通过离婚协议设立居住权，也可以通过法院判决或是调解设立。在离婚案件以外的继承案件中，居住权也可以通过遗嘱进行设立。在实务中，居住权最大的作用可能在于为一般离婚案件中的零和博弈提供了一定的缓冲，加之居住权本身具有一定设计的空间，可以提高解决尖锐矛盾的可能性，为特殊的需求和目的提供设计空间。例如，在夫妻双方离婚时，由妻子抚养孩子的情况下，可以通过协商

① 《中华人民共和国民法典》第三百六十六条规定：“居住权人有权按照合同约定，对他人的住宅享有占有、使用的用益物权，以满足生活居住的需要。”

的方式，让丈夫在其个人所有的房产上设立居住权以解决妻子与孩子的居住问题。相对地，在没有居住权的情况下，如果妻子直接要求获得丈夫个人所有的房屋产权，在大部分情况下丈夫都不会同意。可见居住权在解决妻子和子女客观的居住问题的基础上，提高了夫妻之间协商成功的可能性。在继承案件中亦是如此，比如丈夫和妻子年事已高，如果让妻子继承财产，可以预见不久之后房产将因妻子过世再次发生继承，导致继承的成本增加，但如果不让妻子继承，直接让子女继承，丈夫又会担心妻子在自己过世后是否能够被妥善照料。此时就可以通过设立居住权的方式，将房产的所有权交由子女继承，而将居住权交由妻子，以此消除丈夫的顾虑。

而居住权同时还存在另外两个优势：其一，居住权在居住权人死亡时自动消灭①。这就使得居住权的设立没有后顾之忧，不用担心居住权的存续会对所有权人以及财产所有权的传承产生永久的、不可逆的影响。这也增加了居住权被协商双方接受的可能性，当然也可以通过约定的方式为居住权设置一定期限，期限届满后，居住权则消灭，而不必等到居住权人死亡。其二，法律规定在居住权的转让、继承及出租上预留了设计的空间②。也就是说，夫妻双方可以在协商过程中，约定居住权人可以出租房产以获得租金收益，或是可以约定该居住权在特殊情形下可以被转让给特定对象，或是约定除了特定对象外，任何人不得受让或是继承，如此

①《中华人民共和国民法典》第三百七十条规定："居住权期限届满或者居住权人死亡的，居住权消灭。居住权消灭的，应当及时办理注销登记。"

②《中华人民共和国民法典》第三百六十九条规定："居住权不得转让、继承。设立居住权的住宅不得出租，但是当事人另有约定的除外。"

就为居住权的设计提供了灵活性。特别是在允许居住权人出租房产获取租金的情况下，居住权实际上产生了一定的经济价值和市场价值，给予了居住权人更大的处分空间以应对一些特殊情况和需求。

可以说，居住权在功能上类似于简化后的信托。在信托出现之初，一种较为典型的设计就是由受托人享有不动产的所有权，委托人配偶在委托人死亡后继续居住，在委托人配偶再婚或是死亡后，房产的所有权转移给委托人的子女。类似的设计目前也可以通过居住权的设立来实现，不过设立居住权的不动产所有权的变更实际上与居住权的设立并无关联，但信托的生效必然是在不动产所有权变更给受托人之后。不过居住权能够实现的功能却与信托类似，甚至比信托操作起来更为简单。之所以说居住权只能够实现简易的信托功能，是因为居住权不同于信托结构中的财产由中立的第三方，即由受托人进行控制和管理，居住权相较于信托在所有权转移和居住问题的设置上相对受限。居住权一旦设置完毕，就难以像信托一样，由受托人自由裁量并进行调整。所有权亦是如此，一旦不动产所有权转移给新的所有权人，一般情况下就不会再发生变化。同样地，对于居住权或所有权而言，由于客观上的法律规定和可行性的限制，在缺少中立受托人的情况下，当事人也就难以对其设定过于复杂的设立条件或额外要求。另外信托财产可以是多样的，并不像居住权仅限于不动产。所以设立居住权可以看作是设立简化的信托，但这并不意味着居住权不如信托，事实上在一些案例中，根本无需设立复杂的信托结构，居住权就可以简单完美地解决当事人的需求和问题。所以居住权和民事信托的选择依然是谁更合适的问题，而非谁更高端、谁更优越的问题。

另外，居住权和民事信托也可以进行一定的结合。例如，用居住权设立专门的信托，或是将不动产转移给受托人后，通过信托文件，对不动产的所有权和居住权进行分别设置，再由受托人进行管理。类似的设计在实践中的应用场景并没有太广泛，但针对一些特殊需求，特别是需要对居住权进行复杂设计的需求就大有用处。例如，可以将居住权交由受托人设立信托，再通过信托文件约定受托人在不同情况下对居住权的使用安排。这样的结构能够在一定程度上确保设计能够被妥善落实，同时这种结合大大丰富了居住权的使用范围和场景，增加了居住权的外延。期待在未来的实务中，能看到在民事信托和居住权领域出现更多的具有想象力和创造力的应用和尝试。

（八）离婚房产分割

虽然离婚时需要分割的财产远不止房产，但由于目前房产的价值在夫妻共同财产之中占比颇高，且房产的出资、购买、产权人的登记及还贷等问题都会对最终房产在离婚时的分割产生影响，所以可以说房产是离婚时处置最为复杂的财产之一。即使不通过诉讼离婚处理房产问题，在夫妻双方协商一致的情况下，房产的处理在房产的所有权归属以外，依然可能涉及房产登记变更的办理、房产居住权的设立、房产租金的分配、房产现居住人的迁出以及房产上所挂户口迁出等问题，都是极为细节和零散但又会实际影响后续房产的居住使用甚至交易的问题。所以对于房产的离婚分割问题，确实值得一定的探讨和研究。

但这里要提前说明的是，虽然将房产装入信托确实可以解决很多问题，但目前对大部分人来说，这一方案并不具有可行性。一方面，因为房产高昂的价值，在目前信托登记和税收制度缺失的情况下，直接导致设立信托的过程中将产生大量的税费，这是一笔大多数人都难以接受的成本；另一方面，将房产转入信托虽然可以看作是一种传承的设计，但事实上，也确实影响了房产在市场上的流通。房产的所有权从信托受托人手中向第三人转移同样可能产生一笔不小的税费。为了特定的信托目的，委托人往往也会对信托内房产所有权的再次转移设置不同的限制和条件，在这些条件满足之前，房产只能掌握在信托受托人手中，不会因为任何人的主观意志而进入市场流通。所以在大部分情况下，并没有将房产置于信托之下的必要，因为对很多人来说，房产的流通性和投资价值才更有意义，真正需要传承的是资产，而非房产本身。房产毕竟不是土地，大部分人持有房产的目的要么是居住要么是投资，房产本身是没有长期持有的价值的，除非该房产具有一定的艺术或是收藏价值。所以基于这两点，在房产投资逐步趋于理性的大环境下，除非委托人具有极为特殊的需求，否则直接将房产装入信托没有价值和意义。但这并不代表民事信托在不动产方面不能发挥作用，具体要看离婚时的不同情况，在不同情况下可能会出现特殊的处理和判决，这里只介绍一些普遍情况下大致的处理模式。

在夫妻一方全额出资的情况下，如果房产是婚前出资、婚前购买、登记在自己名下，则属于婚前个人财产。房产如果在婚后变更为登记在夫妻双方名下，也就是我们常说的加名，此时将会认为是一方对于另一方的赠与，但如果未约定共有份额的，也就是共同共有的情况下，离婚时出资一方可以适当多分。如果是婚后以个人财产出资，房产登记在己方一人名下，则属于婚内个人财产；登记在夫妻双方名下，则属于夫妻共同财产。但这里的以个人财产出资有较为严格的证明要求，一般情况下，特别是随着时间的推移，夫妻双方结婚后财产混同的情况比较严重，在购房当时难以区分出资是否为夫妻一方个人财产。所以如果无法证明购房出资属于夫妻一方的个人财产，则所购房产为夫妻共同财产，不论房产登记在夫妻一方还是双方名下。

夫妻共同出资包括以下几种情形：其一，夫妻一方婚前支付首付，婚后夫妻共同还贷。如果房产登记在出资一方名下的，则根据《最高人民法院关于适用〈中华人民共和国民法典〉婚姻家庭编的解释（一）》第七十八条规定："夫妻一方婚前签订不动产买卖合同，以个人财产支付首付款并在银行贷款，婚后用夫妻共同财产还贷，不动产登记于首付款支付方名下的，离婚时该不动产由双方协议处理。依前款规定不能达成协议的，人民法院可以判决该不动产归登记一方，尚未归还的贷款为不动产登记一方的个人债务。双方婚后共同还贷支付的款项及其相对应财产增值部分，离婚时应根据民法典第一千零八十七条第一款规定的原则，由不动产登记一方对另一方进行补偿。"如果房产登记在夫妻双方名下，则房产为夫妻共同财产，但离婚分割时出资一方可以适当多分。如果房产登记在对方名下时，除非有明确证据认定房产是对对方个人的赠与，否则同样认定为夫妻共同财产。其二，夫妻双方婚前共同出资全款购房，如果是登记在夫妻双方名下，房产自然为夫妻共同财产。但如果登记在一方名下，根据个案情况和具体证据，无名一方出资也存在被认定为是对另一方赠与或借款的可能性，此时房产就不会被认定为是夫妻共同财产，而是登记一方的个人财产。在房产被认定为夫妻共同财产时，目前对于该房产是夫妻共同共有还是根据各自的出资比例按份共有也存在不同的判例。另外如果是婚前各自出资支付首付，婚后共同还贷的情况，一般情况下，房产将被认定为夫妻共同财产，不过在具体离婚分割时，法官可能会结合各自的出资比例进行综合考量。其三，婚后夫妻双方共同出资的，不论房产登记在一方还是双方名下，均认定为夫妻共同财产。

一方父母出资同样需要分情况进行讨论：其一，在婚前一方父母全额出资，登记在己方子女名下，自然为己方子女的个人财产。如果登记在夫妻双方或是另一方子女名下，则一般认定为夫妻共同财产。如果一方父母婚前支付首付，婚后房产由夫妻双方共同还贷，则与婚前夫妻一方支付首付，婚后夫妻共同还贷的情形相似。如果房产登记在己方子女名下，一般认定出资是对己方子女的赠与，夫妻双方协商不成的，房产归登记方所有，但另一方可以获得双方婚后共同还贷支付的款项及其相对应的房产增值部分。如果登记在夫妻双方或是另一方子女名下，则认定为夫妻共同财产。其二，如果婚后一方父母全额出资购房，登记在己方子女名下的。在《民法典》生效前，根据《最高人民法院关于适用〈中华人民共和国婚姻法〉若干问题的解释（三）》第七条第一款规定："婚后由一方父母出资为子女购买的不动产，产权登记在出资人子女名下的，可按照婚姻法第十八条第（三）项的规定，视为只对自己子女一方的赠与，该不动产应认定为夫妻一方的个人财产。"但在《民法典》生效后，这一司法解释已经失效，取而代之的是《最高人民法院关于适用〈中华人民共和国民法典〉婚姻家庭编的解释（一）》中规定如果没有明确约定，则视为对夫妻双方的赠与。[①] 在目前的司法实践中，大部分法官认为，出资后将房产登记在自己一方子女名下，是父母将房产确定赠与自己子女一方的明确意思表示，在《民法典》出台后，依然可以认定婚内一方父母全额出资且登记己方子女名下的，房产属于己方子女的婚内个人财产。但在近年来，这样的观点逐渐开始出现变化，也就是不再将房产登记在己方子女名下视为对己方子女个人赠与的明确表达。一方父母全额出资购买的房产，如果仅是登记在己方子女名下，而无其他明确证据证明存在仅向己方子女一人赠与的意思表示，依然会被视为对夫妻双方共同的赠与。这是一种对于法律理解和适用的变化，两种理解虽然各有支持，但目前来看尚无对错之分，都属于法官自由裁量的范畴。而在实务中中，对于类似的法律适用问题，在没有明确司法解释的情况下，需要依赖法官根据个案客观情况进行判断。当然，如果房产登记在对方子女或是夫妻双方名下，自然可以认定为对夫妻双方的赠与。另外，如果婚后一方父母支付首付，房产由夫妻双方共同还贷的，则均认定为夫妻共同财产。不过，在离婚时，对于一方父母出资的实际情况，在房产分割认定夫妻双方各自份额时，法院会予以综合考虑。

双方父母出资也存在不同的情况，如果婚前双方父母共同全款购房，则在离婚时，倾向于按照双方父母各自的出资比例分割房产。如果双方父母共同出资首付，婚后由夫妻共同还贷，则房产将被认定为夫妻共同财产，但在具体分割时，法院将综合考量双方父

---

①《最高人民法院关于适用〈中华人民共和国民法典〉婚姻家庭编的解释（一）》第二十九条规定："当事人结婚后，父母为双方购置房屋出资的，依照约定处理；没有约定或者约定不明确的，按照民法典第一千零六十二条第一款第四项规定的原则处理。"

母实际的出资情况予以分割。而在婚后双方父母均出资的情况下，不论是全款出资还是仅出资首付，房产均属于夫妻共同财产，父母的出资也认定为对夫妻双方的赠与。但这一实务中的处理方式，也是在《民法典》出台后逐步发生变化的。按照原《婚姻法》司法解释的相关规定，大部分法院虽然不一定会言明，但偏向于将父母出资视为对自己子女的赠与，将对应的份额比例直接归入各自子女的份额之中进行分割。但《民法典》出台之后，类似问题的处置无疑更加注重保护夫妻共同财产制度和婚姻关系本身了。

可以看到，在离婚纠纷中房产分割的问题较为复杂，在不同案件中，对于具体分割的比例，以及对应的计算方式，不同法官可能会有不同的看法，所以有时候对于同一案件可能出现两种分割的计算方法和结果。在实务中针对这些问题处理方式的变化，要认识到除了法律本身在发生变化以外，对于法律的理解和适用其实也在不断发生变化。判决的结果伴随着不同法官对于法律的理解以及对案件客观事实把控的不同，也可能出现很大的不同，例如在酌情一方可以多分的情况下，结合父母的出资情况，可能出现夫妻双方房屋份额四比六或是三比七的判决比例，而在夫妻一方或是一方父母全额出资，另一方对离婚存在过错的情况下，甚至可能出现一比九或是更高的判决比例。而关于法律理解的问题，与之前提到的父母在子女婚后全款出资登记在子女一方名下的情况类似，目前房产登记上夫妻双方按份共有的登记，并不再必然被认定为一种夫妻双方对财产的明确约定，而是适用《民法典》第一千零六十五条规定认定为夫妻共同共有。类似问题都在提醒我们，即使法律没有进行修订，但法律的适用依然不是一成不变的，对法律的理解和应用可能也会随着时间的推移和社会情况的变化而产生变化，对此，我们不能仅凭借过往经验去进行判断，类似《民法典》中对于“明确约定”的要求，真正落于纸面可能才是唯一的万全之策。

当然房屋分割问题的复杂也不限于此，例如使用权房的分割问题、房屋分割的定价问题、房屋登记为子女所有的问题、期房的分割问题以及带押房屋分割等问题，在实务中都是较为复杂的问题，部分问题在不同法院也会出现不一样的处理方法，同时随着法律和实践的不断完善，这些处理方式在未来也可能会发生变化。例如带押房产的分割问题，在目前的司法实践中由于离婚需要分割房产的，如果将房屋所有权判决给非贷款人一方，后续就会涉及贷款人与银行之间的贷款变更问题。所以一般情况下，如果非贷款人没有能力一次性提前还清贷款的，法院会比较偏向于将房屋所有权判决给贷款人一方，再由其向另一方支付相应份额的折价款。而在 2023 年 3 月 30 日，自然资源部、中国银行保险监督管理委员会印发了《关于协同做好不动产“带押过户”便民利企服务的通知》，对协同做好不动产“带押过户”作出全面部署，目前在二手房交易中心也已经出现了带押过户的具体案例。虽然带押过户的模式目前还停留在二手房交易的情形之中，但并不能否认，这种模式未来也有可能在离婚案件之中得到应用，那时候法院对于带押房产分割的问题可能又会有全新的处置思路了。所以在婚姻家事案件中，经验并不是绝对的依靠，法律和实践都是会发生变化的，而相对来说民事信托反而可以通过信托文件的设计提供一种稳定性的制度。

当然对于目前的民事信托来说，直接将不动产装入信托经济效益不高，且从目的和需求来看，很多时候也并不必要。但在存在一些特定需求时，可以将不动产未来一段时间的收益，而非不动产的物权本身装入信托。简单来说，在设立信托后，受托人可以通过签订租赁合同的形式，获得不动产未来最长二十年的使用权和转租的权利，而未来二十年的不动产出租收益将成为信托财产，接受受托人的管理和信托文件的安排。这样的操作其实与资产证券化相类似，可以说是资本市场业务模式在家事领域的应用。虽然类似设计的应用场景依然有限，但在有大量不动产需要管理时，或是在部分商业地产主要收益为租金时，或在离婚时希望获得不动产所有权但又暂时未拥有足够现金用于补偿对方等特殊的情况下，通过类似设计可以有效地解决和转化部分问题。

（九）父母出资行为的定性

从离婚房产分割的问题中，往往又会衍生出一类新的问题，就是父母对于子女购房的出资，究竟是将其认定为对夫妻双方的赠与还是对夫妻双方的借款。由于婚姻家庭的特殊性，在实务中父母为子女购房所出资金的性质，往往并不会留下任何书面的材料以作说明。而在夫妻双方发生离婚纠纷时，就出现了大量一方父母主张这部分出资是对夫妻双方的借贷，要求对方子女归还一半出资的诉讼。在这类诉讼中，能够提供的证据除了相应的转账记录外，仅有自己子女一方签字而无其配偶签字的借条。

在实务中，这类诉讼最终存在两种完全不同的判决结果，一种是认为没有充分证据证明是借贷的，应当认定为赠与。另一种则是认为没有充分证据证明是赠与的应当认定为借贷。例如，山东省烟台市莱山法院在某一案件中认为“赠与应通过明示的方式进行，不应以默示或暗示的方式进行，隋某父亲并未明确表示将上述款项赠与隋某和赵某，赵某亦未提供证据证明该款项系隋某父亲对其二人的赠与，应承担举证不能法律后果。在当今房价普遍较高的形势下，子女因买房向父母寻求帮助普遍存在，借款不出具借条也符合常理，隋某向莱山法院提交的借条虽系事后补写，但也能够证明隋某与其父亲对上述款项的约定系借款，而非赠与。涉案房屋登记在隋某和赵某名下，隋某为购买涉案房屋向其父亲所借的 559900 元属于隋某和赵某的共同债务，二人应各偿还二分之一”。北京市第二中级人民法院在另一案件中，也持有相同的观点“子女买房由父母出资，除明确表示赠与外，应当视为以帮助为目的的临时性资金出借，子女负有偿还义务”。[①] 而天津市第二中级人民法院则在一案件中认为“由于借贷关系的证明难度要低于赠与的证明难度。因此，将出资为借贷这一事实的证明责任分配给父母一方比将出资为赠与的证明责任分配给子女一方更符合证明责任分配原则，也与一般人日常生活经验感知保持一致。其次，在现有国情中，基于双方的亲缘关系及子嗣传承的传统观念，在子女婚后购房时父母出资的真实意思表示为赠与的可能性要高于资金出借。本案中被上诉人虽然提供了资金转账记录以及其子原审被告孙某单方书写的借条，但在被上诉人不能证实借条是在上诉人与原审被告孙某共同合意的情况下出具，仅凭原审被告孙某单方书写的借条尚不足以与被上诉人郝某提供的转账凭证形成完整的证据链，证明被上诉人郝某与上诉人及原审被告孙某之间就借款的金额、使用期限、利息等借款合同必要要素均形成合意。基于以上分析，被上诉人郝某依据其提供的现有证据主张其与上诉人及原审被告之间存在借贷关系，证明力不足”。[②]

---

① 北京市第二中级人民法院（2022）京 02 民终 11382 号。
② 天津市第二中级人民法院（2021）津 02 民终 10327 号。

可以看到不同地区法院对这一问题可能有完全不同的认识，事实上即使是同一个法院对于这个问题也可能有不一样的处理结果。出现这样区别的原因，可能并不单纯在于法律理解的差异，更多的可能还是婚姻家事案件的特殊性，也就是法官会考量双方的家庭情况以及离婚财产分割情况等进行综合判断。事实上，如果一方父母的大额出资可能是父母全部积蓄，或是若不认定借款准许父母追回将使得其自身生活陷入困境时，法院有更大的概率将出资认定为借款。而在《最高人民法院关于适用〈中华人民共和国民法典〉婚姻家庭编的解释（一）》出台后，实践中对于这一问题的认知渐渐开始向认定为赠与转变，对父母出资行为的定性也要求以父母的明确约定为标准，要求父母一方提供在出资时已经与子女形成了借款合意的相关证据，若无法提供的则需承担举证不能的不利后果，出资将被认定为父母对子女夫妻双方的赠与，但目前各地区法院裁判结果不同的情况依然客观存在。最高人民法院吴晓芳法官在《对民法典婚姻家庭编新增和修改条文的解读》中表示“认为将父母出资部分认定是对子女夫妻双方的赠予更加符合社会的实际情况。至于这种情况可能会损害父母的利益的问题，完全可以通过事先约定避免，而不能与《民法典》规定的夫妻法定共有制度和社会心理冲突”。同时也有观点认为，应当将类似出资认定为父母对夫妻双方附条件的赠与，或是目的性赠与，更符合立法的原意，也能赋予父母救济的途径。

但不论如何，从这一问题中可以看到，法律并不是一种计算公式，特别是在婚姻家事案件中，由于存在各不相同的客观情况，在考虑个案公平正义的情况下，对于同一法律问题可能出现完全不同的判决。所以在类似问题上如果及时进行明确清晰的约定，可能就能够避免后续的争端和矛盾。而民事信托的价值也能在这一问题中有所体现，作为一种约定的财产制度，父母如果通过设立信托为子女出资购房，本身就需要在信托文件中明确出资的性质才有可能完成这一操作。而设立信托这件事本身就可以为类似问题提供一个进行明确约定的合理载体和理由。在信托文件中，在一个对于夫妻双方婚姻关系存续采取积极态度的信托设计之下，个别涉及这类问题的条款安排可能远没有单独对这类问题进行约定的其他法律文件那么让子女的配偶难以接受。

第二章　婚姻家事中的家庭关系

家庭是社会的最小单元，但在生活中，家庭关系却是纷繁复杂的。在社会上，家庭关系包括直系血亲之间的关系、旁系血亲关系、拟制血亲关系以及姻亲关系等，而家庭关系一旦跟情感因素相结合，就有可能对一个人产生独特的价值和意义。当然法律对于家庭或者亲族关系的问题所能起到的影响也是有限的，仅能调节一些非常基础的问题，其余的就只能由道德和感情来调整了。但也正是因为如此，在现有的法律规定之外，民事信托或许可以通过自身独特的灵活性，发挥意想不到的作用，或是对现有宽泛的法律规定在实操的细节上通过人为的设计进行一定的补充，成为填满法律基石空隙之间的活水。

一、法律上的继承

民事信托是与继承制度最为相宜的制度，若先不考虑目前民事信托登记及税收制度缺失的问题，那么民事信托甚至完全可以看作一种继承制度的替代。而出现这样结果的原因其实也很简单，民事信托被创造出来的目的，不论是为了规避封建义务还是向教会捐赠土地等，本身就是为了打破当时相关继承法律的限制，按信托委托人的自身意志决定财产的传承方式，从而实现法律所规定的继承以外的另一种“继承”。

对于我国的继承制度，大部分人会比较熟悉，但并不一定真正了解，还可能在一些细节问题上存在着理解的偏差。加之我国的公证遗嘱、继承规划、遗嘱撰写以及遗产管理人等继承相关的法律服务远没有达到普及的程度，这就导致了在实务中，专业人士对于继承的介入往往只在被继承人死亡之后，而被继承人死亡之前对于继承的安排大部分处于空白或是有效性待定的状态，被继承人的意思表示是否清晰、最终能否被妥善地落实都是极不确定的，更不要说通过一些方式进行特殊的财产传承安排。所以继承问题虽然可能是唯一一个每个家庭都会遇到的法律问题，但可以说在现实中依然没有得到应有的重视。另外，我国的继承制度也并不完善，类似于遗产管理人等制度的缺失，使得目前我国继承制度能够实现的效果和功能依然只是较为基础的。类似后位继承、后位遗赠、返还遗赠、用益遗赠以及不可撤销的死因行为等制度目前也没有在我国的法律和实践中被明确确立，相关法律行为的效力没有有效的保证。加之遗产管理人制度并不完善，被继承人设立的复杂的继承安排即使最终在法律层面被认可了效力，也并不一定能在实践中真正实现，最终可能仅停留在纸面上。

所以对于这些问题，民事信托给我们提供了一个全新的解决途径。虽然民事信托本身也存在一定问题，但在某些财产特别是动产上，以及复杂传承安排的设计和实现上，民事信托可以说已经超越了现有的继承制度，能够在替代继承制度的基础上，实现现有继承制度暂时无法实现的效果。特别是在现金和保险这类资产上，这种替代是趋于完善的，甚至可以解决继承制度在实践中的一些隐患和问题。

（一）继承的方式

继承的方式，在法律上存在法定继承、遗嘱继承和遗赠扶养协议三种。此三者虽然最终都能实现财富传承的目的，但不论是具体的条件、要求还是实现的方式都是极为不同的，这其中的一些差异有时候就会导致被继承人的安排失效。三者的效力以遗赠抚养协议最优先，其次是遗嘱，最后是法定继承。[①] 而对于被继承人的债务则相反，先由法定继承人清偿，超过其所继承遗产的部分由遗嘱继承人及受遗赠人按比例清偿，遗赠抚养协议的抚养人则不承担清偿义务。[②]

1. 法定继承

法定继承是最为简单的继承方式，因为被继承人无须有任何作为。但简单并不代表我们不需要了解和掌握法定继承的内容，因为这是我们理解继承制度以及区分继承方式的基础。在具体民事信托的设置中，要对相应的条款设置，结合法定继承的相关规定以分析条款的实际效果，才能最终确保信托委托人的意思能够真实有效地反映在信托文件之中。

---

①《中华人民共和国民法典》第一千一百二十三条规定："继承开始后，按照法定继承办理；有遗嘱的，按照遗嘱继承或者遗赠办理；有遗赠扶养协议的，按照协议办理。"

②《中华人民共和国民法典》第一千一百六十三条规定："既有法定继承又有遗嘱继承、遗赠的，由法定继承人清偿被继承人依法应当缴纳的税款和债务；超过法定继承遗产实际价值部分，由遗嘱继承人和受遗赠人按比例以所得遗产清偿。"

首先需要了解的是继承人的范围，《民法典》对于法定继承仅设置了第一顺位的父母、子女、配偶，以及第二顺位的兄弟姐妹、祖父母、外祖父母。在有第一顺位继承人时，由第一顺位继承人继承，只有在没有第一顺位继承人的情况下，才会由第二顺位继承人继承。[①]看似简单，但要注意的是，这里的子女，包括婚生子女、非婚生子女、养子女和有扶养关系的继子女。同时，只要在夫妻关系存续期间，夫妻双方同意通过人工授精生育子女，所生子女均应视为夫妻双方的婚生子女。[②]父母也包括生父母、养父母和有扶养关系的继父母。兄弟姐妹则包括同父母的兄弟姐妹、同父异母或者同母异父的兄弟姐妹、养兄弟姐妹、有扶养关系的继兄弟姐妹。而上述提到的收养关系以及继养关系的具体认定往往也会在实务中引起诸多纠纷和争议。在继承发生时，对于非婚子女亲子关系的认定则是另一个会引起广泛争议的问题。在具体的案件中，非婚生子女需要提供相关证据证明与被继承人的关系，继子女需要证明形成了实际的抚养关系，但在法律上对于抚养关系的证明并无特别明确的标准，而养子女则须提供在县级以上人民政府登记备案的收养关系证明，具体在后续章节会进行讨论。

而在法定继承之下，又包含了代位继承和转继承两种特殊的

---

①《中华人民共和国民法典》第一千一百二十七条规定："遗产按照下列顺序继承：（一）第一顺序：配偶、子女、父母；（二）第二顺序：兄弟姐妹、祖父母、外祖父母。继承开始后，由第一顺序继承人继承，第二顺序继承人不继承；没有第一顺序继承人继承的，由第二顺序继承人继承。本编所称子女，包括婚生子女、非婚生子女、养子女和有扶养关系的继子女。本编所称父母，包括生父母、养父母和有扶养关系的继父母。本编所称兄弟姐妹，包括同父母的兄弟姐妹、同父异母或者同母异父的兄弟姐妹、养兄弟姐妹、有扶养关系的继兄弟姐妹。"

② 指导案例 50 号：李某、郭某阳诉郭某和、童某某继承纠纷案（最高人民法院审判委员会讨论通过 2015 年 4 月 15 日发布）。

继承制度。所谓代位继承是指被继承人的子女先于被继承人死亡的，由被继承人的子女的直系晚辈血亲代替被继承人的子女继承其财产。《民法典》出台后，将代位继承的范围从被继承人的子女，扩展到了被继承人的兄弟姐妹[①]，但不是说代位继承可以打破继承顺位的限制。代位继承的概念是明确的，但是细节仍需要注意，《最高人民法院关于适用〈中华人民共和国民法典〉继承编的解释（一）》第十五条规定："被继承人的养子女、已形成扶养关系的继子女的生子女可以代位继承；被继承人亲生子女的养子女可以代位继承；被继承人养子女的养子女可以代位继承；与被继承人已形成扶养关系的继子女的养子女也可以代位继承。"也就是说代位继承人的范围并不包括被代位人的继子女，仅限于被代位人的婚生子女、非婚生子女以及养子女。另外代位继承并不受到辈数限制，被继承人的第二、三辈甚至理论上再往后几辈的亲属，只要符合代位继承的条件，均享有代位继承的权利。[②]而如果继承人本身已经丧失继承权了[③]，自然也就不会再发生代位继承了，同时与继承人相

①《中华人民共和国民法典》第一千一百二十八条规定："被继承人的子女先于被继承人死亡的，由被继承人的子女的直系晚辈血亲代位继承。被继承人的兄弟姐妹先于被继承人死亡的，由被继承人的兄弟姐妹的子女代位继承。代位继承人一般只能继承被代位继承人有权继承的遗产份额。"

②《最高人民法院关于适用〈中华人民共和国民法典〉继承编的解释（一）》第十四条规定："被继承人的孙子女、外孙子女、曾孙子女、外曾孙子女都可以代位继承，代位继承人不受辈数的限制。"

③《中华人民共和国民法典》第一千一百二十五条规定："继承人有下列行为之一的，丧失继承权：（一）故意杀害被继承人；（二）为争夺遗产而杀害其他继承人；（三）遗弃被继承人，或者虐待被继承人情节严重；（四）伪造、篡改、隐匿或者销毁遗嘱，情节严重；（五）以欺诈、胁迫手段迫使或者妨碍被继承人设立、变更或者撤回遗嘱，情节严重。继承人有前款第三项至第五项行为，确有悔改表现，被继承人表示宽恕或者事后在遗嘱中将其列为继承人的，该继承人不丧失继承权。受遗赠人有本条第一款规定行为的，丧失受遗赠权。"

同的是，如果代位继承人缺乏劳动能力又没有生活来源，或者对被继承人尽过主要赡养义务的，也可以在分割遗产时适当多分。①

而转继承则较为简单，是指继承开始后，继承人于被继承人死亡后，遗产分割前死亡的，那么该继承人所能继承的遗产可以被其继承人继承②。所以实际上转继承，就是根据被继承人和继承人死亡的先后顺序，连续发生了两次继承而已。如果转继承人缺乏劳动能力又没有生活来源，或者对被继承人尽过主要赡养义务的，也可以主张适当多分被继承遗产。但要注意的是，转继承和代位继承最大的区别在于代位继承仅适用于法定继承的情况，而转继承则可以适用于遗嘱或遗赠继承的情况。原因在于遗嘱生效时若遗嘱继承人已经死亡的，死亡的遗嘱继承人就不会获得继承权。而代位继承就是在继承人是先于被继承人死亡的情况下发生的，此时死亡的遗嘱继承人本应享有的这部分遗产，由于继承权不存在了，也就不可能发生代位继承，只能按照法定继承办理。③相反，转继承就没有这一问题，只不过遗赠要求受遗赠人表示接受遗赠，所以对于遗赠需要受遗赠人在已经表示接受遗赠的情况下死亡，才会发生转继

①《最高人民法院关于适用〈中华人民共和国民法典〉继承编的解释（一）》第十六条规定："代位继承人缺乏劳动能力又没有生活来源，或者对被继承人尽过主要赡养义务的，分配遗产时，可以多分。"

②《中华人民共和国民法典》第一千一百五十二条规定："继承开始后，继承人于遗产分割前死亡，并没有放弃继承的，该继承人应当继承的遗产转给其继承人，但是遗嘱另有安排的除外。"

③《中华人民共和国民法典》第一千一百五十四条规定："有下列情形之一的，遗产中的有关部分按照法定继承办理：（一）遗嘱继承人放弃继承或者受遗赠人放弃受遗赠；（二）遗嘱继承人丧失继承权或者受遗赠人丧失受遗赠权；（三）遗嘱继承人、受遗赠人先于遗嘱人死亡或者终止；（四）遗嘱无效部分所涉及的遗产；（五）遗嘱未处分的遗产。"

承。[①] 不过，如果遗嘱对某继承人死亡后的遗产处理方式已经进行了安排，则自然也就不会再发生转继承。

另外还有两类继承人以外的人也可以分得遗产，即依靠被继承人扶养，或对被继承人扶养较多的人[②]，当然这里对被继承人扶养较多的人，是将与被继承人或相关人存在雇佣关系、领取报酬的护理及家政人员排除在外的，因为这些人员本来就有照顾被继承人的义务。而对于具体案件，这两类人能不能分以及能分多少则完全取决于法官在个案中的自由裁量，虽然《最高人民法院关于适用〈中华人民共和国民法典〉继承编的解释（一）》中对于这类可以酌情分得遗产的人明确了可获遗产份额较之继承人多寡皆可[③]，但在实务中判决其享有的遗产比例多于继承人的情况依然是极为少见的。

2. 遗嘱继承

所谓遗嘱继承，就是被继承人通过遗嘱对具体的继承人、继承的财产、继承的时间或是条件等内容作出明确。具体遗嘱中的继承规划，对于被继承人个人所有的财产，可以由其进行自由安排，已经由遗嘱处分的遗产就不会再发生法定继承。如果通过遗嘱将部分或全部遗产交由法定继承人范围以外的人继承的，就叫作遗赠。所

---

①《最高人民法院关于适用〈中华人民共和国民法典〉继承编的解释（一）》第三十八条规定："继承开始后，受遗赠人表示接受遗赠，并于遗产分割前死亡的，其接受遗赠的权利转移给他的继承人。"

②《中华人民共和国民法典》第一千一百三十一条规定："对继承人以外的依靠被继承人扶养的人，或者继承人以外的对被继承人扶养较多的人，可以分给适当的遗产。"

③《最高人民法院关于适用〈中华人民共和国民法典〉继承编的解释（一）》第二十条规定："依照民法典第一千一百三十一条规定可以分给适当遗产的人，分给他们遗产时，按具体情况可以多于或者少于继承人。"

以遗赠本身就是遗嘱继承的一种特殊情况，区别仅在于遗赠的对象是法定继承人范围以外的人。也正因为此，法律对遗赠作出了特殊规定，要求受遗赠人在知道受遗赠后六十日内，作出接受或者放弃受遗赠的表示，否则视为放弃接受遗赠[①]。所以要注意的是，虽然孙子女可能成为转继承人或代位继承人，但孙子女并不是其祖父母或外祖父母的法定继承人，所以遗嘱将遗产交由孙子女继承的安排实际上属于遗赠，就需要孙子女作出接受遗赠的表示。在实务中，受遗赠人通过口头表示、发送文件、公证、实际占有以及诉讼等方式表示接受遗赠都是可以的，但都需要保留相关证据以免后续发生纠纷。

对于遗嘱应该怎么写，个案之中可能有完全不一样的情况和要求，很难概括性地进行表述。但对于遗嘱的形式要求，在法律上却是明确且严格的。例如《民法典》中新增的打印遗嘱形式，就要求有两个见证人在场，并且要求立遗嘱人和见证人在每一页上签署姓名和日期。同样需要见证人的代书遗嘱和录音录像遗嘱，在没有见证人或者缺少见证人的情况下也就不一定有效了。而口头遗嘱不但要求有两个见证人，而且要求在危急情况下订立，如果订立口头遗嘱时没有危急情况，或者危急情况后来解除了，可以通过其他方式订立遗嘱而没有订立的，口头遗嘱就是无效的。所以遗嘱对于形式的要求是严格的，实务中因为遗嘱订立形式存在瑕疵导致遗嘱无效的案例比比皆是。当然，细究起来确实并非所有存在瑕疵的遗嘱都

---

①《中华人民共和国民法典》第一千一百二十四条规定："继承开始后，继承人放弃继承的，应当在遗产处理前，以书面形式作出放弃继承的表示；没有表示的，视为接受继承。受遗赠人应当在知道受遗赠后六十日内，作出接受或者放弃受遗赠的表示；到期没有表示的，视为放弃受遗赠。"

是无效的，例如立遗嘱人按手印，但未签字的情况、未签日期的情况，或是缺少见证人的录音录像遗嘱等，在存在其他证据佐证或在个案情况下可以推定是立遗嘱人真实意思表示的，也可能被法院判决有效。但存在瑕疵的遗嘱毕竟存在极大的风险，所以如果希望通过遗嘱进行传承安排，就要确保遗嘱的有效性，而不是任由其存在隐患。而且，即使遗嘱的订立形式不存在瑕疵，遗嘱也不一定有效。比如自书遗嘱在法院审判过程中，一方不认可遗嘱的真实性，另一方申请鉴定却无法提供用于比对的立遗嘱人生前其他笔记物料的情况下，就有可能导致遗嘱的真伪无从证明，如果一方能够提供立遗嘱时立遗嘱人系文盲或是民事行为能力可能存在问题之类的证据予以佐证，就可能导致遗嘱无效。类似的情况还有，代书人是利害关系人的、虽然有见证人但是见证人与继承人存在利害关系①、见证人联系不到甚至已经死亡的、见证人到庭后对于见证经过的描述存在重大矛盾或问题的，以及录音录像遗嘱立遗嘱人明显表达存在问题、民事行为能力存疑的情况也都会对遗嘱的效力产生负面影响。当然最终遗嘱是否有效，还是需要结合案件的事实情况和其他证据，由法官综合进行裁量。所以一般情况下，在条件允许时，笔者依然会建议有立遗嘱意愿的当事人前往公证处订立公证遗嘱，虽然公证遗嘱的效力在法律上与其他形式的遗嘱并无区别，但公证机构对于公证遗嘱的业务有着严格的规范和要求，可以最大程度上保障公证遗嘱的效力不受挑战。所以公证遗嘱的效力虽然不优先于其他遗嘱形式，却在认定有效的概率上较其他遗嘱形式有着绝对的

---

①《最高人民法院关于适用〈中华人民共和国民法典〉继承编的解释（一）》第二十四条规定："继承人、受遗赠人的债权人、债务人，共同经营的合伙人，也应当视为与继承人、受遗赠人有利害关系，不能作为遗嘱的见证人。"

优势。不过，公证遗嘱被撤销的案例也同样存在，但个案之中存在的特殊情况和问题并不能否认公证机构普遍的专业性。所以如果对于订立遗嘱较为重视的，在公证遗嘱之外，也可以通过自书或录音录像等遗嘱形式再订立一份内容完全一致的遗嘱与公证遗嘱互为佐证，以确保万无一失。

而在遗嘱继承中，还有一些需要注意的问题。在存在多份且均有效的遗嘱时，以时间在后的遗嘱为准。而多份遗嘱处分遗产并不重复的部分，后一份遗嘱没有安排的，可以遵照前一份遗嘱处理。如果遗嘱继承人先于被继承人死亡的，遗嘱又未修改的，该遗嘱则部分无效，死亡的遗嘱继承人享有的这部分遗产，由被继承人的法定继承人按照法定继承的规则继承。另外一个在实务中比较常见的问题是，立遗嘱人在遗嘱中处分了非自己所有的财产。这种情况常见于夫妻一方在立遗嘱时对夫妻共同财产进行了处分。例如将某一房屋百分之百的产权交由某一子女继承，但实际上该房屋是夫妻共同财产，立遗嘱人仅拥有该房屋百分之五十份额的产权。这种情况在实务中一般会导致遗嘱全部或部分无效。至于是全部还是部分无效则取决于个案的实际情况。如果认定部分无效，其个人所有部分可以根据遗嘱继续处理，如上述房屋的例子，立遗嘱人虽然只有百分之五十的份额，但依然可以全部由其某一子女继承，所以宜认定为部分无效。但如果立遗嘱人设置的继承方式为全部产权份额的百分之三十归配偶，剩下由某一子女继承，则可能会认定为全部无效。因为在原来的方案中，涉及房屋整体产权份额的百分之三十归配偶所有的安排，在百分之五十的房产份额本身就是配偶所有财产的前提下，已经难以还原出被继承人可能的意思表示和合理方案。另外对于缺乏生活来源和劳动能力继承人的必留份[①]，以及针对胎儿的预留份[②]也需要在遗嘱中予以安排和保留，否则也可能导致遗嘱部分无效，实务中会将必要的份额从继承人继承的财产中予以扣回[③]，不过具体的份额是多少，依然要依靠个案中法官的自由裁量。

遗嘱可以附期限、条件或义务，但要注意不能违反法律规定或公序良俗[④]。最常见的情况就是通过遗嘱对婚姻自由作出限制。类似于妻子不得再婚，否则不能继承遗产，此类设置因明显违反公序良俗而无效。但对于附期限、条件或义务的遗嘱，可能最大的问题并不是无效，而是这些设置要如何在被继承人死亡后得以实际落实，靠继承人的自觉和互相监督可能是乏力的，甚至如果遗嘱在设置上使得继承人的利益出现捆绑，那么继承人们可能会出现对抗遗嘱的情况。所以要实现这些附加条件，遗嘱继承过程中的中立第三人的角色是不可缺少的，目前来看可能遗产管理人制度能够填补这一部分空白。但由于遗产管理人在遗嘱继承的实体问题上缺乏强制力和法律手段，甚至有时候缺乏参与家庭事务和纠纷之中的勇气和动力，导致遗产管理人的功能更多的还是停留在理论中，依然难以保障遗嘱的安排能够真正地实现。所以针对被继承人的特殊需求，如果一定要通过遗嘱来实现，可能就需要结合遗产的分配方案以及

① 《中华人民共和国民法典》第一千一百四十一条规定："遗嘱应当为缺乏劳动能力又没有生活来源的继承人保留必要的遗产份额。"

② 《中华人民共和国民法典》第一千一百五十五条规定："遗产分割时，应当保留胎儿的继承份额。胎儿娩出时是死体的，保留的份额按照法定继承办理。"

③ 《最高人民法院关于适用〈中华人民共和国民法典〉继承编的解释（一）》第三十一条规定："应当为胎儿保留的遗产份额没有保留的，应从继承人所继承的遗产中扣回。为胎儿保留的遗产份额，如胎儿出生后死亡的，由其继承人继承；如胎儿娩出时是死体的，由被继承人的继承人继承。"

④ 《中华人民共和国民法典》第一千一百四十四条规定："遗嘱继承或者遗赠附有义务的，继承人或者受遗赠人应当履行义务。没有正当理由不履行义务的，经利害关系人或者有关组织请求，人民法院可以取消其接受附义务部分遗产的权利。"

遗产管理人的设置进行综合考量。但可以想见，即使如此，面对一些被继承人较为特殊或复杂的需求，现有的继承制度和工具依然处于一种较为乏力的状态。

3. 遗赠扶养协议

遗赠扶养协议简单来说就是被继承认与继承人以外的第三方订立协议，由第三方承担被继承人生养死葬的义务，在被继承人死亡后，第三方获得被继承人的遗赠①。遗赠扶养协议与遗嘱的区别在于遗赠扶养协议经遗赠人和扶养人双方协商一致，为双方创设了权利义务，而遗嘱是立遗嘱人的单方法律行为。所以遗嘱的内容，立遗嘱人可以随意更改或撤销。但对于遗赠扶养协议来说，目前主流观点认为遗赠扶养协议的双方并不具有任意解除权。当然在实务中，考虑遗赠扶养协议的特殊性，涉及对老年人的客观扶养问题，以及扶养人与遗赠人需要长期共同生活或是接触等情况，在大多数判例中，在遗赠扶养协议的一方向法院起诉要求解除遗赠扶养协议时，一般都会得到支持。特别是扶养人提出解除的情况，因为遗赠人的扶养需要扶养人的主观配合与客观能力，所以法院一般不会强求扶养人继续履行遗赠扶养协议。但是扶养人没有正当理由解除扶养协议的，已经支付的供养费用不予补偿，反之遗赠人提出解除的，在没有正当理由的情况下，需要偿还供养费用②。当然在具

①《中华人民共和国民法典》第一千一百五十八条规定："自然人可以与继承人以外的组织或者个人签订遗赠扶养协议。按照协议，该组织或者个人承担该自然人生养死葬的义务，享有受遗赠的权利。"

②《最高人民法院关于适用〈中华人民共和国民法典〉继承编的解释（一）》第四十条规定："继承人以外的组织或者个人与自然人签订遗赠扶养协议后，无正当理由不履行，导致协议解除的，不能享有受遗赠的权利，其支付的供养费用一般不予补偿；遗赠人无正当理由不履行，导致协议解除的，则应当偿还继承人以外的组织或者个人已支付的供养费用。"

体案件中，法院会考量案件的情况和事实，以及解除遗赠扶养协议的影响，来综合判断是否允许解除。例如扶养人已经长期扶养遗赠人，且不存在过错的，或是遗赠人没有合理理由要求解除遗赠扶养协议，但又确实需要扶养人照顾的。这些情况下，扶养人不同意解除时，可能法院并不会支持解除。

遗赠扶养协议虽然并非遗嘱，但由于涉及遗赠人的扶养问题，以及遗赠人遗产的处分问题，在实务中极易引起纠纷，特别是在遗赠人死亡后，遗赠扶养协议的效力如果受到质疑，就很难举证证明遗赠人的真实意愿。所以从形式上来说，遗赠扶养协议建议按照遗嘱的形式要求和标准严格订立，同样建议以公证的方式订立遗赠扶养协议以避免后续的纠纷。而在内容方面，遗赠扶养协议对遗赠人的扶养以及遗赠人遗产的处置两个方面都需要进行具体的约定，避免在履行的过程中发生纠纷。具体来说，可以对需要扶养人提供的生活条件、居住标准、医疗条件以及最终遗赠人死亡后的安葬方式、葬礼形式等进行具体的约定，同时也需要对扶养人最终能够获得的遗产范围以及遗产数额等相关内容作出明确。而作为一份协议，同样可以对于一方违约的处理、协议的解除等问题作出约定。

4. 继承方式与民事信托

对于民事信托如何替代继承方式的问题，之前有少部分提及。可以说民事信托与传统继承是两种并列的传承方式，两者并无高下之分，只有是不是更为合适的区别，而且同作为法律工具，两者也可共同使用或进行组合，遗嘱信托就是最好的例子。不过在目前的情况下，部分财产确实没有必要通过民事信托进行安排，主要包括股权和不动产，由于信托税收制度和登记制度的缺失，这两种资产的装入可能会产生较高的税收成本。当然这一问题不能一概而论，之前也讨论过，例如股权交易的相关税收实际上与公司的盈利情况、资产状况等存在很大关系。不论是股权还是不动产，也都可以通过将资产转变为债权的方式，将资产的主要收益置于债权之中以装入信托。不过这样的方式等于回避了股权和不动产所有权的传承问题，两者的传承依然需要通过继承的方式进行安排，同时也要注意继承与民事信托的衔接问题，以免发生纠纷或是出现导致信托安排落空的情形。

而从继承的角度来看，先不考虑较为少见的遗赠扶养协议，遗嘱作为传承工具相较法定继承，最为重要的作用就是解决财产的定向传承问题。当然，能够解决这一问题的法律工具并不少，之前我们就提到过，除了信托，人寿保险也是一种传承工具，可以将投保人的资金通过保险传承给保险受益人。另外，在世时的赠与，甚至婚内财产约定都可以作为一种传承工具来使用。例如一方可以在生前通过婚内财产协议的方式，约定某一夫妻共同所有的房产为另一方个人财产，这种情况下，在一方去世之后，该房产中其所有的份额就不会作为其遗产被继承。赠与也是一样，自然人完全可以在其在世时就完成对财产的处置，无需通过遗嘱来完成。虽然存在这些替代品，甚至遗嘱本身也在形式上有严格的限制，但作为一种最为直接和全面的财产传承工具，遗嘱的作用依然是极为重要的。一方面，遗嘱继承作为一种死后传承的方式，可以使被继承人在身前保持对于财产的控制权，保护被继承人的利益；另一方面，不论是保险、赠与甚至是民事信托，在大多数情况下都不可能对被继承人所有的财产进行处置，此时遗嘱可以起到关键的兜底作用。事实上，目前很多人在进行继承安排和设计时，往往也并不只使用单一的传承工具，而是组合地使用保险、赠与、遗嘱以及信托等工具，以实现最为贴近于被继承人希望的效果。

当然在目前遗产管理人制度并不完善，复杂遗嘱安排客观上难以实现的情况下，被继承人通过民事信托对于信托财产，也就是实际上的遗产在其死后实现的继续控制，也同样难以在现有的法律工具中找到替代。被继承人可以通过民事信托，在受托人的管理以及保护人的监督下，实现信托财产向特定对象，在特定时间、特定条件下，以特定原因以及特定方式的分配，同时也能通过信托一并解决资产的投资管理问题。在一些特殊情况下，这些功能都是极具意义的。例如，在继承人未成年，特别是极为年幼时，由于其本身缺乏管理财产的能力且发生继承之后，财产主要控制在其监护人之手，继承人本身的权益能否得到保障处于一种不确定的状态。而民事信托就能很好地解决这一问题，完全可以安排在继承人有能力掌控财产之后，再向其进行分配。再比如，希望先将房产交由配偶继承，在配偶死亡后再由指定的子女继承。类似设计由于后位继承制度的缺失，实际配偶继承财产后，指定后位继承的子女最终能否保证从配偶手中继承该房产是不确定的，因为所有权一旦在配偶之手，其对房产的处分实际上就不存在任何障碍。而民事信托就可以通过受托人将房产的收益和使用权利交由配偶，在其死亡后，由受托人将房产过户给子女。当然通过居住权的介入同样在理论上可以实现这样的操作，但由于居住权和所有权在不同人之手，也就更容易引起纠纷。而且目前对于居住权进行细节地设计和落实也并没有通过民事信托实现相同效果来得便利。另外，民事信托相较于遗嘱也更能实现被继承人精神层面的需求。而现阶段遗嘱的主要功能还是在于遗产的分割，难以实现被继承人特殊的目的和情感需求。例如，部分地区的被继承人较为认同传统的宗族观念，此时由于存在受托人的有效管理，就可以通过民事信托，将部分信托财产用于实现宗族设施的修缮、宗族后代的教育以及宗族老人的扶养等目的。这是通过遗嘱几乎无法实现的。被继承人也可以通过为直系血亲以外的亲属专门设立信托，或预留一部分信托财产，以达到帮扶广义上家庭成员的目的。这一方式虽然也可以通过遗赠实现，却有可能在其他继承人知晓后引发继承人与远亲之间的矛盾。另外，某些委托人还会通过信托对受益人获得分配设置一些特殊的条件，比如全家一起吃一顿团圆饭等，虽然笔者对这类安排是否真的存在持保留意见，但不得不说，这样的设计理论上通过民事信托是可以实现的，但是通过继承可能就较为困难。另外，信托中的某些分配设计也可以看出被继承人对于后代的期许，例如对于后代的婚嫁生育支持、对于后代的学业支持以及对于后代某些特殊成就或行为的奖励等，此类设计本身就可以看作被继承人对于后代成长的期许。而在复杂的民事信托设计中，也可以为信托设置专门的决策委员会，由后代担任成员，对信托的一些重要事项作出决策，对于成员的选任可以设置一定的门槛和标准，这其实也就成了一种对于后代的敦促。诸如此类的操作还有很多，这无疑也是信托灵活性的一种体现，而在现阶段，可能也确实只有民事信托可以实现类似的功能。

所以民事信托相较于其他传承方式自有其优势，不过其劣势也是明显的，除了某些特定财产和税收的问题，更多的还是在于民事信托的设立需要大量的时间进行准备和规划。虽然存在遗嘱信托这样的形态，但并不是说在临死之前通过遗嘱设立信托就可以实现遗嘱信托。因为信托的设计需要考虑财产的管理问题、受益人的选定问题、信托财产使用的方案问题以及信托的监督问题等一系列的问题，绝不是通过一份临时的遗嘱就能全盘解决的。即使是最简单的信托遗嘱也需要考虑受托人的选任问题，需要提前与意向中的受托人进行沟通，不可能如同遗嘱一样简便。事实上经常存在设立信托之前，委托人突然死亡或是丧失民事行为能力的情况。这并不是巧合，而是很多人习惯性地在身体状况已经发生问题之后才开始考虑传承的问题，此时遗嘱之类的方案可能还来得及实施，但对信托来说，几个月甚至半年的时间却完全不足。所以设立信托的复杂性是通过信托进行传承的劣势，不过这也代表着信托可以实现更为复杂的功能，只不过需要我们预留大量时间进行提前规划。

除了多种财产传承工具的并用组合外，工具之间本身也可以进行一定的结合以解决一些问题。最典型的当然是经常会提到的遗嘱信托，虽然目前遗嘱信托在客观上依然存在诸多障碍，但不可否认这样的一种结合模式本身就具有其特有的优势。同样地，类似于婚内财产约定与遗嘱也可以进行结合，例如通过婚内财产约定将夫妻双方名下的一套房产约定为一方一人所有，而另一套房产则约定为另一方所有。此时就可以通过遗嘱对自己所有的那一套房产进行安排，可以安排由子女进行继承。因为该房产中已经不涉及配偶的份额，所以相应的继承完全可以由自己进行安排，同时也不会使得子女和配偶之间因为房产继承产生矛盾。配偶也完全享有了一套房产的产权，这样可以保障自己去世后配偶的权益，同时配偶在需要时也可以单独对该套房产的继承问题作出安排。夫妻财产约定与民事信托结合的方式其实一直存在，只不过大部分人可能并没有意识到。一部分项目在设立家族信托之前，签订的夫妻财产声明，实际上就是一份财产约定，将夫妻共同财产约定为一人所有，然后由其作为委托人设立信托。类似的还有保险金信托，就是明显的保险与信托的结合。而保险与遗嘱也并非不能结合，不考虑保险金作为遗产的这类特殊情形，在遗产管理人能够充分发挥作用时，在遗嘱中设置将一部分遗产为某些继承人投保似乎也并无不可。

所以民事信托的特性不应该成为一种枷锁，而应当作为对于传承安排的丰富。不论是通过与其他继承工具组合还是相结合的方式，民事信托都可能实现原本靠单一工具无法实现的效果。而法律工具之间本身并没有优劣之分，现阶段遗嘱也不可能被信托所替代，如何充分发挥每一种工具的优势和作用，才是我们进行研究和探索的真正意义所在。

（二）继承的程序

虽然被继承人死亡后，法律上其遗产为所有继承人共同共有，但对于具体继承人继承的遗产范围和份额的确认，也就是遗产的分割，需要通过法定程序进行。体现在实务中，在某人需要继承具体的遗产时，例如继承房产或被继承人名下的存款时，一旦涉及具体的物权变动，就需要向相关机构出具生效的法律文书，以证明其继承的财产和份额，相关机构才会为其办理。而生效的法律文书就需要通过继承程序获得，具体是指继承公证和继承诉讼。不过 2016 年 7 月 14 日司法部发布了《关于废止〈司法部、建设部关于房产登记管理中加强公证的联合通知〉的通知》，明确今后不动产继承、受遗赠房产申请办理登记事项时可以不用“强制公证”。此后，至少对于不动产，需要经过继承程序才可办理产权变更已非绝对。但从数据看，自 2016 年 10 月上海市开展非公证继承登记以来，截至 2021 年年底，上海市共办理约 14.5 万件继承（受遗赠）登记案件，持公证文书办理的案件量占比 86%，持司法文书办理的案件量占比 6%，非公证继承登记案件占比 8%。可见持公证文书办理继承登记的案件比例依然占绝大多数。出现这一情况的原因可能有很多，比如被继承人的遗产一般情况下不可能仅为不动产，其他财产的管理机构尚未认可非公证继承的方式，或是非公证继承的材料要求较为苛刻等。总之，继承程序依然是目前继承关系中不可回避、大多数人都需要经历的过程。

1. 继承公证和继承诉讼

目前继承程序实际上就只有两种，一种是继承公证，另一种是继承诉讼。而对应的法律文书有三种，继承公证获得的是公证书；继承诉讼，在原被告之间没有争议时，可以通过调解结案的方式获得调解书；在原被告双方存在纠纷，难以调解时，则需要法官判决并出具判决书。无论获得哪种生效的法律文书，实际上都已经完成了继承程序，可以凭借相关法律文书在具体的机构办理涉及遗产的继承事宜。

从继承人之间是否存在纠纷的角度来看，公证书和调解书都是在继承人之间不存在纠纷，或是纠纷已经化解的情况下获得的法律文书。而判决书则是在继承人之间存在纠纷，最终由法院判决，定分止争之后所出具的文书，本质上继承人之间的矛盾并没有被化解，而是被强制进行了处理。从继承人的数量来看，当存在多继承人时，法院和公证处都能进行处理；当只存在唯一一个继承人时，由于在法院提起诉讼需要原告和被告两方，唯一的继承人也就会因为不存在其他继承人作为被告，无法在法院提起诉讼。所以在仅有唯一继承人时，一般都是通过公证的方式完成继承程序。从证据的角度来看，虽然理论上无论是公证还是诉讼，所需要的证据材料是相同的，也就是被继承人死亡、被继承的遗产、被继承人与继承人的亲属关系、遗嘱等相关证据，但一般情况下由于公证机构并不具备与法院相同的审理案件、辨明事实的能力，所以基于对于错误出具公证书的担忧，对证据的要求可能较之法院反而更为严格。这也是很多案件因缺乏某些证据，在公证处无法办理继承公证时，继承人会选择向法院提起继承诉讼的原因。比如某一案件中，被继承人未婚未育、父母双亡，其财产理论上可以由第二顺位继承人，也就是两个哥哥继承。但在实践中，由于难以获取被继承人未婚未育的证据，某些公证员在无法确认被继承人是否另有第一顺位继承人的情况下，可能会拒绝为第二顺位继承人办理继承公证。此时继承人也只能寄希望于通过诉讼解决这一问题，当然这一案件最终也确实获得了法院的支持。

在这里提到的证据问题，其实在很多案件中都是较为麻烦的存在。例如亲属关系证明，就需要提供被继承人与继承人在同一户籍地址的历史户籍档案，需要能够从户主与在户人员关系中明确被继承人与继承人的亲属关系。在被继承人的子女众多，或被继承人与继承人多次迁移户口的情况下，虽然并不是无法调取，但调取过程往往极度花费精力。部分案件还需要另外提供能够证明继承人与被继承人亲属关系的单位履历表，同样颇费周折。另外，有一些证据本身可能就难以调取，比如未婚未育的证明材料，或某些高龄被继承人的父母已经过世的证明材料等，而在个案中，在缺失相关证据的情况下，能否顺利地完成继承程序，就会变成一个未知的问题。而最麻烦的情况莫过于，在缺失某些证据的情况下，公证机构无法办理继承公证，但是又没有其他继承人可以作为适格被告提起诉讼，导致陷入僵局。对于这类情况的继承人来说，继承可能会成为一个死局。

整个继承程序的流程，不论是继承公证，还是继承诉讼都需要投入时间成本和经济成本。特别是诉讼程序，有时候花费的时间是出乎继承人预料的，也是很多人并不理解和接受的。如果继承人之间没有争议，通过调解解决的案件相对较快。一旦继承人之间存在争议，整个案件的期限，从收集证据到拿到生效的判决文书，即使不考虑二审，最快可能也要花费半年的时间，如果不顺利的话，花费大半年甚至一年都是有可能发生的。而继承程序本身也是有成本的，法院的诉讼费是根据继承财产总价值按照一定阶梯比例计算的，在不计算律师服务费、保全费、评估费等其他费用的情况下，仅法院的诉讼费用一项，按照一千万元的继承标的计算，在上海大约就需要八万元。而如果通过继承公证的方式操作，就上海来说，公证费用涉及房产的财产继承、赠与和遗赠的公证服务收费为按受益份额的面积计算（尾数部分，不足一平方米按一平方米计），每平方米 80 元。这也是在 2017 年 10 月 22 日上海市印发了《上海市实行政府定价的公证服务项目目录和收费标准》后降低的，之前规定是按照继承房屋总价值的百分比收取的。如果是其他财产，公证费用依然还是按照财产总价值的一定比例收取的，一般一千万元的标的收费大约在六万六千元。可见，对于很多人来说继承程序本身就是一笔不小的开支，特别是在继承财产的价值巨大的情况下，这笔费用也会更高，而且需要在继承遗产之前先通过现金支出，此时对于办理继承程序的继承人来说又是另一种负担。

2. 继承程序的问题

在实务中经常出现某些主体绕过继承程序侵占遗产，损害继承人利益的情况，被侵占的财产主要为现金财产，例如，照顾被继承人的子女可能管理着被继承人的银行卡、银行账户、手机以及相关密码，所以在被继承人死亡前或死亡后可以较为容易地通过网银、手机银行、银行 ATM 机等方式实现转账或取现。甚至在某些案例中，被继承人配偶直接持被继承人身份证到银行柜台办理了取现的手续。另外还有一些特殊情况，例如被继承人的部分现金资产，长期由其子女、配偶或“男女朋友”等控制，并为其投资理财。在这种情况下，如果被继承人突然离世，也未留下任何协议、遗嘱或其他相关的财产线索的，就很难追查到该笔资金，更不要说将该笔资金认定为遗产了。严格的继承程序也没有能够阻止小部分人“钻空子”，当然这也并非法律本身可以解决的问题。

不论是继承公证还是继承诉讼，继承程序对所有继承人都是公开的，而遗嘱作为最为重要的证据，在整个程序中也同样是公开的。这就造成一个问题，即虽然被继承人订立遗嘱可以向继承人保密，甚至有时候保密本身就是被继承人追求的效果，但一旦进入继承程序之中，之前保密的遗嘱反而会被公开，这时先前订立时的保密遗嘱更容易造成继承人之间的矛盾，因为遗嘱的存在可能会使得某些继承人继承的财产少于其原本通过法定继承可继承的遗产，且因其对遗嘱不知情更不愿意承认遗嘱的效力。从客观角度看，认可或不认可遗嘱会导致继承的遗产存在较大差距，大部分人可能就会倾向于选择对自己更有利的情况，这往往就成了继承人之间矛盾和纠纷的根源。从财产的纷争上升到互相指责和争吵，最后到情感上的疏离甚至老死不相往来的例子比比皆是。更不要说，在遗嘱中出现了继承人们认知中“小家”以外的人，例如远亲、非婚生子女或是婚外第三者，此时甚至可能出现双重矛盾，使得整个家庭支离破碎。

其实继承程序本身并不包含任何情感因素，继承程序的顺利完成往往并不是所有继承人共同努力的结果，在部分案件中，可以看到一位继承人在为继承的事宜奔走和忙碌，其余人员并不参与却不影响他们分得遗产。而继承程序过程中的辛苦，没有真正经历过继承程序的人可能完全体会不到，这种体验和情感上的失衡，虽然不一定会导致亲属之间的纠纷，但无疑也是一种矛盾的导火索。但是整个继承程序，实际上就是为了处置被继承人的遗产而存在的，在遗产分割这一核心问题之下，其他问题都不是继承人关注的重点，也无法对家庭关系起到任何实质的正向效果。所以继承案件有时在最后就成了物质到情感层面的分家析产，最后一次开庭也成了继承人们最后一次见面。

3. 继承程序与民事信托

民事信托相对继承程序最大的优势就是不用经历继承程序。因为信托财产并非委托人的遗产，所以信托财产本身与继承无关。而信托的分配，不论委托人是否死亡，都是按照信托文件的规定进行。所以通过信托处置的财产，在委托人死亡之后，无需经历烦琐的继承程序，信托受益人可以自然地根据信托文件通过信托分配获得财产。事实上，很多委托人设立民事信托的目的，就是避免继承人经历严格的继承程序，这类信托往往会设置信托财产在委托人死亡后的一定时间内向受益人分配完毕。另外，民事信托虽然不能像遗嘱那样，完全保障被继承人在世时对其自身财产的绝对控制，但也可以通过设计保留委托人对于信托财产的部分合理的控制权。同时由于信托财产在受托人名下，在经过合理地设计之后，即使委托人依然对信托保留了部分的控制权，在正常情况下可以杜绝在委托人丧失自主管理信托的能力时，第三人侵占信托财产的可能。更为重要的一点是信托的保密性，对于信托受益人来说，虽然其有了解信托管理运作的权利，但也可以对其保密其他受益人的身份信息。甚至于，可以为了不同目的设立不同信托，其中一个信托的受益人自然无权了解其他信托的情况，对于某一受益人来说，其他信托的存在本身就是保密的。当然家庭生活和财产管理是一系列复杂的问题，这种保密状态虽然并非不可能实现，但具体能实现多少、怎么实现、是不是要去实现以及实现后会不会有什么负面作用，还是需要结合实际情况作综合的判断。但是至少民事信托为委托人提供了一种可能性，其个人财产的处置方式通过民事信托获得了更多的自由。

（三）债务的继承

债务继承的问题实际上并不复杂，但之所以要单独讨论，是因为部分人往往会忽视这一问题。我国实行的是概括继承的制度，简单来说就是如果要继承某人的财产，就需要继承他的债务，当然具体偿还范围是以其实际继承的财产价值为限的[①]。在实务中，如果某一债务人已经去世，一般就会将其继承人作为被告进行起诉。一般情况下，如果债务是被继承人与其配偶的共同债务，则先由夫妻共同财产进行清偿，再对剩余夫妻共同财产进行析产，再由继承人

① 《中华人民共和国民法典》第一千一百六十一条规定："继承人以所得遗产实际价值为限清偿被继承人依法应当缴纳的税款和债务。超过遗产实际价值部分，继承人自愿偿还的不在此限。继承人放弃继承的，对被继承人依法应当缴纳的税款和债务可以不负清偿责任。"

分割夫妻共同财产中被继承人所有的这部分份额。如果债务是被继承人个人债务的，则由继承人以各自继承的遗产价值为限，按比例偿还债务。如果同时存在遗嘱继承和法定继承，则被继承人债务先由法定继承人以继承的财产价值为限进行清偿，不足部分再由遗嘱继承的继承人和受遗赠人以继承的财产价值为限按比例清偿。[1] 在传统继承之中，债务的继承本身就是一个不可回避的问题。当然在实务中，我们不能否认存在继承人私分被继承人遗产，逃避被继承人债务的情况，虽然这样的行为在一些情况下确实获得了一定效果，但从法律的角度来看，这样的操作从根本上并未使得债权人的权利消灭，而且会存在遗产被债权人查实的风险。

而民事信托对于债务能够发挥的作用之前已经多次提及，只要设立的信托是有效的，不存在损害债权人利益及信托被穿透的情况，那么信托是可以实现债务隔离的功能的。当然从本质上说，债权人对于被继承人的债权并未消灭，但由于信托财产并非被继承人的责任财产，信托财产向信托受益人分配的过程也并非继承，不受概括继承规则的限制，所以受益人所获得的信托利益也无需偿还被继承人的债务。可以看到，民事信托的存在虽然不能解决被继承人的债务问题，却可以使得被继承人的财产稳定地、不减损地传承到受益人手中。当然要重点强调的是，这里的前提条件是信托本身有效且不能被穿透，也不能被债权人撤销。所以对于本身存在负债且将信托视为一种主要传承手段的委托人来说，就需要格外注意信托设置的流程和相应信托条款，特别是委托人权利范围的设

① 《中华人民共和国民法典》第一千一百六十三条规定：“既有法定继承又有遗嘱继承、遗赠的，由法定继承人清偿被继承人依法应当缴纳的税款和债务；超过法定继承遗产实际价值部分，由遗嘱继承人和受遗赠人按比例以所得遗产清偿。”

置。其中，信托设立的目的是否为了逃避债务、信托设立的时点是否侵害了债权人的利益、信托的设立是否通知了债权人，以及信托委托人是否对信托保留了任意解除的权利等都较为重要，具体在上一编的内容中已经作了详细的介绍，在此就不再赘述。所以要实现特定的效果，设立民事信托并不是一件独立的事情，很多时候都需要与委托人的客观情况结合，综合考量后才能获得合理的信托设计方案。

二、监护权

监护权其实是一项极为重要的权利，但往往不被重视，理由可能与人们很少考虑自己死亡以后的事一样，对于自己、子女以及长辈的监护问题，很多时候在潜意识之中可能并不会考虑得那么长远。之所以说监护权重要，是因为一旦对某人享有监护权，就相当于可以管理被监护人在法律上的权利，虽然被监护人依然是一个在自然上存在的人，但在法律层面被监护人实际上已经变成了一种象征和符号，而主角已经变成了监护人。监护人可以管理和控制被监护人的人身和财产，在极端情况下被监护人甚至无法摆脱这样的控制和管理，有时候甚至会发生夫妻两人分别将对方送进精神病院的闹剧。在实务中，监护关系的设定可以通过意定监护、遗嘱监护、法定监护、协议监护以及指定监护的方式进行，其中意定监护、遗嘱监护以及协议监护的方式在实务中较少应用，法定监护是最为常见的设定方式。作为对监护权产生争议的处理方式，指定监护的程序却极为简单，除了申请法院指定监护人之外，村委会、居委会或民政部门就有指定监护人的权利[①]。在适用法定监护或指定监护的情况下，有时会存在一定的漏洞和问题。对于监护权的探究，主要还是集中在家庭关系之中，本章主要讨论与自身、子女以及长辈监护权相关的问题。

（一）民事行为能力与监护权

无民事行为能力人和限制民事行为能力人都可以有监护人，之所以是可以，是因为在很多时候，有一些人承担了监护人的权利义务，但并没有明确监护人的身份。例如，在多子女家庭中，父母年事已高，思维也出现了混乱的情况下，某一子女实际上承担了对父母的日常照料工作，也实际管理着父母的退休工资。这个子女实际上就是父母的监护人，但是该父母民事行为能力的瑕疵并未经过诊断或鉴定，也没有经过法定程序的宣告。在这种情况下，父母在法律上依然是完全民事行为能力人，是不存在监护人的。另外，该子女日常可以自发地照料父母生活，不过一旦要求确认其是父母的监护人，其他子女可能会存在意见，毕竟监护权同时代表着对父母财产的控制权，这种情况下往往就会产生监护权争议，当然日常主要照料父母的子女是有更大可能在监护权特别程序中被法院指定为老

①《中华人民共和国民法典》第三十一条规定："对监护人的确定有争议的，由被监护人住所地的居民委员会、村民委员会或者民政部门指定监护人，有关当事人对指定不服的，可以向人民法院申请指定监护人；有关当事人也可以直接向人民法院申请指定监护人。居民委员会、村民委员会、民政部门或者人民法院应当尊重被监护人的真实意愿，按照最有利于被监护人的原则在依法具有监护资格的人中指定监护人。依据本条第一款规定指定监护人前，被监护人的人身权利、财产权利以及其他合法权益处于无人保护状态的，由被监护人住所地的居民委员会、村民委员会、法律规定的有关组织或者民政部门担任临时监护人。监护人被指定后，不得擅自变更；擅自变更的，不免除被指定的监护人的责任。"

人的监护人的。

所谓无民事行为能力是指不满八周岁的未成年人和不能辨认自己行为的成年人。[①] 所谓限制民事行为能力人是指八周岁以上的未成年人和不能完全辨认自己行为能力的成年人[②]。而已满十六周岁，以自己劳动收入为主要生活来源的未成年人，也视为完全民事行为能力人[③]。所以简单来说无民事行为能力人以及限制民事行为能力人主要针对的就是两类人：一类是未成年人，除了年满十六周岁以自己劳动收入为主要生活来源的特殊情况，八周岁以下的未成年人是无民事行为能力人，八周岁以上的未成年人为限制民事行为能力。另一类人就是认知能力出现问题的成年人，完全不能辨认自己行为的就是无民事行为能力人，不能完全辨认自己行为的成年人就是限制民事行为能力人。在实务中，八周岁以上完全不能辨认自己行为的未成年人没有太大的讨论价值，因为这个阶段的未成年人本身就有法定监护人也就是其父母。当然非完全行为能力人的未成年人也不可能担任成年人的监护人，因为这个阶段未成年人本身自己也不具有完全民事行为能力。不过每个国家对于自然人民事行为能力的认定标准特别是年龄标准可能不尽相同，而在设立境内民事信

①《中华人民共和国民法典》第二十一条规定："不能辨认自己行为的成年人为无民事行为能力人，由其法定代理人代理实施民事法律行为。八周岁以上的未成年人不能辨认自己行为的，适用前款规定。"

②《中华人民共和国民法典》第二十二条规定："不能完全辨认自己行为的成年人为限制民事行为能力人，实施民事法律行为由其法定代理人代理或者经其法定代理人同意、追认；但是，可以独立实施纯获利益的民事法律行为或者与其智力、精神健康状况相适应的民事法律行为。"

③《中华人民共和国民法典》第十八条规定："成年人为完全民事行为能力人，可以独立实施民事法律行为。十六周岁以上的未成年人，以自己的劳动收入为主要生活来源的，视为完全民事行为能力人。"

托时，如果委托人是外国籍的，那么委托人的民事行为能力则需要格外注意。

所以实际提及家庭关系中的监护权问题，主要就是在讨论三类情况：一是未成年子女的监护人问题。二是成年人丧失完全民事行为能力时的监护人问题。三是成年人的父母因为年老或是疾病，丧失完全民事行为能力时的监护人问题。在实务中，成年人的利害关系人或者有关组织，可以向人民法院申请认定该成年人为无民事行为能力人或者限制民事行为能力人①，而且经法院特别程序宣告是认定成年人无民事行为能力或是限制民事行为能力的必经程序②。但确认无民事行为能力人或是限制行为能力人的监护人则并不一定要经过法院，其他确立监护关系的方式也是有效的，实务中大部分监护关系也是通过法定监护的形式确立的。在对监护人的指定存在争议时，也可以由被监护人住所地的居民委员会、村民委员会或者民政部门指定监护人，并不必须由法院指定。但是在实务中，除了部分不存在争议的情况，一般对于成年人监护人的指定问题出现争议时，还是会交由法院进行解决，原因在于居民委员会、村民委员会或者民政部门有些时候并不愿意介入家庭成员之间的矛盾，并且成年人需要监护人的前提是先宣

---

①《中华人民共和国民法典》第二十四条规定："不能辨认或者不能完全辨认自己行为的成年人，其利害关系人或者有关组织，可以向人民法院申请认定该成年人为无民事行为能力人或者限制民事行为能力人。被人民法院认定为无民事行为能力人或者限制民事行为能力人的，经本人、利害关系人或者有关组织申请，人民法院可以根据其智力、精神健康恢复的状况，认定该成年人恢复为限制民事行为能力人或者完全民事行为能力人。本条规定的有关组织包括：居民委员会、村民委员会、学校、医疗机构、妇女联合会、残疾人联合会、依法设立的老年人组织、民政部门等。"

②《关于〈认定成年人为无民事行为能力人，经法院特别程序宣告是否为必要程序〉来信的回复》。

告成年人为无民事行为能力人或是限制行为能力人，这个程序必须经过法院，所以往往对于监护人的指定问题也会选择提交给法院一并处理。当然，有时也存在多监护人共同监护的情况，在此情况下，监护权的行使方式及规则可以由各监护人协商确定。

（二）监护权与民事信托

由于监护人可以代为履行被监护人的人身权利和财产权利，所以可以认为监护人对于被监护人的管理在人身和财产两个方面：财产权利方面可以通过设立民事信托进行管理。而人身权利方面，本来民事信托是无能为力的，但现实中，由于监护人指定争议的核心问题并不在被监护人的人身权利，而是集中于其财产权利，或者可以说，在一些类似争议中，部分争夺监护权的具有监护资格的人并不想真正履行监护人的义务，而是格外看重被监护人的财产权利。诸如此类的情况，由民事信托对财产这一问题核心进行管控，可能会为解决人身权利的问题带来决定性的影响。这种影响主要体现在两个方面：一是通过设立民事信托将大部分的财产权利从监护权中剥离出去，从而使监护人不能直接管理和控制这部分财产，在使得监护权本身无利可图后，让有特殊企图的具有监护资格的人能够主动放弃对监护权的争夺或对现有监护人的骚扰，同时也能减少监护人侵吞被监护人财产的可能性。二是通过设立民事信托加强某些弱势的监护人对于财产权的控制能力，使其能够通过有效管理被监护人的财产，加强其行使被监护人人身权的话语权，以充分履行监护人的权利义务。不过无论是哪个方面的影响，可能仅依靠民事信托并不能完全解决问题，还需要与其他法律工具相结合才能发挥较为有效的作用，这类工具包括协议监护[①]、遗嘱监护[②]以及意定监护[③]等。

1. 未成年子女的监护人问题

未成年人的监护人为其父母，在未成年人父母死亡或丧失监护能力时，一般会按照未成年人的祖父母、外祖父母；兄、姐；其他愿意担任监护人的个人或者组织的顺序确定未成年人的监护人[④]，这是未成年人的法定监护。当然这样的顺序在大部分情况下是合理的，大部分家庭可以直接适用。但如果出现特殊情况，未成年人的父母想要打破法定监护的顺序时，就需要通过遗嘱监护或协议监护的方式完成。未成年人的父母可以通过遗嘱指定自己过世后未成年人的监护人，但在仅有父母中一方指定监护人，另一方有监护能力，且相关当事人对监护人的确定有争议，或是被指定者不同意担任监护人时，实际依然会按照法定监护的规则确定监护人[⑤]。未成

①《中华人民共和国民法典》第三十条规定："依法具有监护资格的人之间可以协议确定监护人。协议确定监护人应当尊重被监护人的真实意愿。"

②《中华人民共和国民法典》第二十九条规定："被监护人的父母担任监护人的，可以通过遗嘱指定监护人。"

③《中华人民共和国民法典》第三十三条规定："具有完全民事行为能力的成年人，可以与其近亲属、其他愿意担任监护人的个人或者组织事先协商，以书面形式确定自己的监护人，在自己丧失或者部分丧失民事行为能力时，由该监护人履行监护职责。"

④《中华人民共和国民法典》第二十七条规定："父母是未成年子女的监护人。未成年人的父母已经死亡或者没有监护能力的，由下列有监护能力的人按顺序担任监护人：（一）祖父母、外祖父母；（二）兄、姐；（三）其他愿意担任监护人的个人或者组织，但是须经未成年人住所地的居民委员会、村民委员会或者民政部门同意。"

⑤《最高人民法院关于适用〈中华人民共和国民法典〉总则编若干问题的解释》第七条规定："担任监护人的被监护人父母通过遗嘱指定监护人，遗嘱生效时被指定的人不同意担任监护人的，人民法院应当适用民法典第二十七条、第二十八条的规定确定监护人。未成年人由父母担任监护人，父母中的一方通过遗嘱指定监护人，另一方在遗嘱生效时有监护能力，有关当事人对监护人的确定有争议的，人民法院应当适用民法典第二十七条第一款的规定确定监护人。"

年人的父母也可以通过与其他依法具有监护资格的人订立协议的方式，指定其他具有监护资格的人在未成年人父母丧失监护能力时，担任未成年人的监护人。[①]

这里可以看出，在法定监护之外，遗嘱监护是解决未成年人父母双方均死亡后被监护人监护问题的主要方式，而协议监护则是解决未成年人父母双方均丧失监护能力时，未成年人监护问题的主要方式。虽然这里指定的监护人并未将朋友这一角色排除在外，但从目前的实务案例来看，尚未看到有通过遗嘱监护或协议监护的方式指定朋友作为未成年人监护人的案例，所以在难以确定司法实践结果的情况下，依然建议指定有血缘关系的亲属作为未成年人的监护人，这一指定更易获得法院的支持。不过在家事案件中，法官倾向于站在有利于被监护人的角度指定监护人，所以如果指定朋友作为监护人根据客观情况确实更为合理，也更有利于被监护人的利益，也是有很大概率获得法院认可的。所以在确实没有亲属适合作为未成年人监护人的情况下，通过遗嘱监护或协议监护的方式指定朋友或社会组织作为监护人也可以尝试。2023 年 8 月 22 日上海市长宁区人民法院对《民法典》颁布后上海首个遗嘱监护案件作出了判决，指定被监护人的姨妈作为未成年人的监护人。可以看到遗嘱监护可以替代法定监护，并且获得了法院的认可，产生了实际效果，

①《最高人民法院关于适用〈中华人民共和国民法典〉总则编若干问题的解释》第八条规定："未成年人的父母与其他依法具有监护资格的人订立协议，约定免除具有监护能力的父母的监护职责的，人民法院不予支持。协议约定在未成年人的父母丧失监护能力时由该具有监护资格的人担任监护人的，人民法院依法予以支持。依法具有监护资格的人之间依据民法典第三十条的规定，约定由民法典第二十七条第二款、第二十八条规定的不同顺序的人共同担任监护人，或者由顺序在后的人担任监护人的，人民法院依法予以支持。"

但目前遗嘱监护以及协议监护存在的相关案例极少，需要在实务中有更多的尝试和探索。

民事信托对于遗嘱监护以及协议监护都能起到较好的补充作用，例如，实际案例中有配偶早逝的委托人为自己发生意外情况时子女的监护问题作出安排，将不动产提前通过公证遗嘱进行安排，同时将大部分现金资产装入民事信托，将自己的子女、父母以及兄弟姐妹设置为信托受益人，将好友设置为信托保护人。同时通过遗嘱监护及协议监护的方式，将兄弟设置为自己死亡或丧失监护能力时未成年子女的监护人，负责未成年子女的照料职责。不动产的特殊性使得其被侵吞的可能性较小，即使发生特殊情况也比较容易通过法律手段进行补救，所以基于成本考虑最终决定以遗嘱形式进行处理。而现金资产由于大部分置于民事信托之中，所以不会作为委托人的遗产处理，可以通过相应的设置，使得大部分信托财产在两名子女成年后甚至在更加成熟的年龄，才会分配至子女名下，基本消除这部分财产被监护人侵吞的风险，一些日常的生活支出也可以从信托中进行分配，以保障子女的日常生活。另外该民事信托也可以兼顾父母扶养，对具体的信托财产使用方式和条件作出一定设置。同时，委托人的兄弟因为扶养委托人子女的付出，也可以从信托中获得一定感谢，委托人子女如果出现一些特殊情况，也可以由监护人向信托申请相应费用。当然上述分配和使用都需要受到保护人，也就是委托人好友的监督。保护人的另一个作用就是要定期确认委托人子女处于一个较为优渥的生活环境之中，在出现一些极端情况时，保护人也有权利对信托财产的使用方案进行变更，甚至使用信托财产，通过变更监护人等法律手段对委托人子女进行保护，改善其生活环境。可见遗嘱监护、协议监护结合民事信托的财产安排方式，较大程度上减少了监护人侵害被监护人财产的可能性和操作空间，减少了监护过程中对于父母以外的监护人不必要的人性考验。同时，信托的设置也在一定程度上避免了其他亲属出于争夺财产的目的而争夺子女的监护权。另外，委托人的朋友作为保护人，虽然其权利仅限于民事信托，但通过对信托财产的监管以及其本身具有的特殊权限，使得其实际上对于监护人监护职责的履行也能起到一定的监督作用。

不过值得一提的是，案例中委托人最初的方案并不是由其兄弟担任自身发生意外情况后其子女的监护人，监护人的角色原来是考虑直接由其信赖的朋友担任的。在这种情况下，民事信托层面的设置，主要是将子女作为信托的受益人，由委托人兄弟作为信托保护人对信托财产的分配进行一定监督，并以朋友作为子女的监护人为基础设计分配方案。在朋友因各种原因无法担任子女监护人的情况下，大部分财产才由灵活地向子女分配改为在子女成年后逐步向子女分配。原来的安排，一方面，使得相对较为弱势的朋友作为监护人通过信托间接获得大部分财产的控制权，而无需从委托人甚至委托人亲友手中接管财产，增加了弱势监护人的话语权和操作空间；另一方面，通过切断监护人和财产权的直接关系，降低委托人亲属争夺子女监护权的欲望，从而减少其朋友行使监护权的阻碍。同时，由于民事信托的存在，也恰恰能证明委托人对于其朋友的信赖，加之信托设立的目的就是为了被监护人的利益，保护人对信托分配也能起到一定的监督作用，委托人所信任的朋友担任监护人也更有利于信托财产为了被监护人的利益而灵活地使用。在信托已经存在的情况下，可能委托人将朋友设置为自己发生意外时子女的监护人的操作也更能获得法院的认可。

2. 成年人自身的监护人问题

成年人在发生意外情况，导致自己丧失完全民事行为能力时，法定监护的顺位首先是配偶，其次是父母、子女，再次是其他近亲属，最后是其他愿意担任监护人的个人或者组织①。有委托人通过意定监护的方式，选择了自己信赖的好友作为自己丧失完全民事行为能力时的监护人。而在实务中，也已经有不少人在公证机构的配合和帮助下，以意定监护而非法定监护的方式，主动选择和指定了自己发生意外情况后的监护人。不过将朋友指定为监护人的情况在所接触的案例中为最少数，大部分人选择意定监护的目的是将自己的父母设置为监护人，以排除配偶作为第一顺位的法定监护。

意定监护可以在自己丧失或部分丧失行为能力后，使得包括生活照管、医疗救治、财产管理、维权诉讼和死亡丧葬等在内的人身权利和财产权利事宜依然由指定的监护人按照自己的意愿进行处理。意定监护具有几个显著的优点：其一，设立意定监护时设立人可以选任自己最为信任的人作为意定监护人，无需征得配偶的同意，也无需告知配偶；其二，意定监护可以设定的监护事项相对广泛，包括但不限于丧失或部分丧失行为能力之后的生活照料、医疗处分以及现金、金融资产、不动产等各类资产的管理，意定监护人还可以代为处理被监护人的债权债务关系或为维护被监护人利益发起、参加诉讼活动等；其三，意定监护的事项和范围设定具有一定的灵活性，设立人可以限缩意定监护的事项或指定两名及以上监护

---

①《中华人民共和国民法典》第二十八条规定：“无民事行为能力或者限制民事行为能力的成年人，由下列有监护能力的人按顺序担任监护人：（一）配偶；（二）父母、子女；（三）其他近亲属；（四）其他愿意担任监护人的个人或者组织，但是须经被监护人住所地的居民委员会、村民委员会或者民政部门同意。”

人对不同的监护事项进行管理，例如在意定监护文件中明确除医疗处分外的事项由某一意定监护人进行处理，而医疗处分可以通过医疗预嘱等其他方式进行单独的授权和安排，以减少意定监护人内心的道德负担。

民事信托也能与意定监护发挥极好的协同作用。首先，民事信托可以将大部分财产从监护财产之中剥离以减少监护人的道德风险。信托财产的管理和控制在委托人丧失民事行为能力后，也并非以监护人的意志为准，而实际是在委托人本身的意志管控之下，这样的操作使得监护人实际上仅获得了被监护人的人身权以及小部分的财产权。其次，民事信托的分配设计可以对委托人陷入意外情况时的经济需求提供支持。同时，可以将意定监护人设置为信托保护人，以确保被监护人设立的信托可以被妥善地、不被曲解地实施。当然，委托人基于自身情况和对朋友信任也可以选择赋予保护人更大的权限，使其能够更为灵活地为了被监护人以及被监护人亲属的利益管理和支配信托财产，以确保信托财产即使在委托人丧失完全民事行为能力的情况下，依然可以被灵活地、妥善地运用到父母赡养以及子女抚养等应该要使用的地方。最后，最重要的一点是，民事信托可以根据委托人自己的想法，对委托人丧失完全民事行为能力、恢复完全民事行为能力以及最终死亡的情况进行分别安排，通过设置不同的受益人范围以及分配方案，较为完善地对不同情况下信托财产的处置作出全面安排。另外，信托在最初设计时，委托人是具有完全民事行为能力的，除了他益信托的安排，也完全可以选择自益信托的方式，最大程度上保证委托人自己的权利，以及对于财产的绝对控制。而在发生意外情况，委托人完全丧失民事行为能力时，民事信托类似于遗嘱替用信托的设计，可以转换为他益信托，以实现委托人针对特殊情况的安排。

3. 成年人父母的监护人问题

成年人父母的监护人问题反而最为简单，在成年人是独生子女时，其实也没有必要对父母的监护人问题进行安排，成年人父母对自身监护人问题的安排在上一种情况中已经进行了讨论。在排除父母已经对自身监护人问题进行了安排的情况下，在多子女家庭中，子女之间对于父母的监护人问题已经出现争议的，实际上也很难有民事信托发挥作用的空间。因为在存在争议的情况下，唯一的选择就是指定监护，也就是最终通过人民法院对父母的监护人作出指定。不过，子女们对于监护权产生争议的原因可能也有不同，如果是为了争夺监护权从而控制被监护人财产的，那么自不必说，最终必然是非此即彼的结果。即使子女之间能够达成协议，但由于主要针对的是被监护人的财产，所以一般也就不可能再存在设立民事信托的可能性。而如果子女们是因为不想承担监护职责，特别是不想承担被监护人生活所需的相应支出而产生争议的，或许民事信托可能提供一个各方接受的操作方案，以缓解子女之间的矛盾，帮助其达成共识。

总的来说，民事信托在对于父母的监护人问题上，一般只能发挥两种作用：一种与其在离婚纠纷中的作用相似。民事信托有时候可以凭借中立的受托人对于财产的管理优势起到调解矛盾的作用，使得有监护资格的子女们对于父母的监护问题，在子女财产负担方面更容易达成一致。另一种作用是在多子女协商一致可以共同监护的情况下，民事信托可以帮助监护人搭建一个为了被监护人利益存在的、合理的财产使用以及管理的规则。在调和矛盾方面，如果大部分子女之间对老人的赡养本身并无异议，但是对于具体各子女所需承担的金额、老人由谁照护、子女的赡养费如何管理以及使用等方面存在顾虑，民事信托就会具有一定的介入价值。当然如果部分子女对于照料老人持拒绝的态度，那么再好的工具也不可能发挥作用，因为此时设立信托的财产来自子女而非被监护人，所以会有不同的思考角度和立场。其实从根本上来说，上述两种作用中民事信托所提供的价值是相同的，都是提供一个较为灵活的、由中立第三方也就是受托人管理的，各个子女共同订立规则的平台。区别无非在于前者在子女存在矛盾的情况下，可以使子女们更容易抛弃成见达成一致，后者则在子女们对老人赡养并无异议的情况下，帮助他们找到更为合适的财产管理和使用方案。在现实中，很多时候对老人的照料都是由子女共同承担的，有人出钱、有人出力其实是一种常态，民事信托可以使得两方都放心。

从现有的民事信托业务来看，在成年人父母的监护人问题上，特别适合使用类似于家庭信托等小规模的民事信托。对于成年人父母的监护人问题，矛盾的焦点在于财产与照顾的分配。所以民事信托从子女而非老人本身角度的介入，其实也不是在处理监护权的问题，而是在解决老年人的赡养问题，也就是解决部分子女不想管的问题，所以部分子女各自拿出一小部分现金共同设立民事信托可能是一个较好的解决方案。事实上即使是小规模的资产，对于老人赡养这样各家千差万别的情况而言，还是需要进行特殊的和针对性的设计。但从现阶段来看，如果类似业务想要获得金融机构的服务和支持，可能选择现有家庭信托的业务模式是最为可行性的方案。

三、法律上的子女

除了最常见的婚生子女，法律上还存在非婚生子女、养子女以及继子女的规定。其中，非婚生子女可能是大部分人最为关心也是最常出现争议的问题，在实务中针对这一问题也存在亲子关系纠纷这一独立的案由。总的来说，亲子关系的认定在司法实践中的多类纠纷之中都会有所涉及，除了抚养纠纷这类关联较为直接的纠纷之外，离婚纠纷以及继承纠纷之中，都有可能涉及亲子关系的认定问题。而在社会层面，亲子问题很多时候也是一个家庭，甚至是整个社会的核心问题之一，具有研究意义。

（一）非婚生子女

在法律上，非婚生子女与婚生子女具有完全相同的权利，但在实务中，非婚生子女想要真正享受到这种平等的权利却可能存在种种阻碍。例如在继承案件中，非婚生子女往往面临难以确认亲子关系的窘境。由于是非婚生子女，出生证明等证明文件中一般并不会登记父亲的信息，而在父亲这一被继承人死亡的情况下，亲子鉴定也需要得到被继承人的配偶、婚生子女或是其他直系亲属的配合。在无法得到配合的情况下，非婚生子女一方唯一能做的，就是围绕与被继承人存在生活、情感和经济联系的脉络组织相关证据，以期从侧面证明非婚生子女与被继承人的亲子关系。当然最终是否能够被认可，则取决于法官的自由裁量。虽然在亲子关系纠纷中，存在亲子关系的推定规则，也就是非婚生子女在提供必要证据的情况下，另一方没有反证且拒绝做亲子鉴定时，法院可以确认亲子关系的存在。[①] 但这一推定规则的适用，一方面要求非婚生子女方已经提供必要的证据，另一方面对于该推定规则是否可以在继承案件中适用，还是仅能够在亲子关系纠纷中适用，在司法实践中存在完全不同的两种态度。所以非婚生子女一方所能提供的证据，依然是类似案件中的关键。

即使能够确认亲子关系，在具体的继承案件中，由于被继承人财产一般控制在其配偶和婚生子女手中，所以除了不动产、股权以及车辆等特殊的具有登记信息的财产外，其他类似于现金、保险、股票等财产，是否已经被转移、能否调查得到以及判决后最终是否能执行到位等都有不小的疑问。特别是在被继承人的弥留之际，可能类似财产都主要控制在其配偶或婚生子女手中，由于非婚生子女很难介入被继承人的生活，也难以了解被继承人的具体状态。所以即使发现转移，事后也难以举证证明类似转移是被继承人身前对亲属的赠与还是被继承人亲属私自为之。

其实在实践中，非婚生子女的出现并非仅有婚外情一种情况，随着社会的发展以及婚姻观念的变化，越来越多的人开始出现不婚主义的倾向，这就使得现实中也出现了很多未婚生子的情况。在一些生父没有尽到抚养义务的情况下，未成年子女的母亲一般就会选择向生父发起确认亲子关系诉讼并同时主张相应的抚养费用。当然既然存在确认亲子关系的诉求，自然也会存在否认亲子关系的诉求。

---

① 《最高人民法院关于适用〈中华人民共和国民法典〉婚姻家庭编的解释（一）》第三十九条规定："父或者母向人民法院起诉请求否认亲子关系，并已提供必要证据予以证明，另一方没有相反证据又拒绝做亲子鉴定的，人民法院可以认定否认亲子关系一方的主张成立。父或者母以及成年子女起诉请求确认亲子关系，并提供必要证据予以证明，另一方没有相反证据又拒绝做亲子鉴定的，人民法院可以认定确认亲子关系一方的主张成立。"

这类案件常见的情况一般是在婚后，男方发现婚生子女并非自己亲生，于是提起相关诉讼以要求否认亲子关系。此类案件同样属于亲子关系纠纷，所以也可以适用《最高人民法院关于适用〈中华人民共和国民法典〉婚姻家庭编的解释（一）》第三十九条第一款的推定规则，规定能提出相关诉讼的主体仅限于子女的父母。同时类似欺诈性抚养的情况，受欺诈人可以请求返还已经支出的抚养费用。

除未婚生子的情况之外，婚外情这一问题虽然确实不为道德所容，但对于非婚生子女来说，其本身并没有过错，其权利也应受到法律的保护。而且一个婴幼儿的成长确实也离不开父母的经济支持，所以在法律层面这不应该是一个两难的问题。在实践中，非婚生子女并非想象中那样是“强势”的一方，是来争夺财产的，是来欺负被继承人的遗孀和遗孤的。事实上，在司法实践中，非婚生子女往往是弱势的一方，甚至在某些情况下，其权益得不到任何保障。未婚生子的情况亦是如此，如果生父从未尽过任何抚养义务，可能在诉讼中会因为缺乏证据而无法达到适用推定规则的要求。而应对这种情况的方法，除了保留足够的证据——例如有父母双方信息的出生证明，抚养费的转账记录或是子女与父亲之间的亲子鉴定报告等之外，也可以通过赠与或是遗嘱等方式，对个人财产事先进行一定的处分和安排，以保障非婚生子女的利益，当然在其中民事信托也是一个比较有优势的选项，具体的处理方式在抚养权的内容中已经提及。不过，这一切也都需要生父主动地配合才能实现。

（二）养子女与继子女

养子女与继子女是两种典型的拟制血亲。两者的区别在于，养子女是通过收养关系形成的拟制血亲，收养关系对于收养人、被收养人以及收养程序都有严格的要求，且收养关系的成立必须办理收养登记。① 而继子女的形成则没有这么严格的要求，是伴随特殊法律关系的形成而自然形成的，主要发生在自然人配偶死亡或与配偶离异后带子女再婚的情况中，子女与其再婚对象就会形成继子女关系。而从法律效果来看，虽然都是拟制血亲，但养子女与继子女却存在着根本的区别，在实务中我们可以进行简单地理解，对于养子女来说，一旦收养关系形成，那么养子女与生父母之间的血亲关系就可以视为不再存在，养子女与养父母之间形成的拟制血亲关系可以看作与亲生子女无异②。而继子女则不然，即使成为继子女以后，继子女与生父母之间的血亲关系也依然存在，简单来说继子女依然是生父母的血亲子女，而继父母则可以自愿决定是否对继子女进行抚养。这就是为什么，《民法典》中存在继父母可以收养继子女的规定。③

这两种关系在法律效果上也极为不同，体现在具体的法律关系之中，养子女可以继承养父母的遗产，却不能继承生父母的遗产，同

①《中华人民共和国民法典》第一千一百零五条规定："收养应当向县级以上人民政府民政部门登记。收养关系自登记之日起成立。收养查找不到生父母的未成年人的，办理登记的民政部门应当在登记前予以公告。收养关系当事人愿意签订收养协议的，可以签订收养协议。收养关系当事人各方或者一方要求办理收养公证的，应当办理收养公证。县级以上人民政府民政部门应当依法进行收养评估。"

②《中华人民共和国民法典》第一千一百一十一条规定："自收养关系成立之日起，养父母与养子女间的权利义务关系，适用本法关于父母子女关系的规定；养子女与养父母的近亲属间的权利义务关系，适用本法关于子女与父母的近亲属关系的规定。养子女与生父母以及其他近亲属间的权利义务关系，因收养关系的成立而消除。"

③《中华人民共和国民法典》第一千一百零三条规定："继父或者继母经继子女的生父母同意，可以收养继子女，并可以不受本法第一千零九十三条第三项、第一千零九十四条第三项、第一千零九十八条和第一千一百条第一款规定的限制。"

样地，养子女也具有代位继承的权利。相应地，养子女对于养父母也有赡养的义务，未尽义务的养子女与亲生子女一样在继承时也可以少分或者不分。对于生父母的遗产，养子女并非绝对不能继承，但具体的继承并非基于血亲关系，而是在对生父母有较多扶养的情况下，基于《民法典》第一千一百三十一条，作为继承人以外对被继承人扶养较多的人，适当分得遗产。继子女则不同，继子女与生父母的血亲关系始终存在，所以在继承和赡养义务等方面均与普通家庭的婚生子女无异。但继子女是否能够继承继父母的遗产、是否对继父母存在赡养义务，则完全取决于是否与继父母之间形成了扶养关系，只有存在扶养关系，才会形成拟制血亲。在具体案件中是否存在扶养关系，由于没有明确的标准和要求，需要从继父母与继子女之间是否共同生活居住、继父母是否对继子女承担了扶养及教育等义务以及继子女对继父母是否存在陪伴和扶养的情形等方面综合进行考量。在不存在扶养关系，也就是拟制血亲没有形成的情况下，继子女与继父母之间在法律上的关系实际与陌生人无异。而在扶养关系也就是拟制血亲形成的情况下，继子女享有继父母遗产的继承权，相对地对继父母也存在赡养义务。当然之前也提到过，继子女即使形成了扶养关系，被代位人的继子女也不享有代位继承的权利。

最后，从法律关系解除的角度来看，原《收养法》第二十六条与第二十七条为收养人和送养人提供了协议解除和诉讼解除两种解除方式。《民法典》第一千一百一十四条与第一千一百一十五条也作出了类似规定。与收养关系的形成一致，协议解除收养关系也需要到民政部门办理解除收养关系的登记①，而在收养关系解除后，

---

①《中华人民共和国民法典》第一千一百一十六条规定："当事人协议解除收养关系的，应当到民政部门办理解除收养关系登记。"

未成年养子女与养父母之间的拟制血亲关系消灭，与生父母之间的权利义务关系自行恢复，成年子女与生父母之间的权利义务关系是否恢复可以协商确定[①]。而在继子女方面，未形成扶养关系的继子女不存在解除拟制血亲的问题，已经形成扶养关系的继子女，虽然没有明确的法律规定，但最高人民法院批复中说明："继父母与继子女已形成的权利义务关系不能自然终止，一方起诉要求解除这种权利义务关系的，人民法院应视具体情况作出是否准许解除的调解或判决。"[②]在实务中，一般情况下具有扶养关系的继子女尚未成年时，继父母与生父母离婚，继父母不再扶养继子女的，拟制血亲关系自动解除，但若有扶养关系的继子女已成年，则继父母与生父母的离婚并不必然导致拟制血亲关系的解除，是否解除需要在具体案件中由法院根据实际情况进行裁量，未解除拟制血亲关系的继子女依然对继父母的遗产享有继承权，同时负有赡养义务。

（三）法律上的子女与民事信托

除了婚生子女以外，书中提及的非婚生子女、养子女与继子女的情况，这些与婚生子女相比较为特殊的子女形式其实也可以通过信托进行一定安排。当然这样操作的首要条件是信托的委托人，也就是子女的父母，不论是生父母、养父母还是继父母，主观上有对这些特殊子女作出安排的意愿，并最终付诸行动。

---

①《中华人民共和国民法典》第一千一百一十七条规定："收养关系解除后，养子女与养父母以及其他近亲属间的权利义务关系即行消除，与生父母以及其他近亲属间的权利义务关系自行恢复。但是，成年养子女与生父母以及其他近亲属间的权利义务关系是否恢复，可以协商确定。"

②《最高人民法院关于继父母与继子女形成的权利义务关系能否解除的批复》。

在法律上，养子女与婚生子女无异，养子女的收养往往也是收养人夫妻双方共同的主观意愿，所以不论从情感上还是从实际抚养子女的情况来看，养子女都与婚生子女最为相似甚至没有区别。所以从民事信托的角度来看，设立养子女和婚生子女的民事信托是基本一样的。在其他章节中，已经对民事信托有关子女作为受益人的相关设计作过诸多介绍。民事信托的设计是富有创造性的，对于不同家庭、不同情况可以作出完全不一样的设置。例如，可以将受益人的分配方案设计得较为详尽，对具体分配设置一定的要求或条件，以避免受益人任意挥霍信托财产；也存在将分配方案设计得极为简单，在受益人年幼时完全不进行分配，仅在委托人死亡后或受益人达到一定年龄后才开始逐步分配。这些分配方案没有优劣之分，只有是否适合的问题。子女年纪比较大的，相对来说比较有成就的，委托人就可能会选择第二种方案，子女较为年幼的或比较有个性的，委托人就可能更偏向于第一种方案。当然具体案例中的设计也并不仅有这两种模式，而且分配方案的设计也并非不可以随着时间和客观情况的变化进行改变。例如，在某一实际案例中，一对假离婚的夫妻中的一方为子女设立民事信托，在子女较为年幼且设立信托的资金占委托人总资产比例并不大的情况下，设立民事信托的主要目的可能仅是为年幼子女提供一定特殊情况下的生活保障。所以委托人并未设计复杂的分配方案，在委托人在世的情况下，信托并不会向子女进行分配，只有在委托人与其配偶均突然离世或是丧失监护能力的情况下，民事信托才会向子女分配必要的生活费用，并在子女大学毕业后一次性向子女分配全部信托财产。而在设立信托之初，委托人也明确，这样的设计并非一种永久的状态，随着子女的成长或是客观情况的变化，委托人也做好了随时变更信托方案的准备。

关于子女抚养的民事信托，虽然分配方案是一个重点内容，却也并非民事信托设计之中唯一要注意的内容。其他针对子女抚养相关的特殊问题可能还有，子女多为未成年人的情况下，子女作为受益人的权利如何行使和保障？根据信托目的的变化，对于信托财产的投资范围和风险偏好应当如何设置和取舍？委托人对于信托的控制权在什么范围和多大限度上进行保留等。而一些民事信托普遍存在的问题，例如受托人的义务、受托人的解任和变更以及是否设置保护人等也需要通盘进行考量。当然上述这些问题与分配方案一样都没有一个标准答案，根据不同委托人家庭的不同情况，可能会有完全不同的最优解。

而对于继子女的问题，则需要从生父母和继父母的不同角度来看。对于生父母来说，不考虑已经过世的情况，离异的情况其实与婚姻关系一节中关于抚养权的内容完全一样。对于已经对抚养问题作出安排的生父母而言，在离异配偶带着子女再婚的情况下，如果愿意也并非不可以为了血亲子女的利益专门设立民事信托。当然由于子女本身并不由委托人抚养，而且抚养问题可能在离婚时已经通过另外的途径或另外的民事信托解决，此时为血亲子女设立民事信托的目的，可能就更倾向于保障而不是日常抚养血亲子女。可以设置一种类似于保险性质的信托，在自己出现突发情况时，如果血亲子女因为疾病或其他较为紧迫的原因急需用钱的，可以由信托进行支付。当然也可以将信托设置成一种传承的工具，将要传承给子女的财产提前通过信托进行安排。这样在自己开始一段新的婚姻之后，可以在财产传承安排方面更加从容，减少引起新家庭与旧家庭成员之间矛盾的风险。当然具体的设置是没有限制的，将两种设计结合也完全没有问题。所以要面对的依然是一个选择问题，而且更取决于生父母对于离异配偶抚养的子女的情感和态度。对于继父母同样如此，继父母愿不愿意抚养继子女、对继子女有没有感情、对继子女感情有多深，其实都会直接影响其是否为继子女设立民事信托以及具体方案的选择。对继子女感情深厚的继父母完全可以将继子女当成婚生子女一样，去安排和设置民事信托，而不愿意抚养继子女的继父母，正常的照顾已经是一种奢望，就更不能指望继父母设立信托了。当然如果仅从工具的角度来看，一方面，继父母如果对于继子女有传承安排，也可以将未来希望留给继子女继承的财产提前通过民事信托进行安排。这样可以在信托文件中相对灵活地进行一定设置，即使在自己死亡后，信托也可以根据不同分配时点的不同的家庭情况进行不一样的处置。另一方面，由于已经将希望继子女未来继承的财产份额通过信托进行了预留，那么在设计其他个人财产的继承安排时，就可以将继子女排除在外，使得继子女不用参与到继承程序之中，减少继子女与婚生子女、配偶或继承人之间发生矛盾的可能性。

对于非婚生子女的问题，如果是未婚生子的情况，那么无论从何种角度来看非婚生子女都与婚生子女没有区别，反映在民事信托上也是一样的，是否设立以及如何设立主要由生父母决定。因为婚外情而非婚生子的情况则更为复杂，即使生父母愿意设立民事信托，还可能会涉及使用夫妻共同财产设立信托的问题，之前也提到过，由于目前民事信托的设立程序可能并不严谨，实际上给某些委托人提供了隐瞒配偶设立信托的机会。当然即使隐瞒配偶设立了信托，也并不代表信托一定无效，虽然目前缺乏相关判例，但可以从以下几点进行考量：其一是设立信托的财产是否属于委托人的个人财产；其二是设立信托的目的和具体文件的规定是否仅为了非婚生子女的抚养；其三是设立信托的财产价值是否合理、是否与抚养子女的目的相匹配；其四是信托的设立是否从事实上已经形成了对非婚生子女抚养费用的支出，委托人是否不再享有信托财产实际的控制权。后三者如果能够满足的，即使是使用夫妻共同财产私自设立了以抚养非婚生子女为目的的信托也并不一定会无效。不过即使最终信托有效，也不代表委托人无需付出代价，在未来委托人分割夫妻共同财产时，设立信托这部分财产中属于委托人配偶的部分，委托人配偶可以向委托人追偿，可以从现有的夫妻共同财产中予以扣除。

由于非婚生子女的生父母之间并不存在婚姻关系，所以他们之间的财产关系必然处于不稳定的状态，父母与子女之间的财产关系同样处于极不稳定的状态。如果婚外情的生父母之间形成的财产关系损害了一方配偶的利益，那么就是违反公序良俗的，法律本身也不会允许，在现实中也多为这种情况。在个案中除非一方的婚姻财产关系本就经过特别的设计，否则极少有可能不涉及夫妻共同财产，所以对于婚外情的情况，非婚生子女的生父母之间的财产关系其实少有设计的空间，即使确实存在一些方法，也是不应该去宣扬和探讨的话题。对于生父母和非婚生子女，民事信托确实可以充当一种建立稳定财产关系的工具。因为民事信托给生父母与非婚生子女之间的财产给付提供一种稳定性。利用民事信托的特性和设计，可以使得委托人设立信托的信托财产，变成一笔对受益人也就是非婚子女真正的不可撤销的赠与，以保证子女抚养所需的经济来源的稳定，信托的方式也能提高生父母为非婚生子女提前一次性支出大笔抚养费用的意愿。由于可以设置分配条款以及存在受托人与保护人的监督，在一定程度上可以保证信托财产能用在子女身上，减少未成年子女的实际抚养一方侵吞这笔财产的可能。而对于一些特殊情况，例如子女实际抚养一方带着子女与第三人缔结婚姻关系等，也都可以通过信托进行一些设计，并在受托人和保护人的工作下得以落实，以减轻委托人的顾虑。

对于未婚生子的情况，生父母与非婚生子女之间的民事信托的运用与上文所述内容相似。不过由于在未婚生子的情况下，生父母本身都是未婚的状态，使得此二者之间的财产关系也存在具体设计的可能性和需求。毕竟在生育子女以后，作为一个家庭来看，整体的财产使用和支出情况将更为复杂，难以继续通过原先各自区分的模式进行维系，所以此时民事信托除了充当建立父母与子女之间财产关系的工具之外，还可以充当生父母之间建立稳定财产关系的设计工具。当然这并不是要求双方将各自的财产都拿出设立信托，这样就不存在坚持“不婚”的意义了。生父母之间完全可以站在整个“家庭”的角度进行考量，各自拿出一部分财产设立民事信托，以应对专项的，特别是和子女抚养有关的支出。当然也可以将生父母两个人的特殊需求一并考量在内，比如因疾病或其他原因需要经济支持时，信托可以予以一定限度的帮助等。其他例如信托财产何时支出、信托何时终止、因不同情况终止信托如何处理、信托财产如何投资、信托财产是否需要追加、信托财产何时追加等其实都可以在民事信托中一并进行考虑和设计。这时候其实相当于设计一种“婚内”的财产关系，只不过两人之间并不存在婚姻关系，但也正因为这个原因，由于没有婚姻关系相关的法律规定进行保底，这种全新的关系需要考量得更加完整和具体。不过同样地，民事信托的设立也不需要一蹴而就，完全可以在信托设立之后，在整个“家庭”存续的过程中慢慢进行完善。

四、家庭中的其他关系

在家庭关系中我们已经讨论了继承、监护以及子女的问题，但在家庭关系中，所涉及的法律问题肯定不限于此，甚至谈及的这些问题仅是其中的一小部分。下文将对另外一些较为特殊的、可能与民事信托发生联系的情况再作一些探讨。当然并不是说未谈及的问题，民事信托就完全不可能发挥作用，例如家庭共有财产的问题，父母与子女及子女配偶共同经营店铺、共同共有不动产或共同享有动迁利益等，很多时候这些问题产生的原因就是具有明确的析产需求，如果一定要通过民事信托将人和财产相结合，就未免有些强人所难了，但也并不排除个案中存在这样需求的情况。另外，类似问题涉及的财产的体量和性质可能也并不适合通过我国目前的民事信托进行处理，比如对赠与人有扶养义务而不履行，赠与人可以撤销赠与的问题，不通过民事信托来替代普通的赠与可能也不会存在特别大的区别。在一些极为特殊的场景下，可以将某些特殊财产的所有权留在信托之内，先赋予受益人使用权，如果受益人违反某些条件则由信托受托人收回使用权，符合条件的再由受托人在委托人死亡后交付所有权。此类设置虽然看似是信托特殊功能和优势的体现，但仔细研究后可发现，这种情况有时也可以通过简单的赠与 + 遗嘱的方式替代，信托的方案反而徒增成本。当然这些最终都需要在具体案例中结合具体情况进行判断。后续要探讨的问题中难免会涉及其他章节中已经讨论过的问题，例如讨论抚养权的时候，自然会涉及抚养问题；讨论监护权时，也会涉及赡养和抚养的问题等，下文就不再重复。

（一）其他扶养与赡养问题

这里要讨论的扶养是我们家庭关系中存在的两种情况：一是夫妻之间互相扶养的义务[①]。二是在父母死亡或是无能力抚养子女时，有能力扶养的兄、姐对未成年弟、妹的扶养义务，以及与之相对的，由兄、姐扶养长大的弟、妹长大以后对兄、姐的扶养义务[②]。关于夫妻之间互相扶养的义务，在前文讨论婚内财产分割的问题时有所涉及，夫妻一方患病，另一方不支付医药费用并不是婚内分割夫妻共同财产的法定事由，原因就是夫妻之间有互相扶养的义务，患病的一方可以直接起诉要求另一方支付，无需分割夫妻共同财产。当然夫妻之间的扶养义务不仅体现在一方患病的情况下，部分案例中因为夫妻双方长期分居或其他原因，导致夫妻一方生活困难的，也可以向另一方主张支付扶养费。当然最终法院所能支持的具体扶养费的金额一般不会太高，而且也并不与另一方的工资完全挂钩，与离婚时的子女抚养费用的标准相同，一方的工资高低只保障费用标准的下限而非上限。当然这里也要考虑夫妻双方并未离婚，有夫妻共同财产存在的事实，毕竟扶养费的支付主要是为了保障夫

①《中华人民共和国民法典》第一千零五十九条规定："夫妻有相互扶养的义务。需要扶养的一方，在另一方不履行扶养义务时，有要求其给付扶养费的权利。"

②《中华人民共和国民法典》第一千零七十五条规定："有负担能力的兄、姐，对于父母已经死亡或者父母无力抚养的未成年弟、妹，有扶养的义务。由兄、姐扶养长大的有负担能力的弟、妹，对于缺乏劳动能力又缺乏生活来源的兄、姐，有扶养的义务。"

妻一方的生活而非为了分割夫妻共同财产。在具体案件中，法官也会综合考量夫妻一方赡养老人、抚养子女、医疗需求或房屋贷款负担等问题，再进行判断。

对于夫妻之间的扶养义务，民事信托在事前预防与事后处理上都可以起到一定作用。当然在事后处理时，民事信托只能增加扶养费用给付的设计空间，增加谈判成功的可能性，并不能起到关键性的作用。但在事前预防时，在夫妻一方为了家庭选择放弃工作的情况下，或许可以事先将由另一方或夫妻双方以夫妻共同财产设立民事信托作为一方放弃工作的前置条件。这里可以将民事信托作为照料家庭日常生活的钱包，也可以将民事信托作为应对突发事件的保险。不过更建议的方式依然是有收入的一方定期支付家庭日常支出的同时设立民事信托作为保障，一旦其因各种原因不再承担或无法承担应尽的家庭义务，民事信托中的信托财产就可以用于应对一些重大的突发情况，也可以确保之后的家庭生活水平不至于大幅度地降低。但如果将民事信托用于日常生活的支出，过于频繁地使用信托财产，则可能会导致信托财产消耗过度，同时也增加了投资管理的难度，难以获得最佳的投资收益。当然具体的方案还是要结合家庭的实际情况进行选择，民事信托存在的潜在效果是可以给即将离开社会和工作的夫妻一方提供一定的安全感，以减少夫妻日后爆发矛盾的因素。

兄、姐对弟、妹的扶养义务是以父母本身无力抚养子女为先决条件的；弟、妹对兄、姐的扶养义务，以弟、妹是兄、姐扶养长大为前提条件的。发生类似情况的家庭，一般经济状况并不理想，兄、姐基本是竭尽全力去负担扶养义务，所以难有民事信托发挥作用的空间。当然在一些特殊情况下，例如兄、姐本身经济状况良好，有足够扶养弟、妹的经济能力，或是弟、妹成年后有足够经济能力扶养兄、姐，或兄弟姐妹人数众多可以合力承担扶养义务等，还是存在民事信托发挥作用的空间的。当然民事信托具体的作用，其实与民事信托在父母抚养子女或多子女赡养父母的情况下发挥的功能无异。在有经济能力的情况下，可以单独为兄、姐或弟、妹设立民事信托，在对信托财产设置一定控制权的基础上，保障受益人的日常生活。有具体设计需要的话，也完全可以设置成在受益人成年或工作后，也就是委托人尽到义务后，将剩余信托财产向委托人进行分配，以保护委托人的权益，而类似的设置也可以在一定程度上减少委托人自身家庭因为扶养弟、妹或是扶养兄、姐而发生矛盾的风险。而兄、姐或弟、妹人数较多合力承担扶养义务的情形，与多子女共同赡养父母的情况完全相同，民事信托是良好的财产制度的设计工具，可以搭建一个中立的、令人安心的财产管理和使用平台，能够有效地缓解兄、姐或弟、妹之间因财产或人力支出而可能产生的矛盾，增加义务人达成一致的可能性。

另外，有负担能力的祖父母、外祖父母，对于父母已经死亡或者父母无力抚养的未成年孙子女、外孙子女，亦有抚养的义务①。这种情况在民事信托应用上的体现与父母为子女设立民事信托基本没有区别，目前财产的隔代传承也就是祖父母、外祖父母直接向孙子女传承财产在民事信托业务中已经被较为广泛地应用，在此就不再赘述。而相对地，有负担能力的孙子女、外孙子女，对于子女已

①《中华人民共和国民法典》第一千零七十四条规定："有负担能力的祖父母、外祖父母，对于父母已经死亡或者父母无力抚养的未成年孙子女、外孙子女，有抚养的义务。有负担能力的孙子女、外孙子女，对于子女已经死亡或者子女无力赡养的祖父母、外祖父母，有赡养的义务。"

经死亡或子女无力赡养的祖父母、外祖父母，也有赡养的义务。这样的情况本身也在大部分人认知的情理之中，同样与子女为父母设立赡养信托类似。当然这里的赡养和抚养义务的出现，在司法实践中都存在一定的要求和条件，但因与民事信托无关，所以就不再展开阐述了。通过民事信托赡养祖父母、外祖父母，或抚养孙子女，也并不以义务的存在为前提条件，完全可以凭委托人的主观意愿自行安排。

另一种在继承关系之中出现的与赡养有关的比较特殊的情况，即丧偶儿媳对公婆、丧偶女婿对岳父母，尽了主要赡养义务的，可以作为第一顺序继承人继承遗产①。实践中对于“尽了主要赡养义务”的认定标准较高，一般情况下，法官会考量两个方面的因素：其一是在经济上是否对公婆或岳父母提供了主要的经济支援，对于老人的日常生活有没有实际地参与和照料。其二是这种供养和照料是否是持续性的、经常性的。所以丧偶儿媳和丧偶女婿要继承公婆或岳父母的遗产并没有那么容易，而且在大多数情况下，需要儿媳或女婿供养的老人本身经济情况可能也并不富裕。当然在经济宽裕的情况下，老人通过民事信托的安排将财产赠与儿媳或女婿也并无不可。通过民事信托的安排，可以不用考虑儿媳或女婿是否达到法律规定的享有继承权的要求，只要情感上愿意向其赠与，就可以通过信托落实，同时也可以在信托文件中对儿媳或女婿获得这部分财产设置一定的要求或条件。当然类似的操作通过遗赠的方式也并非不可能实现，但是遗赠需要受遗赠人主动参与继承的过程，而且一

①《中华人民共和国民法典》第一千一百二十九条规定：“丧偶儿媳对公婆，丧偶女婿对岳父母，尽了主要赡养义务的，作为第一顺序继承人。”

般情况下遗产都掌握在被继承人的直系亲属和配偶手中，受遗赠人的权益最终是否能够实现，可能也会存在一定风险。而通过民事信托则基本不存在这样的顾虑，至少儿媳或女婿的财产份额已经提前通过信托从被继承人的遗产中划分出来，可以确保儿媳或女婿最终能够稳定地获得这部分财产。民事信托天生的保密性和独立性，使得儿媳或女婿无需参与到继承的程序之中，也就减少了与老人的继承人产生纠纷的可能。

（二）家庭中的代持

代持经常出现在家庭关系之中，例如父母将现金交由子女，以子女的名义进行投资理财；也有父母出资，以子女名义购房的；还有父母管理子女工资或夫妻双方家庭出资购房，因限购等原因，登记在一方父母名下的。另外，兄弟姐妹之间，借名买房、代持现金、代持股权等情况也并不少见。由于家庭亲属关系的复杂性、地域文化、财产的特殊性以及财产实际所有人本身的客观因素和需求等原因，导致家庭成员之间出现代持关系的情况是较为常见的。但同样是因为家庭关系的存在，家庭成员之间的代持往往缺少明确的代持协议或其他能够证明代持关系存在的文件。这就造成了在离婚、继承等案件中，因为依靠现有证据难以证明相关财产并非夫妻共同财产或被继承人的遗产，使得财产遭到法院的分割和处理，导致财产实际所有人的权益受到损害。

代持关系简单来说就是财产的实际权利人，将财产登记在或管理在名义权利人名下，对外宣称为名义权利人所有，但由名义权利人根据实际权利人的指令进行管理。在实务中，股权和不动产的代持都是较为常见的，虽然针对的标的不同，但形成代持的原因在大部分时候是类似的，就是为了回避风险或现有政策制度的限制。对于股权来说，形成代持的原因可能是实际所有人所从事的职业或社会身份不适宜经营公司持有股权，也可能是为了回避两家公司之间的关联性而隐瞒持有股权的事实。而形成不动产代持的最大原因，就是规避限购政策，有案件就存在为了在深圳投资房地产，而借用妹妹的名义买房的情况；也存在夫妻不符合上海的购房条件，借用男方父母名义买房的情况；也有为了超出限购套数购房，借用亲属名义买房的情况。另外，现金代持的情况也并非不存在，但是代持的原因往往并不在于现金本身，常见的原因一般是有一部分资金来源不适合由实际权利人直接收取或获得资金后有可能因离婚等原因被分割的，就安排由他人收取资金。可以看出，对于代持关系来说，很多时候实际权利人对于由自己直接持有财产这件事情，不是不愿实为不能。往往代持关系的存在，就是为了规避更大的风险或是为了争取更大的利益。

代持关系的风险是显而易见的，由于财产在他人名下，他人因自身离婚、死亡以及对外借贷等原因涉及纠纷的，就有可能导致名下财产被法院处分或执行。虽然签订代持协议在一定程度上可以减少这样的风险，但也不能完全防范风险，对第三人一般也不产生效力。同时，亲属之间的代持往往不会签订代持协议，有些时候由于亲属关系的特殊性，导致即使签订代持协议，在缺乏其他证据支撑的情况下，其效力也不一定会被法院认可。例如在借名买房的案件中，在存在贷款的情况下，就需要审查还款的来源、还贷银行卡的保管情况等。如果实际权利人向他人转款用于偿还贷款的，那么转款的金额和时间点与贷款的还款计划或代持协议相吻合的，在没有其他反证的情况下自然可以认定房屋贷款由实际权利人偿还，间接支持代持关系的存在。但如果购房款是一次性支付的，或是实际所有人与他人之间的金钱往来较为复杂，难以分辨资金性质的，抑或相关的转款缺乏与代持关系的印证的，仅凭一份简单的代持协议，特别在涉及第三人利益的情况下，就难以主张代持关系的存在了。典型的是在离婚案件之中，代持关系的认定可能会直接影响另一方配偶的利益，那么配偶一方与其父母或兄弟姐妹等其他亲属签订的代持协议作为孤证就很难获得法院的认可。也正是因为类似原因，使得家庭关系中的代持关系，相较一般的代持关系存在更大的风险，即使代持关系被法院认定，也不代表最终一定可以获得财产的所有权。同样以借名买房为例，即使代持关系被认定，也需要实际购房人具备购房资格，存在名义权利人将房屋过户至其名下的可行性。否则在名义权利人作出抵押或出售房产等损害实际权利人利益的行为时，实际所有人只能提起合同纠纷之诉，要求名义所有人承担违约责任。如果房产被出售，由于后续购房人属于善意第三人，可以善意取得房屋所有权，实际权利人即使具有购房资格，也不能主张交易无效，只能向名义权利人主张违约责任。

所以代持关系在解决一些问题的过程中也会带来若干风险。然而在形式上，民事信托对于代持关系具有极高的替代性，两者相较，民事信托的受托人与代持关系中的名义权利人实际上都是为了他人的利益持有财产，区别在于代持关系中的这种持有是表面上的、虚假的，而民事信托受托人的持有，是真正拥有财产权的，不过这一财产权的运用需要受到信托文件和法律规定的限制。虽然民事信托在形式上对于代持关系是一种合适的替代工具，但在现实中可行性却并不高。排除目前股权、不动产等特殊的信托财产本身存在的登记和税收等客观障碍，民事信托不能代替代持最大的原因可能在于设置代持关系的目的和动机。对于代持关系来说，某些财产通过代持追求的可能是自始至终不出现在实际权利人名下的效果，而民事信托却做不到这一点。不论是直接交付还是间接交付，民事信托始终存在委托人向受托人交付财产的过程，而这个过程在整个民事信托设立的步骤中不可能无迹可寻。所以如果委托人因为某些原因无法直接持有财产，甚至不能接受财产表现出与其存在关联性，也就不可能直接通过民事信托的方式由受托人持有财产。

不过在目前的实务中，存在先设立代持关系，再由代持关系转化为民事信托的操作。简单来说，就是代持关系达成之后，由名义权利人作为信托委托人，由实际权利人作为信托指令权人、监察人或保护人，同时也可以选择作为信托的受益人，以此形式将代持资产作为信托财产设立信托。这样的操作将私下的代持关系转化为明面上的信托关系，有效地化解了代持关系中，名义权利人可能给代持财产带来的风险。而且通过信托文件的设计，可以完全剥夺信托委托人也就是名义权利人对于财产的控制权，并名正言顺地将控制权交还给实际权利人，也就是信托的保护人，相当于实现了代持资产返还实际权利人的效果。但由于设立信托的财产实际并非委托人所有而是保护人所有，所以如果忽视了这一点或假装代持关系并不存在，而赋予了保护人过度的控制权，那么虽然设立信托的财产最初的财产权问题并不一定绝对会导致信托的无效，但财产实际权利人对于财产超限的控制权则一定会导致信托被击穿的风险增大，当然这也与原先的代持关系的隐藏程度有关。另外，如果代持关系本身或代持的财产来源就是违反相关法律法规或政策规定的，即使将代持关系转换成了民事信托也并不代表原来的风险消失了，虽然

“代持+信托”的设立确实增加了实际所有人与财产之间关系的隐蔽性，但这些根本性的风险依然可能导致信托的无效。

所以总体来说，虽然民事信托对于代持来说在形式上具有极高的替代性，但实质上的替代作用依然有限。对于一些违反法律法规和国家政策或通过代持掩饰、隐瞒财产的“红线”问题来说，将民事信托作为一种掩饰和隐瞒的手段本身就是不可取的。对于一些类似于限购等的普通问题来说，代持关系虽然可以转化为民事信托以化解名义权利人的风险，但由于税务及登记制度的缺失，往往具有很高的成本，而一旦房产转化为现金，似乎又可以直接返还给实际所有人，而无需再设立信托了。对于现在的现金代持来说，往往会具有不得不代持的理由，这些理由又会回到之前所说的“红线”的问题。虽然民事信托替代代持关系的方案存在上述这些问题和限制，但具体问题具体分析，在实务的个案中，依然存在一些因为历史原因形成的相对“合规”的代持关系，可以通过民事信托化解风险。

第三章　婚姻家事中的特殊“家庭”关系

随着社会的发展和观念的变化，在现实中出现了越来越多的不在婚姻家事法律规制范围内的家庭形态，这些主体基于不婚主义或同性婚姻等原因，往往会在现有的婚姻家事法律关系之外组建新型的“家庭”模式。虽然现有的婚姻家事法律难以调整这类“家庭”中的法律关系，但这并不意味着这类关系中的人身与财产关系在发生纠纷时可以无需法律的调整。那么此时以非家庭的法律去面对“家庭”的问题，往往就难以获得让人满意的结果。即使不讨论法律的问题，但凡组建一个“家庭”，就离不开成员的共同生活，也不可避免地会造成财产关系的混同，这在“家庭”组建的初期可能不存在问题，但在“家庭”不得已需要解散之时，却往往会成为矛盾的焦点。甚至随着时间的推移，随着子女的生育或父母赡养等问题的出现，“家庭”内外的客观状况会慢慢发生改变，在没有稳定的人身关系同时又缺乏稳定的财产关系的基础上，往往会使得“家庭”内外的矛盾爆发或激化，使得本就不稳定的“家庭”关系更加脆弱。虽然对于人身关系无能为力，但对于财产关系，民事信托或许可以为这类特殊的“家庭”提供一种法律工具，为其找到和设计一种家庭成员之间相互认可的、符合需求的财产关系，并能够切实地落实到生活之中。

一、同居关系

虽然在刑法领域依然存在事实婚姻的概念，但在婚姻家事法律领域，自 1994 年 2 月 1 日民政部《婚姻登记管理条例》公布实施以后，就不再承认事实婚姻。也就是说，不论两个人是否长期共同生活、是否以夫妻相称以及是否生儿育女等，只要没有在民政部门办理结婚登记的，在民事法律领域，两个人就不是婚姻关系，而仅是“同居”关系。当然现在人们拒绝登记结婚的理由，与 20 世纪 90 年代不办理结婚登记的理由已经大不相同，但客观上相关法律对于同居关系的调整方式并未发生本质的改变。

（一）建立同居关系的原因

在当代社会中，建立同居关系的理由是多样的，其中以恋爱同居、试婚同居之后登记结婚以及婚外同居的情况居多，这三者均不是这里讨论的重点，恋爱同居中由于双方的财产关系结合较为薄弱，往往在恋爱关系终止之时，可以经由双方主动或被动的协商进行处理，大部分情况下是不需要司法介入的。而在试婚同居之后登记结婚的情况中，因其最终进入了稳定的婚姻关系，那么自然就形成了稳定的共同财产关系，对于婚前和婚后的财产关系就受到《民法典》婚姻家庭编相关规定的调整，对于具体纠纷也存在极为丰富的司法实践经验和判例，其与民事信托的结合问题在前文已经进行过讨论。至于婚外同居的情况亦是如此，本身就为目前的法律价值所批判，在《民法典》婚姻家庭编中对于婚外同居的情况也有一定的涉及，在实务中也有司法判例。在婚外同居的情况中，对于个人财产的处置因属于个人权利，所以不作评判。但对于夫妻共同财产的处置，必然会损害配偶以及整个家庭的权益，是应该去制止的一种行为，自然也不具备深入研究的意义。

所以本章对同居关系的讨论主要是以这三者以外的长期同居造成财产严重混同的情况为主。当然出现这样情况的理由可能有很多，例如男女一方或双方都是坚定的不婚主义者或同性者客观上无法在我国登记结婚等。在现实生活中还客观存在一些已经办理了婚礼仪式甚至已经生儿育女的“家庭”，却因为各种原因没有办理结婚登记的情况，例如经济差距较大的男女双方，约定不登记结婚，或在满足一定条件的情况下才登记结婚。这类情况与其看作是对婚姻关系价值评判的倒退，不如说是婚姻关系市场化的过度进步。

（二）同居关系中的财产问题

既然出现了同居关系这种长期稳定的非婚姻的“家庭”关系，甚至期间还有可能涉及子女生育之类的问题，自然就不可避免会发生同居双方在经济上犹如婚姻关系一样出现混同的情形。而在同居关系终止之时，如果双方不能协商解决的，就需要法律的介入。在人身关系上，既然不存在婚姻关系，那么自然对于同居双方在人身上就不存在任何的限制。而财产关系方面其实也是如此，事实上除了因无效或撤销婚姻而导致出现特殊的“法定”同居的情况，法律对于同居双方在同居期间所取得的财产明确规定除有证据证明为当事人一方所有的以外，按共同共有处理①。当事人协议处理不成的，由人民法院根据照顾无过错方的原则判决②。在其他情况下的同居关系，对于同居期间所得财产的分割和处理问题，法律则没有任何特殊的规定。

所以在处理同居关系的财产问题上，实践中就是将同居双方作为两个完全独立的民事主体进行处理，将同居期间获得财产的行为，作为两个完全独立的民事主体作出的法律行为。同居前双方各自所有的财产，不会因为同居关系的出现导致财产归属发生变化，而同居后双方获得的财产，先要考虑是不是存在一方婚外同居的情况，因为此时该财产可能涉及夫妻共同财产的问题。如果同居双方对于所得财产的分配存在约定的，则按照约定处理。在不存在约定的情况下，则需要判断财产是否为双方共同所得。最高人民法院民一庭在《民事审判指导与参考》总第67辑③中表示：“在审理同居关系纠纷时，对当事人同居期间所得的工资、奖金和生产、经营的收益以及因继承、赠与等途径所得的合法收入，原则上归其本人所有；如果双方在同居期间有共同购置的财产或有共同经营所得的收

①《最高人民法院关于适用〈中华人民共和国民法典〉婚姻家庭编的解释（一）》第二十二条规定：“被确认无效或者被撤销的婚姻，当事人同居期间所得的财产，除有证据证明为当事人一方所有的以外，按共同共有处理。”

②《中华人民共和国民法典》第一千零五十四条规定：“无效的或者被撤销的婚姻自始没有法律约束力，当事人不具有夫妻的权利和义务。同居期间所得的财产，由当事人协议处理；协议不成的，由人民法院根据照顾无过错方的原则判决。对重婚导致的无效婚姻的财产处理，不得侵害合法婚姻当事人的财产权益。当事人所生的子女，适用本法关于父母子女的规定。婚姻无效或者被撤销的，无过错方有权请求损害赔偿。”

③ 参见最高人民法院民事审判第一庭编，奚晓明主编：《民事审判指导与参考》，人民法院出版社2017年版。

入，应当按照双方的出资份额、所作贡献等公平合理地予以分割。”可见与婚姻关系不同的是，在同居关系中，如果财产可以明确是一方所获得的，例如工资、继承所得或投资收益等，一般会被认定为一方的个人财产。只有出现同居双方共同购置以及共同经营获得收益等导致两人财产混同的特殊情况，财产才有可能被认定为两人的共有财产。

实务中对于购置的财产，一般情况下会根据双方的出资比例来确定各自的共有份额。如果一方或双方均主张全部所有权的，法院也会根据双方的出资比例、财产的登记情况、占有使用情况、对财产的依赖性以及偿付对方经济补偿的能力等相关情况来进行综合判断，是否由一方获得共有物的所有权并向另一方支付补偿。对于共同经营收入的问题亦是如此，但这里的共同经营收入并不是指两人已经按照相关法律共同设立有限责任公司或合伙企业等获得收入的情况，因为类似情况例如已经设立有限责任公司的，两人作为公司股东，其权利义务可以由《公司法》进行调整。这里的共同经营更多是指以自然人名义开展的一些经营活动，类似于共同运营自媒体账号以及共同提供餐饮或其他服务等。这种情况下的相关收入，法官就会根据双方各自的投入、收入的来源以及双方对于收入的贡献等因素进行综合考虑，判断同居双方各自的财产比例。

所以同居关系中获得的财产被认定为共同财产在一般情况下是较为困难的，而且即使被认定为共同财产，对于同居双方各自所占有的财产份额的比例，在没有明确约定的情况下，同样也要依靠法官参照客观事实进行自由裁量，是不存在明确的标准的。

（三）同居关系中的子女问题

在同居关系中，如果生育子女的，理论上对于子女的抚养问题其实与婚姻关系中子女的抚养问题并无区别。但这种“无区别”有时候也只能体现在理论上，在实务中，首先出现的问题就是在非婚生子女部分提到过的，关于亲子关系的确认，同居关系中出生的子女，如果在出生证明或户籍登记时没有登记男方信息或随男方户籍进行登记的，在与男方亲子关系的证明上就只能通过其他证据去间接证明，这在具体案件中可能是较为困难的。特别是在同时涉及同性同居以及代孕等特殊情况时，会使得亲子关系的认定更为复杂，甚至在根本的认定问题上在诉讼中遭到否认。而对于同居期间收养子女的问题，则更令人无奈。由于不存在婚姻关系，收养行为只能由同居关系的一方完成，所以在法律上养子女也仅与同居关系的一方形成拟制血亲，而与另一方毫无关系。

即使确认了亲子关系，在同居关系解除后，直接抚养子女的一方一般情况下也只能主张另一方支付抚养费。目前在实务中，一般判决确定的抚养费的金额都是较低的，甚至很多时候并不足以负担子女的抚养。在存在婚姻关系的案件中这一问题并不突出，因为除了抚养费，直接抚养子女的一方可以对夫妻共同财产进行分割，甚至有时候可以因为抚养子女而多分得夫妻共同财产。但法律对于同居关系存续期间所获得财产的分割是严格的，也就是说，在很多时候，抚养子女的一方可能只能获得抚养费，难以获得其他补偿，此时对抚养子女的一方来说无疑会比不直接抚养子女的一方面临更大的经济压力。

所以在大部分情况下，对于同居关系中生育的子女，其利益相较婚姻关系中所生育的子女，在实务中会更难被保障。相应地，同居关系终止后直接抚养子女的一方也会处于更为弱势的地位。

（四）同居关系中的协议

由于规制同居关系的相关法律规定相较婚姻关系确实更为宽泛，而且同居关系在社会关系中不是一种主流关系，在实务中产生的纠纷需要通过司法途径解决的情况就会相对少一些。同时，在立法层面的重视程度，同居关系实际置于婚姻关系之后，法律对于同居关系虽然并不否定但也并不持支持的态度。这就使得一旦同居关系中出现问题需要通过法律进行调整，弱势一方或子女的利益就可能受损且不能得到令人满意的结果。相对来说，就显得同居关系中的各类协议相较婚姻关系中的协议更为重要。这就像婚姻中的财产关系，如果没有法定财产制，只有约定财产制，那必然使得夫妻之间的财产约定成为婚姻关系中最重要的文件之一。

同居关系中的协议，其实与婚姻关系中的协议类似，都可以在不同时间点签订。同居双方可以在同居关系开始前，也可以在同居关系持续期间对两人的财产关系通过协议进行约定，类似于婚前或婚内的财产约定。而在两人终止同居关系时，也可以签订解除同居的协议，对两人各自的财产或共同获得的财产的归属作出明确，协议的作用类似于离婚协议，而且没有离婚协议的限制。对于同居期间获得的财产，法律明确规定按同居双方约定优先处理。协议中对于个人财产部分的处理，可能被认定为是一种赠与。如果排除婚外同居关系中向同居对象赠与夫妻共同财产这种违反公序良俗的特殊情况，同居关系的相关协议中的此类赠与问题，由于缺乏明确的法律规定，法官在自由裁量的过程中，可能会对婚姻案件中的同类问题的处理方式进行借鉴，也会更加依赖于个案的客观情况，考量个案的公平正义。但由于不存在婚姻关系，所以在相关问题的处理上，存在更多地适用《民法典》合同编相关规定的可能性，很可能支持撤销权的行使。所以谨慎起见，同居关系的相关协议中如果涉及赠与，与夫妻间财产约定相比，更应当尽量办理公证，同时动产要尽早完成交付，不动产则要及时办理相关的变更登记。

由于不存在离婚协议的限制，所以同居关系中的相关协议，不论签订的时间点在同居关系发生之前，还是在同居关系持续的过程中，抑或终止之时，在生效的问题上都没有区别，除非存在特殊约定，否则均为签订即生效。只是随着时间的发展，签订时间点越靠后的协议，随着同居关系中获取财产的确定，内容也会更加明确和具体，而解除同居协议自然也就应该是其中最具体的一份。从内容的角度来看，最重要的内容应该是财产的安排以及子女的抚养两部分。当然对于一些特殊的约定，例如不得结婚、限制子女的抚养权或净身出户等，基本都是无效的，这里就不再赘述。对于子女抚养的问题，抚养费是协议中很重要的一部分，一个相对合理的抚养费金额可以很大程度上减少直接抚养子女一方的经济压力。而在抚养问题上，常常被忽视的是解除同居关系之后的子女探望问题。因为在某些同居关系中，同居双方本身并非长期处于共同居住的状态，所以“家庭”的意识和观念也会相对薄弱，也就不一定会考虑子女探望的问题。而与离婚协议一样，探望权的事宜也可以在解除同居关系的协议中作出明确的约定。

在现实中，同居双方签订协议的情况很少，除了部分明确不婚，却会以“夫妻”的状态生活的同居双方会签订协议，在其他大部分情况中，同居双方都不会有签订同居协议的意识，也难以认识到同居协议的重要性。但事实上，同居关系中的协议，特别是同居过程中以及解除同居时签订的协议，可以有效地保护同居关系中弱势一方的利益，保护非婚生子女的利益，更可以降低后续发生矛盾和纠纷的风险。在缺少相关法律规定的情况下，同居协议可以说是同居双方自发建立起的财产制度，是对同居关系中弱势一方唯一的保障。

（五）同居关系与民事信托

与夫妻间财产约定及离婚协议相似，民事信托对于同居关系中的类似协议同样存在结合和替代的可能。甚至可以说，由于没有婚姻家事相关法律规定的限制，民事信托的作用可以超脱这些协议的框架，成为一种构建同居关系主体之间的财产关系的制度性工具。一些关于民事信托在子女抚养和财产安排上的细节设计和功能，与婚姻关系相关内容的设计类似，完全可以借鉴婚姻关系中民事信托的应用进行创造，这里就不再赘述。对于同居关系来说，如果同居双方对于不婚主义比较认可的，又有长期同居的安排，可以在开始同居时就以对未来进行规划的视角，分别对同居期间所获财产的安排、同居生育后对于子女的安排、同居关系终止时的安排、同居关系转化为婚姻关系的安排、未来双方长辈的赡养以及一方或双方死亡或丧失民事行为能力时的安排等，进行通盘考量和商讨，寻找一种双方都能够接受且感到舒适的生活模式。

当然要解决这些问题，仅靠民事信托有时候并不充分，但在这些问题上民事信托绝对具有重要的作用，是具有可行性和稳定性的工具。最简单的安排就是设立民事信托将其作为双方共管的、更为灵活的账户，在双方都认可的一些大事上提供资金支持，为双方提供一定保障。然后在这个基础上，逐一去思考之前提出来的问题，在资金管理账户上添加相应的模块，使得其在同居关系中能够逐步涉及更广泛的层面，制定更为细节的规则。同时，也可以将两个人对于婚姻以及生育的理解投射在民事信托的规则之内，使得该民事信托成为专属于同居双方的符合其价值观的财产工具。当然完善的过程需要经历极长的时间，随着同居关系的发展和变化，随着一些事件的发生，人的想法也会发生变化，民事信托在这个过程中也会不断地进行调整。在一种理想的状态下，如果同居关系长期稳定的存续下去，民事信托在调整同居关系上所占的比重会越来越低，作用会越来越小，最终转换成同居双方的财产传承工具。当然即使同居关系未能维持下去，民事信托也可以在双方认可的前提下对相关财产进行处分，降低双方不欢而散的概率。

在解除同居关系时，民事信托的介入与其在离婚协议中所发挥的功能极为相似。对于未来以及过去的财产安排、对于子女的抚养问题，民事信托可以实现一些较为特殊的功能，并能在一定程度上缓和双方的矛盾，增加双方协商一致的可能性，前文已有阐述就不再重复。而在另一种情况下，也就是同居双方经济实力差距较大，为了某些目的或利益，决定不登记结婚或暂时不登记结婚的情况，民事信托就可以成为较好地落实谈判条件的工具，同居关系中的弱势一方，在同居关系开始之初是具有一定谈判能力的。弱势方提出的要求，通过民事信托的介入，一方面，可以附加一定条件使得强势方更愿意接受，由于存在中立的受托人管理，可以对民事信托的具体分配进行相对灵活的设计，在满足条件时进行一种操作，不满足时进行另外一种操作；另一方面，也能确保在条件达成时相应要求的最终实现，在限制委托人的权力之后，就可以保障同居关系中的弱势一方在达成某些条件时一定可以获得对应的利益，在出现违约情况或没有完成某些条件时，委托人也可以收回或部分收回信托财产。虽然上述这种同居状态并不是通常情况下主张和提倡的，但既然这种情况已经存在，那么通过民事信托对于同居关系中的弱势一方以及同居关系中生育的子女进行保护，也是一种相对较为合理的、履行可能性最高的方案。

除了发挥在婚姻关系中类似的功能外，民事信托对于同居关系而言最特殊的作用可能就是提供了一种制度层面的可设计性以弥补相关法律的缺失，并且可以较为柔和地发挥对财产关系的调整作用，同时可以间接地影响人身关系。虽然在部分同居关系中，也会存在一些与我们的价值观和情感相冲突的情况，但也不能排除另一部分同居关系中存在的美好。站在一个较为客观的角度来说，虽然同居关系并不为我们的法律所倡导，甚至可能在目前的社会中依然不为大部分人所认可。但在不损害其他个体的前提下，每个人都有建立和实现自身向往的生活状态的权利，不论是被动选择还是主动追求，我们不能否认有很多人是抱着美好的愿景和期待进入同居关系之中的，他们自然也有追求幸福的权利。希望民事信托可以成为他们人生之河上，托载他们顺利前进的行舟。

二、同性婚姻

目前同性婚姻问题获得了越来越多的关注，虽然我国尚未承认同性婚姻，但同性婚姻的需求是实际存在的。外在上同性婚姻同样是以同居关系的状态存在，而内在上同性婚姻体现为婚姻双方所认可的精神状态和事实状态，并不是法律状态。同性婚姻的双方既然认为双方之间的关系虽然不被法律认可但同样是一种婚姻的形式，往往就会在精神上包含一种对于普通家庭生活状态和模式的向往，他们在本质上希望正式步入婚姻，建立法律认可的婚姻关系。除了财产上的互相结合和扶持，同样也会追求抚养子女，组建一个完整的家庭。

（一）同性婚姻中的财产与子女问题

同性婚姻中的财产问题与同居关系大致相同，如果要深究区别的话，同性婚姻作为一种特殊的同居关系，往往较其他类型的同居关系，在财产关系的设置上更具有近似婚姻关系的诉求和目的。当然，这在很多时候也是一个渐进的过程，在同性婚姻的初期，虽然可以提前进行规划，但一般情况下作为两个独立的个体，分别控制和使用各自的财产是完全可以满足同性婚姻的同居需求的。随着两个人在情感层面以及生活层面有更深入的结合，为了满足这两方面的需求，就不可避免地会出现共同购车以及共同购房等财产关系上的安排。不过在此阶段，相对独立的财产关系也并非不能满足同性婚姻的需求，现有法律也提供了按份共有或共同共有的财产模式。而对于财产关系来说，真正在本质上的变化可能发生在同性婚姻中出现子女这一因素以后。相对独立的财产关系，不论在情感上还是客观的生活上都已经不再能满足一个三口之家的日常生活的需要。所以在没有法律作为保障的基础上，建立一种新的财产关系，是维系整个家庭稳定存续的较为重要的任务。当然目前境内其实少有通过民事信托来完成这一任务的，大部分情况下，还是通过共同投资、购房、赠与或订立遗嘱等方式，较为零散地主动或被动地搭建一种财产关系，这种方式一般来说都是比较粗糙的，这也会为日后的纠纷留下隐患。

同性婚姻中的子女问题则更为复杂。由于不存在共同生育子女这一可能，同时也缺乏单身女性人工受孕的合法途径，所以实际上对于同性婚姻家庭，一般来说只能通过收养这一途径实现抚养子女的愿望。而法律对于收养也有一些客观的限制和条件，其中影响较大的可能就是年龄设置，一方面要求收养人必须年满三十周岁①，另一方面除非是收养三代以内旁系同辈血亲的子女，否则单身收养异性子女的，要求收养人与被收养人年龄差在四十周岁以上②。即使不考虑收养异性子女的愿望，三十周岁的年龄要求就已经阻止了很多有收养意愿的同性婚姻家庭。随之而来的，就是部分同性婚姻家庭，通过虚假婚姻、境外代孕甚至非法代孕等方式生育子女，首先这些方式本身就具有极大的违法性，即使成功生育子女以后，也有可能带来连续不断的纠纷，不一定能给子女提供稳定以及安全的生活状态。另外，不论是生育子女还是收养子女，在法律上子女仅会与同性婚姻的一方产生联系，与另一方不论是从血缘的角度还是法律的角度都是没有关联的。所以一旦同性婚姻的关系解除时，可能又会因为子女问题产生新的纠纷。一方面，没有血缘关系和法律

① 《中华人民共和国民法典》第一千零九十八条规定："收养人应当同时具备下列条件：（一）无子女或者只有一名子女；（二）抚养、教育和保护被收养人的能力；（三）未患有在医学上认为不应当收养子女的疾病；（四）无不利于被收养人健康成长的违法犯罪记录；（五）年满三十周岁。"

② 《中华人民共和国民法典》第一千一百零二条规定："无配偶者收养异性子女的，收养人与被收养人的年龄应当相差四十周岁以上。"

关系，不代表情感上没有投入和付出，没有建立情感联系；另一方面，解除同性婚姻的状态后，子女一般情况下将由有法律关系的一方抚养，但与离婚案件不同的是，由于子女与另一方完全不存在任何法律以及血缘上的联系，所以另一方理论上无需承担任何的抚养义务，当然也就不包括探望权，加之同性婚姻双方的财产关系往往就是建立在简单的、没有保障的同居关系之上的，所以同性婚姻中的子女权益可能更加难以得到保障。

（二）同性婚姻与民事信托

同性婚姻中民事信托的应用与同居关系中民事信托的应用基本是相同的，不过由于同性婚姻本身对于婚姻有着更为积极的态度，双方对于步入这种不一样的婚姻关系也一定会存在更加深入和全面的思考和准备，所以同性婚姻存在更多的积极和主动适用民事信托的可能性。同样地，对于同性婚姻的双方，不论是通过何种方式建立的子女关系，基本不存在一时冲动的情况，都是成年人在深思熟虑之后作出的决定，那么此时民事信托更有可能作为权衡后的产物，实现同性婚姻双方的设想和安排，同时也是一种同性婚姻双方对于婚姻以及子女抚养尽责的表现形式。

只不过由于同性婚姻存在比较明确的目的性，一开始就是为了长期甚至永远共同生活，以及建立完整家庭的目的走到一起的，所以在民事信托中设置基础生活保障的基础上，信托安排在一开始就可以以整个家庭为视角，主动加入更为积极的规划，可以将双方收入的一部分定期装入信托形成另一种形式的共同财产，也可以对财产的支出和使用进行一定的设置，例如双方共同购房或购车、双方共同旅游或者双方对于居住房屋的装修等都可以通过信托进行支付，也就是一种“共同财产”支取。而在同性婚姻双方决定抚养子女之时，也可以提前在民事信托中对于日后子女抚养所需的相关资金的来源以及支出进行规划，以保障子女的利益。当然，同性婚姻解除时的财产和子女抚养安排同样是民事信托中极为重要的一点。在决定抚养子女，甚至步入同性婚姻之前，双方对于同性婚姻解除时的问题进行沟通，是一种对于婚姻以及子女负责的态度，同时也是双方步入婚姻的时机已然成熟的标志。

三、其他特殊的“家庭”关系

在现代，对于一部分人来说，家庭关系并不仅指血缘上的联系，事实上在日常生活的基础物质能够得到保障的当下，情感对于人的价值在很多时候是超越血缘的，更何况深厚情感的建立不可能仅凭精神上的共鸣，也需要在经济和时间上付出。相信很多人也不会否认，在这样一种特殊的情感羁绊建立之后，可能没有比家庭和家人这样的词汇更适合形容这种关系了。2020 年在上海曾有一则 88 岁老人将房产遗赠水果摊主的新闻，引起了社会的关注，不考虑其中遗赠以及意定监护之类的法律问题，至少在我们朴素的价值观中，在摊主对于老人多年的照料和陪伴的事实下，大多数人应该都会认同将摊主称为老人的“家人”。而在这种特殊的“家庭”关系形成之后，自然也就要面对全新的财产关系的构建和处理，以及其与原来传统家庭中财产关系的冲突。在这个案例中，就体现为老人对于房产的遗赠，以及最终与其法定继承人之间发生的冲突。

（一）特殊“家庭”出现财产纠纷的原因

前文讨论的同居关系或同性婚姻的情况中同样也含有对原有家庭财产关系的破坏以及新家庭中财产关系的重新构建，只不过这两种情况可能更加类似于婚姻关系的存在，所以并不会引起原有家庭关系中主体过于激烈的反应。在传统的观念之中，人们对于原有家庭中的财富流入婚姻这一新的家庭并被家庭成员共享是一种默认接受的状态。当然这种接受是有前提条件的，就是通过婚姻形成的新家庭关系是一种稳定的、财产能够向后代传续的状态。这种关系走向崩溃或出现不稳定的征兆时，自然就会激发原有家庭与新家庭的矛盾。同居关系更是如此，要么是追求一种类似于婚姻关系但并非婚姻关系的新家庭关系，要么就是为了避免原有家庭与新家庭之间的财富流动，所以选择同居关系并不像很多人想象的那样一定会引发两代人之间的矛盾。但是也存在一种例外情况，就是类似于同性婚姻这种可能未来不存在后代传续的特殊同居关系。此时由于在财产的分配上，存在这种断裂的而不是向后代传续的状态，反而容易造成两个原有家庭在财产问题上发生矛盾。特别是当组建这类特殊“家庭”的子女并非独生子女时，这种矛盾往往会更加突出，一方面会体现在这类子女继承权的特殊化处理，另一方面就是这类子女自身所创造的财富，有可能被要求与原有家庭的兄弟姐妹分享或向他们的后代进行传续。不过这种矛盾的出现不一定必然会导致纠纷，也有不少欣然接受的例子。而这种矛盾在房产遗赠水果摊主这种特殊的案例中，则会显得更为激烈，因为老人与水果摊主这样的“家庭”模式更难受到认可，在老人原有的家庭成员看来，财产是直接流入了其他毫不相干的家庭之中。

（二）其他特殊“家庭”的形成

社会上完全没有关联的两个人，因为长期地照料和陪伴而产生了情感羁绊，形成了一种全新的“家庭”关系，这类情况是比较少见的，也是带有偶然性的。特别在邻里关系并不熟悉的今天，这样的“家庭”关系更加稀有。

对于大部分人来说，这类特殊“家庭”关系却是在主观意愿的推动下形成的。一类比较常见的情况就是长期慈善，对于一部分个人或家庭来说，长期的慈善行为已经成了生活的一部分。特别是因为各种原因不准备步入婚姻的群体来说，在具有一定经济能力后，有不少人会选择长期、稳定地将一部分财产投入慈善事业，甚至亲身参与其中并与资助对象建立比较深厚的情感羁绊。对于他们来说，通过长期慈善，其实已经建立了一种不一样的“家庭”形式。当然这种所谓的“家庭”是比较松散的，甚至是互不干扰的，但反过来说这可能也是能够形成这种情感羁绊的原因之一。当然一旦慈善行为变成对于特定个体的捐助，那么这种行为是否能够继续称为慈善行为是有待讨论的，但不论对象特定与否，作出类似决定的人通常是怀揣着真正的爱意，其行为也都是值得褒扬和肯定的。

另外一些基础关系的存在也可能发展成特殊的“家庭”关系，例如邻里关系、师生关系或朋友关系等。这些关系随着情感地投入和生活的交集，也会在一些特殊情况的催化下发展成一种特殊的“家庭”关系。虽然这些关系形成的原因可能多种多样，但无疑会存在一些共性，一方面，在财产问题上是两个完全不相干的个体或家庭之间发生的新的联结，有可能造成财产从原有家庭向外部的转移，这种财产关系上的矛盾就是最为明显的焦点和隐患；另一方面，不同于同居关系，这种特殊的“家庭”关系能够形成的一个原因，有时在于原有的家庭关系的消失或名存实亡，所以不论是在生存还是情感上都需要形成一种新的“家庭”关系以作替代。

（三）其他特殊“家庭”的财产关系处理

在不同的特殊“家庭”关系之中，对于财产关系处理的需求和目的也不相同。例如对于长期慈善而言，大部分人关心的可能是在自己死亡或丧失民事行为能力后，如何将慈善行为持续下去，或能否继续完成对特定个体的资助。而在其他情况中，关心的可能是自身是不是能在未来得到妥善的照顾，以及对方的付出和关心能否确保其获得财产上的回报。当然这种需求根据客观情况的不同可能存在完全不同的表达，也可能变得极为复杂，牵扯更多问题。

在处理这些需求和目的时，民事信托并不是必须的工具，甚至很多时候民事信托的出现反而是不合时宜的。例如对于自己死后遗产的处理，由于无需像普通家庭中的财产传承那样考虑各方面需求，或要为未来几代人作出安排，被继承人对于特殊“家庭”关系的财产传承安排，是缺乏死后继续对遗产进行控制的动机的，所以完全可以通过遗嘱、遗赠或遗赠扶养协议的方式进行简单的处理。即使需要保障自身在未来失去行为能力后依然可以得到妥善的照顾，也可以通过遗赠扶养协议的方式确定双方的权利义务，在对方不履行扶养义务的情况下，法定继承人自然乐意根据协议的约定剥夺对方在协议中的权利。除非在并不完全信任对方但又无从选择、无人监督的情况下，或许引入民事信托的结构，可以建立一个较为妥善的监管机制来保障对方妥善地履行对自己的扶养义务。但这种情况下双方可能也已经脱离了“家庭”的讨论范畴了，将这种行为称为交易更为妥当。

对于长期慈善而言，捐赠人可以预留一部分财产向慈善机构进行捐赠，并且明确这部分财产捐赠的目的和用途，由慈善机构根据情况进行使用。而除了慈善机构，对于特定个体的资助也完全可以直接捐赠给他们的监护人或他们自己。在受资助人没有能力掌控财产且监护人并不能很好地履行监护职责之类的情况下，则可以捐赠给慈善机构，由慈善机构掌握财产或直接设立慈善信托进行运作确实更为稳妥。但一般情况下，除非是将慈善提升到整个家庭或家族事业的层面，赋予慈善行为对于家族不一样的价值和意义，需要进行比较宏大及复杂的规划，简单的捐赠行为不能满足这种复杂的需求时，慈善信托或慈善机构的导入才会变成一个必要的选项。

在同居关系以及同性婚姻中，甚至在这些特殊的“家庭”关系以外的法律关系中也是如此。只有在财产为了某一些人或某一些事业的存在，需要在现有的民事法律制度之外，使用信托的独立性和灵活性时，才会产生使用民事信托的真实需求。比如独生子女对于自己父母的赡养问题，专门为此设立民事信托似乎是没有必要的，因为财产对于父母的传续是逆向的，也不需要永久地存续下去。而对于父母的赡养问题，独生子女存在很多种解决方案，但信托不会排在首位。所以在一部分财产的处置目的仅在于给予一些人，而对于怎么给或什么时候给没有特殊的条件时，往往并不必须要民事信托的介入。而相反，一旦存在这样的需求，那么民事信托因为其灵活性和独立性可能相较其他法律手段就会具有一定优势。

不过虽然不具有必须性，但民事信托相较于传统法律工具在程序上的便利，也可能成为大部分人选择民事信托替代传统法律工具的理由，当然这种便利从根本上来说其实也离不开信托的独立性和灵活性。例如，相较于继承程序，民事信托无需进行复杂的流程，准备复杂的证据材料，也不用花费大量的时间，这种程序上的优势就足以成为一些人选择民事信托替代法定继承或遗嘱继承的理由。类似将部分遗产留给特殊“家庭”成员的需求，如果遗产以现金为主，那么通过民事信托替代传统的继承，也可以为其节省部分继承程序中的麻烦。当然直接通过赠与也能实现类似的效果，只不过赠与就意味着提前失去了财产的所有权，多少会让人存有顾虑。类似的程序上的优势还包括民事信托的保密性，特别在特殊“家庭”关系存在的情况下，正常的继承程序由于需要完全公开遗产的安排和处置，就很容易引起两个“家庭”之间的纠纷，而通过民事信托的方式进行操作，就可以在一定程度上避免这种问题，因为委托人为特殊“家庭”设置的信托，不论是受益人的身份还是信托内财产的多寡，都是可以对其继承人保密的。这可能也是一种从根本上避免纠纷，特别是避免特殊“家庭”的成员因获得财产而陷入麻烦的有效手段。不过，由于这种程序上的优势并非财产关系构建中的必需品，所以在民事信托的设立需要特殊的成本、对受托人的管理缺乏信任或存在其他障碍时，民事信托往往就不会获得当事人的认可和选择。而且，这种程序上的优势也不一定是永远存在的，例如遗嘱的保密性问题，未来有公证遗嘱时是不是还需要经历继承公证的程序，或继承公证程序中遗嘱是不是需要对其他遗嘱不涉及的法定继承人进行公开，可能随着社会的发展和制度的健全，都会有相应的改变和优化。

结　语

实事求是地说，目前境内婚姻家事关系中，民事信托的应用依然处在理论阶段。除了在极个别的离婚案件中，民事信托成为分割和处置离婚财产的手段，在大部分情况下民事信托并未出现在人们的生活之中，甚至根本不存在于大众的认知之中。至于原因可能一部分在于日常宣传中依然将民事信托作为一种“奢侈品”，另一部分原因可能是，民事信托的大部分设计依然只能停留在理论和畅想的层面，在实务中确实处于一种不可实现或极其难以实现的状态。

造成这种情况最主要的原因可能就在于受托人。在上编的内容中，我们对于目前民事信托受托人的现状作过一定介绍。作为逐利的金融机构，一方面，婚姻家事中的民事信托业务相较于传统信托业务更为烦琐，对于受托人的管理能力的要求完全不同于传统信托业务。更为复杂的需求就意味着更麻烦的管理、更高的人力成本以及更大的违约风险。另一方面，从目前来看，婚姻家事中的民事信托业务除非是极为特殊的委托人，或是能够像家族信托以及保险金信托那样形成标准化的产品模式，否则根本不存在这类业务的盈利空间。但如果抛开金融机构，又少有机构能够有金融机构这样天然的信任优势，其他行业的相关机构或个人对于受托人的角色相较金融机构又有其顾虑。对于婚姻家事中的民事信托来说，目前可行性较高的可能担任受托人角色的是相关当事人信任的亲友，但作为不专业的受托人和委托人，如何让他们理解信托，理解各自的权利义务以确保信托的妥善运作，可能又是一件极为困难的事情。当然这并不是说，民事信托在婚姻家事中的适用完全不存在可能。在专业人士的居中协调之下，在付出时间和精力联合各方，并妥善设计信托规则的情况下，还是有可能实现相关民事信托的目的和安排的。但这也会涉及最为关键的问题，对于民事信托的委托人和受托人来说，信任的价值是多少。如果不能解决这个问题，民事信托依然还只能是一种“奢侈品”，被隔绝在大部分普通人的生活之外，因为只有“奢侈品”的买受方才能坦然地接受出售方定义的价值。

从这个角度来看，家庭信托类似的业务模式，或许是现阶段解决这一问题的曙光。虽然这类民事信托业务在功能上具有极强的局限性，但是较低的设立门槛，可以使更多人接触和使用这种法律工具。另外，这种事实上标准化的金融产品可以给金融机构提供一定的盈利空间，大大减少其管理成本和风险，是一种双方都能接受的方案。虽然这类信托还存在着或多或少的问题，但如果民事信托可以通过这种方式走入普通家庭，为更多人所知晓，也可能是民事信托对于普通人婚姻家事问题的适用所能走出的最好一步了，虽然这一步走得极为艰难且不稳定。

另一个民事信托难以真正发挥作用的原因在于相关从业者的缺失，不但金融业相关从业者对于婚姻家事领域的民事信托处于陌生的状态，就算是法律从业者亦是如此。即使是对婚姻家事领域的法律工作者而言，民事信托也是完全陌生的事物，就更谈不上应用了。目前在财富管理领域，财富传承以及信托的话题有很高的热度，很多专家也推荐民事信托。但实话说，信托本身对他们来说也更像是一种个人的营销而非从业工具。目前境内真正有能力设计和推动落地民事信托的法律工作者少之又少，甚至很多人的能力可能远不如金融机构长期从事家族信托相关工作中非法律专业的工作人员。当然，少部分人是永远不缺优质且专业的服务的，因为即使是稀有的资源也是有其价格的。但对于普通人来说，如果资源是稀有的，那很可能就意味着他们无法获取。而专业的法律工作者在婚姻家事领域中的民事信托业务领域是极为重要的存在，没有他们的付出和联系，可能在最初受托人的选任上就会遇到无法克服的障碍，更不要说后续信托设计和落地的问题了。如果在实践中不能调和各方的利益，提出一个各方都能接受的方案，那么即使有再好的设想和创意都不会有真正落地的一天。可以说目前民事信托的第一步，即让大部分法律工作者知道民事信托的存在以及大概了解它的功能还没有迈出，更不要说还要把民事信托的需求聚焦到普通人的婚姻家事问题之上了，这可能又是一个更为艰巨的挑战。

再者，民事信托在我国依然处于一种缺少理论研究和创新实践的状态。虽然家族信托与保险金信托的存量节节攀升，家庭信托业务的热度也在不断提高。但类似的标准化业务实际上对于民事信托的经验积累来说，价值是极为有限的，可以说目前我们在实务中对于民事信托的实践依然停留在狭窄的框架内，这个框架可以是监管的要求，也可以是金融机构内部的风险控制和业务指标，而超出这一框架的创新和实践，基本处于被忽略的状态。这也是为什么说银保监会发布的《关于规范信托公司信托业务分类的通知》对于整个行业是具有极为重要的意义的，因为这一通知从客观上打破了原有的框架，使得信托机构有了更多创新和尝试的方向和空间。不过即使如此，基于法律、风险以及收益等各种因素，大部分信托机构在新的框架下的创新依然举步维艰。家庭信托之所以能够成为一个新的业务重点，很大程度上只是因为家庭信托比较好突破，在具有大量家族信托业务积累的基础上，家庭信托的创新是较为简单的。与实践中的创新相对的是理论研究的停滞，我国对于信托，特别是民事信托进行的理论研究可以说极少，在这一领域长期深耕的专家也并不多。当然这个问题跟实务创新较少是互相影响的，一方面，缺少实务，就会导致缺乏研究的对象、目的和收益，自然难以刺激理论研究的开展。另一方面，理论研究上的停滞，又反过来影响了实务的发展和探索。而从信托行业整体规模百万亿的辉煌年代开始，到如今行业整体陷入转型的阵痛期，也并未见到信托行业以及相关的金融机构对于信托相关理论研究有多少支持。之前单一的以及标准化的商事信托业务模式、与之对应的严苛的监管要求，以及固态化的司法实践，确实缺乏对理论研究的需求。但是如今民事信托的发展却离不开理论研究与实务创新的齐头并进，也需要一个实践创新和理论研究的良性循环。

可能并不是所有人都认可的是，笔者认为我国的民事信托可能缺少自己特有的价值定位，这可能也是信托这一舶来品始终在我国水土不服，只能沦为一种类似于放贷工具的原因之一。在境外，信托制度始终作为一种保护个人财产和个人权利的制度工具受到认可，在我国可能就缺乏这样认识的土壤。在营销中，我们的金融机构与境外一样，将民事信托定位为一种富人享受的奢侈品服务。这种定位总给人一种与我国的社会背景、社会环境、社会价值以及社会理念格格不入的感觉，笔者认为这可能才是大众始终无法真正接受和信任境内信托的根本原因。当然这种纯粹主观的个人感受并不一定是正确的，但是在笔者接触到的部分客户中，即使本身就是所谓的富裕阶层，对于信托这种为其定制的财富管理工具在目前的社会环境下能否真正发挥宣传中的功能仍是抱有很大的疑虑的，可能这种宣传本身也让他们感受到了某种在大环境下的不协调。所以先不讨论盈利的问题，民事信托或许只有先获得“群众的认可”才有可能在我国真正具有自己的生命力。因为只有群众认可，才代表我国社会制度的认可，只有在更多的普通人能够享受民事信托的便利之后，民事信托在我国的社会制度中才会真正占有一席之地，才是能看到未来和前景的。

造成民事信托难以在婚姻家事相关需求中应用的原因其实也远不止上述所谈及的几个方面，可能用道阻且长来形容民事信托的未来并不为过。但我们依然可以看到，在婚姻家事关系之中，确实存在着若干实际的需求适合通过民事信托的介入和结合予以解决。民事信托也能够在现有法律工具之外，提供全新的功能和思路。在情感因素占据极大影响的婚姻家事法律关系中，民事信托或许可以作为减少当事人之间矛盾和纠纷，避免家庭悲剧发生的润滑剂。所以即使民事信托始终处于一种无利可图的状态，但对于相关的法律从业者来说，确实有了解和尝试的价值。

在这本书出版的过程中，最高院发布了《最高人民法院关于适用〈中华人民共和国民法典〉婚姻家庭编的解释（二）（征求意见稿）》。犹豫了很久要不要将征求意见稿的内容直接修订到这本书当中，但最终还是放弃了这样的想法。最根本的原因是在我看来，征求意见稿的部分内容远未到相对固定的程度，更不要说生效了。

个人理解，这次的征求意见稿，存在变和不变两部分。不变的内容是大部分，例如第二十条离婚经济帮助的处理中对于具体帮助方式的列举、第十九条离婚经济补偿的认定中对于具体补偿金额如何确定的参考因素，以及第十七条关于继子女关系中，“受其抚养教育”如何认定的参考因素等。除此之外，还有第十八条离婚协议约定财产给予子女的问题、第十条夫妻一方放弃继承的效力问题、第九条企业登记的持股比例不是夫妻财产约定的问题、第八条夫妻一方转让自己名下有限责任公司股权的效力问题、第六条违反公序良俗的赠与以及第二条对当事人主张“假离婚”的处理问题等。这些都算不上是新的内容，大部分是将实务中已经达成共识并且充分实践的处理方式，通过司法解释的方式加以明确，或是将过往实务中，法官自由裁量过程中的考量因素通过司法解释加以固定。当然这部分将长期的司法实践转化为固定的成文法的工作是很有意义的，但因为是对过往的实务问题的明确和继承，而不是一种创新，所以对本书下编的相关内容影响并不大。

而变化的部分也有两种情况，一种情况是变化过于创新。例如，第三条关于同居析产纠纷的处理中，在分割混同财产时加入了“照顾子女、女方和无过错方权益”的原则，还创造性地设置同居经济补偿条款。第四条基于婚姻赠与房屋的处理中，明确了不论婚前还是婚后的赠与，不论房屋登记在哪一方名下，法院均可以判决房屋归一方所有，并给另一方补偿。第十六条子女成年后欠付抚养费的处理，明确了能够独立生活的成年子女不能要求父母支付拖欠的抚养费等。这些条款对实务影响颇大，且在征求意见的阶段引起了社会各界广泛的关注和争议，在我个人看来这些条款或多或少存在一些问题，在未来正式解释出台时，被原封不动保留的可能性不大，直接写入这本书也有些草率了，所以暂时搁置以作观望。

另一种情况是，创新存在合理性，也很有一定的积极意义，但在实务中的具体落实和适用路径目前并不清晰。这些条款包括与抢夺、隐匿未成年子女相关的第十一条人身安全保护令或人格权行为禁令可适用抢夺、藏匿未成年子女情形，第十二条抢夺、藏匿未成年子女的民事责任及抗辩事由处理，还有第七条父母在子女婚后为其购房出资的认定问题等。在具体案例出现之前，相关实务会因为这些条款的出现而改变，还是继续保持原有判断，可能目前很难去评述。在缺乏实务案例的情况下加入本书，未免较为空洞，不如留待未来再看。

《最高人民法院关于适用〈中华人民共和国民法典〉婚姻家庭编的解释（二）（征求意见稿）》的出现，对于婚姻家事的法律实务来说是极有价值的，对于实务中的许多问题都有明确方向的作用。虽然目前还停留在征求意见的阶段，但已经让人充满期待。征求意见稿也让我们看到了两个婚姻家事法律的特点：一个是法律并不是一成不变的，特别是目前社会婚姻观念逐步发生变化的今天，其实法律也在慢慢地顺应这种变化。另一个是婚姻家事案件的审判虽然存在一定的规则和逻辑，但很多情况仍然是在这个基础上，依靠法官个人根据具体案件情况来进行自由裁量的。如果在个案中仅守着这些规则来办案，可能就与刻舟求剑无异，这也是个人努力在婚姻家事案件中的价值所在。

虽然很遥远，甚至可能永远无法实现，但笔者依然希望能够有一天，可以看到民事信托不再是普通人无法接触的“奢侈品”，而能为千万家庭以及社会的和谐贡献一份力量。

图书在版编目(CIP)数据

婚姻家事中的民事信托/唐潮著. —上海:上海人民出版社,2024
ISBN 978-7-208-18905-8

Ⅰ. ①婚…　Ⅱ. ①唐…　Ⅲ. ①婚姻法-研究-中国
Ⅳ. ①D923.9

中国国家版本馆 CIP 数据核字(2024)第 090814 号

责任编辑　冯　静　宋子莹
封面设计　一本好书

婚姻家事中的民事信托
唐　潮　著

出　　版　上海人民出版社
　　　　　(201101　上海市闵行区号景路 159 弄 C 座)
发　　行　上海人民出版社发行中心
印　　刷　上海商务联西印刷有限公司
开　　本　635×965　1/16
印　　张　22
插　　页　4
字　　数　252,000
版　　次　2024 年 7 月第 1 版
印　　次　2024 年 7 月第 1 次印刷
ISBN 978-7-208-18905-8/D・4320
定　　价　98.00 元